MW01698033

Arte Americana dal Whitney Museum
1975-1995

American Art from the Whitney Museum

CASTELLO DI RIVOLI

Museo d'Arte Contemporanea

American Art *Arte Americana* *1975-1995* *from the Whitney Museum* *dal Whitney Museum*

IDENTITÀ MULTIPLE IDENTITY

CHARTA

Catalogo / Catalogue

Coordinamento grafico / Graphical Coordination
Gabriele Nason

Coordinamento redazionale / Editorial Coordination
Emanuela Belloni

Ufficio stampa / Press Office
Silvia Palombi Arte & Mostre, Milano

Realizzazione tecnica / Technical Realization
Amilcare Pizzi Arti grafiche,
Cinisello Balsamo, Milano

In copertina / Cover
Catherine Opie, *Ron Athey*, 1994

ISBN 88-8158-139-6

Edizioni Charta
via della Moscova, 27 - 20121 Milano
tel. +39-2-6598098/6598200
fax +39-2-6598577

Printed in Italy

Arte Americana 1975-1995 dal Whitney Museum. Identità Multiple
American Art 1975-1995 from the Whitney Museum. Multiple Identity

Castello di Rivoli, Museo d'Arte Contemporanea
20 ottobre 1997 - 18 gennaio 1998
October 20, 1997 - January 18, 1998

Mostra a cura di / Exhibition curated by
Whitney Museum of American Art, New York
Eugenie Tsai

Catalogo a cura di / Catalogue curated by
Ida Gianelli

Copertina/Cover
Gabriella Bocchio
Giulio Palmieri
(Segno e Progetto, Torino)
Pietro Palladino
(Badriotto Palladino, Torino)

Traduzioni / Translations

Testo di / Text by Johanna Drucker
Lucia Borro (dall'inglese in italiano)

Intervista a / Interview to David Ross
Marguerite Shore (dall'inglese in italiano)

Biografie / Biographies
Fausto Galuzzi (dall'inglese in italiano)

Le biografie e le bibliografie di / Biography and bibliography of Helen Frankenthaler, Ellsworth Kelly, Franz Kline, Barnett Newman, Ad Reinhardt, Frank Stella sono di / texts by Patterson Sims e tratte dal catalogo / are from the catalogue *Whitney Museum of American Art: Selected Works from the Permanent Collection* edito da / published by Whitney Museum of American Art, New York con / with W.W. Norton & Company, New York-London. Prima edizione / first edition © 1985 Whitney Museum of Modern Art, 945 Madison Avenue, New York

Questa mostra è realizzata con il contributo di / This exhibition is sponsored by Philip Morris Companies Inc.

Ringraziamenti / Acknowledgements

Questa mostra è stata realizzata grazie al contributo delle molte persone che hanno profuso tempo ed energie per riuscire a rispettare scadenze impossibili con garbo e cortesia. Al Whitney Museum i nostri ringraziamenti vanno soprattutto a Christy Putnam e Maura Heffner, che hanno curato la spedizione delle opere; al Dipartimento Pubblicazioni per la raccolta dei materiali del catalogo; ad Anita Duquette per la diligente ricerca del materiale iconografico. Un particolare ringraziamento anche a Ellin Burke e Barbi Spieler per l'assistenza nella catalogazione e conservazione delle opere; a Jack Martin e Joel Bacon per la loro attenzione e competenza tecnica; a Lana Hum per i dati sulle singole opere; ad Anna Lee per aver redatto le biografie degli artisti con rapidità e precisione; ad Angela Kramer Murphy e Cynthia Roznoy per il loro sostegno. Come sempre ci siamo avvalsi di Adam Weinberg e della sua profonda conoscenza della collezione. Il penetrante saggio di Johanna Drucker contestualizza le opere esposte e dà un grande contributo alla comprensione della mostra. Ringraziamo anche David Zwirner, Diana Thater, Leon Golub e The Eli Broad Family Foundation per la loro assistenza.
Il nostro ringraziamento va a Ida Gianelli, direttore del Castello di Rivoli Museo d'Arte Contemporanea, per l'appassionato appoggio dato alla mostra.
Desideriamo infine esprimere la nostra gratitudine alla Philip Morris Companies Inc. che ha generosamente finanziato il tour europeo di queste opere. Uno speciale ringraziamento va a Murray Bring, Karen Brosius, Marilynn Donini, Stephanie French, Jennifer Goodale, Pamela Johnson, Robert K. Kaplan, Lyda Modiano-Leon, Patricia Tricorache e a tutto il personale della Philip Morris il cui impegno ha reso possibile questa avventura culturale.

David Ross, *Direttore*
Eugenie Tsai, *Curatore associato*
Whitney Museum of American Art

This exhibition was realized with the help of numerous individuals who devoted time and energy to meet impossible deadlines with grace and good humor. At the Whitney Museum, we are especially indebted to Christy Putnam and Maura Heffner for making all shipping arrangements; the Publications Department for assembling material for the catalogue; Anita Duquette for diligently tracking down color transparencies of each work. Special thanks are also extended to Ellin Burke and Barbi Spieler for their assistance with registration and conservation; Jack Martin and Joel Bacon for their keen eyes and technical expertise; Lana Hum for providing specifications for individual works; Anna Lee for compiling the artists' biographies with speed and accuracy; Angela Kramer Murphy and Cynthia Roznoy for their support on all levels. As always, we benefitted from Adam Weinberg's thorough knowledge of the collection. The insightful essay by Johanna Drucker contextualizes the works on view and contributes greatly to our understanding of the exhibition as a whole. We also thank David Zwirner and Diana Thater, and Leon Golub and The Eli Broad Family Foundation, for their assistance.
We would like to express our gratitude to Dr. Ida Gianelli, director, Museo d'Arte Contemporanea, Castello di Rivoli, for her enthusiastic support of the exhibition.
Finally, we would like to express our gratitude to Philip Morris Companies Inc., who generously sponsored the European tour of this selection of works. A special word of thanks is due to Murray Bring, Karen Brosius, Marilynn Donini, Stephanie French, Jennifer Goodale, Pamela Johnson, Robert K. Kaplan, Lyda Modiano-Leon, Patricia Tricorache and to all the members of the Philip Morris staff whose commitment to the project made this cultural adventure possible.

David Ross, *Director*
Eugenie Tsai, *Associate Curator*
Whitney Museum of American Art

Philip Morris Companies Inc. and its affiliates have been taking an active part in supporting the arts since 1958. Throughout these forty years, the companies have contributed with their planning skills and with their sense of social solidarity to events of undeniable significance, ranging from art exhibitions to scientific research, from music to photography, from design to theatre, from the enhancement of the assets of museums to cinema, and from ballet to educational activities. Supporting artistic productions and the promotion of culture are a constant tradition for Philip Morris Companies Inc. and its affiliates in each of the 180 countries in which they operate and have developed progressively. The companies have always forged close links with the most authoritative institutions, thus building up a vast and articulated programme which makes Philip Morris Companies Inc. the most important sponsor of cultural events on the international scene today. This commitment derives directly from what Philip Morris Companies Inc. feels is a fundamental feature for a group of companies active on markets all over the world: a spirit of innovation and the ability to remain constantly in tune with the times. Thanks to this philosophy, the attention of Philip Morris Companies Inc. was drawn immediately to artistic experimentation, and above all to those trends of the American avant-garde which, in the second half of the 20th century, found ways to interact with the evolution of customs, of taste and of the very social behaviour of the contemporary world. This attention dates back to 1965, when Philip Morris Companies Inc. promoted the pioneering exhibition Pop & Op, commissioning a series of works to the most significant artists of that period. Since then, this attention has evolved organically thanks to the close co-operation between Philip Morris Companies Inc. and what is considered the most important museum for 20th century American art: the Whitney Museum of American Art in New York.

The interaction between Philip Morris Companies Inc. and the Whitney Museum of American Art gave rise to the project for a European tour of the exhibition American Art 1975-1995 from the collections of the Whitney Museum of American Art, *which is due to visit the great European capital cities of contemporary art.*

In this framework, Philip Morris Companies Inc. takes particular pleasure in inaugurating a new relationship of co-operation with the Castello di Rivoli Contemporary Art Museum, Italian host to the event. Representing one of the most prestigious and active centers of the international circuit of contemporary artistic experimentation, the Castello di Rivoli Contemporary Art Museum will now further enrich the ideal "catalogue" of institutions with which Philip Morris Companies Inc. has co-operated in Italy since 1976: from the Venice Biennale to the Teatro alla Scala in Milan, from the CNR (National Research Council) to the most important Italian universities, from the Teatro Regio in Turin to the Centro Sperimentale di Cinematografia, from the Festival dei Due Mondi in Spoleto to the Museo Nazionale del Cinema.

In over twenty years of common projects, these public and private organisations have shared the strategy underlying Philip Morris Companies Inc. support to culture, aimed at fostering conditions of understanding and tolerance through the development of inter-cultural exchanges as the best possible tool for stimulating reciprocal knowledge among peoples and countries.

Philip Morris e le Arti

Philip Morris Companies Inc., direttamente e attraverso le sue società affiliate, interviene attivamente a sostegno della cultura dal 1958. In questi quarant'anni, ha contribuito con la propria capacità progettuale e con il proprio senso di solidarietà sociale a manifestazioni di indiscutibile rilievo che vanno dalle mostre d'arte alla ricerca scientifica, dalla musica alla fotografia, dal design al teatro, dalla valorizzazione dei beni museali al cinema, dalla danza alla formazione.

Il sostegno alla produzione artistica e alla promozione culturale rappresenta una tradizione costante di Philip Morris Companies Inc. in tutti i 180 paesi in cui le sue società operano e si sono progressivamente sviluppate, sempre in stretto rapporto con le più autorevoli istituzioni, fino a comporre un vasto e articolato programma che rende oggi Philip Morris Companies Inc. il più importante sponsor di eventi culturali sulla scena internazionale. Un impegno che deriva direttamente da quelle che Philip Morris Companies Inc. considera le caratteristiche fondamentali di un'impresa attiva sui mercati di tutto il mondo: lo spirito di innovazione e la capacità di mantenersi costantemente in sintonia col proprio tempo.

Questa filosofia alimenta l'immediata attenzione di Philip Morris Companies Inc. per la sperimentazione artistica, e soprattutto per quelle correnti dell'avanguardia americana che, nella seconda metà del Novecento, hanno saputo interagire con lo sviluppo del costume, del gusto e degli stessi comportamenti sociali del mondo contemporaneo. Un'attenzione che data dal 1965, quando Philip Morris Companies Inc. promuove la pionieristica mostra Pop & Op, commissionando una serie di opere agli artisti più significativi del periodo. Un'attenzione che si è sviluppata organicamente grazie alla stretta collaborazione di Philip Morris Companies Inc. con quella che è considerata la più importante istituzione museale per l'arte americana del Novecento : il Whitney Museum of American Art di New York. Dall'interazione tra Philip Morris Companies Inc. e il Whitney Museum of American Art nasce dunque il progetto della tournée europea della mostra Arte Americana 1975-1995 dalle collezioni del Whitney Museum of American Art, che toccherà le grandi capitali europee dell'arte contemporanea.

In questo contesto, Philip Morris Companies Inc. è particolarmente lieta di inaugurare un nuovo rapporto di collaborazione con il Castello di Rivoli Museo d'Arte Contemporanea, sede italiana della manifestazione. Museo prestigioso, che rappresenta uno dei centri più attivi del circuito internazionale della sperimentazione artistica contemporanea, il Castello di Rivoli Museo d'Arte Contemporanea, arricchisce ulteriormente oggi, con la sua presenza, l'ideale "catalogo" delle istituzioni con cui Philip Morris Companies Inc. ha operato in Italia a partire dal 1976: dalla Biennale di Venezia al Teatro alla Scala di Milano, dal CNR alle più importanti sedi universitarie, dal Teatro Regio di Torino al Centro Sperimentale di Cinematografia, dal Festival dei Due Mondi di Spoleto al Museo Nazionale del Cinema. Enti pubblici e privati che hanno condiviso, in oltre vent'anni di progettualità comune, la strategia d'intervento culturale di Philip Morris Companies Inc., tesa a favorire condizioni d'intesa e tolleranza attraverso lo sviluppo di scambi interculturali, come lo strumento più valido per stimolare la reciproca conoscenza tra popoli e paesi.

Sommario / Table of Contents

David Ross

Premessa

Quando, nel 1930, Gertrude Vanderbilt Whitney fondò il Whitney Museum of American Art, si proponeva una missione semplice: offrire all'arte americana un luogo di confronto ed esporre le opere di artisti giovani ed emergenti. Consapevole, in quanto scultrice, delle difficoltà incontrate dagli artisti, la signora Whitney li sosteneva come mecenate e collezionista molto tempo prima che le loro opere venissero acclamate dal pubblico. Gli artisti, che negli anni difficili avevano ricevuto il suo incoraggiamento, non dimenticarono tale generosità. Una parte consistente della collezione del Museo deriva da donazioni di amici e colleghi della signora Whitney.

Oggi, il Whitney Museum of American Art è internazionalmente riconosciuto per la sua eccezionale collezione di arte americana del Novecento. Le seicento opere offerte dalla signora Whitney hanno costituito il nucleo della dotazione del Museo. Dal 1930 a oggi la collezione è cresciuta fino a raggiungere, grazie a donazioni e acquisti, un patrimonio di diecimila opere, che comprende dipinti, sculture, video, disegni, stampe e fotografie. La missione originaria della signora Whitney, tuttavia, non è stata dimenticata e nello spirito della fondatrice, il Whitney Museum riafferma il proprio impegno verso gli artisti viventi per confermarsi come museo dedicato alla contemporaneità.

Foreword

David Ross

In 1930, when Gertrude Vanderbilt Whitney founded the Whitney Museum of American Art, her mission was simple: to provide a forum for American art and to exhibit the work of young and emerging artists. As a sculptor, Mrs. Whitney understood the challenges artists face. As a patron and collector, she supported their work long before it achieved public acclaim. The artists she encouraged in their lean years did not forget Mrs. Whitney's generosity. A major portion of the Museum's collection was donated by her friends and colleagues.

Today, the Whitney Museum of American Art is recognized internationally for its outstanding collection of twentieth-century American art. Mrs. Whitney's contribution of 600 works formed the core of the Museum's holdings. Since 1930, the collection has grown through gifts and acquisitions to 10,000 objects, encompassing painting, sculpture, video, drawings, prints, and photographs. Yet Mrs. Whitney's original mission has not been forgotten. In keeping with the spirit of its founder, the Museum maintains its commitment to living artists and remains a museum of the moment.

Ida Gianelli

Premessa

Nella sua evoluzione, l'arte americana ha mutato negli ultimi decenni quei caratteri che, visti dall'Europa, ne costituivano le specificità. Negli anni Settanta si poteva parlare di un confronto, in certi casi di uno scontro, fra Stati Uniti ed Europa intesi come due universi culturali organici al loro interno e reciprocamente contrapposti. Dal secondo dopoguerra gli Stati Uniti hanno imposto una forte egemonia, parallela e conseguente al ruolo giocato in campo politico ed economico nel mondo occidentale. Il contrasto, nato e agito più sul fronte del mercato dell'arte che su quello dei valori artistici, ha determinato la necessità, sentita come impellente soprattutto da parte europea, di definire con sempre più precisione ciò che marcava la differenza fra due diverse tradizioni culturali.
Nel corso degli ultimi vent'anni l'evoluzione dell'arte e le nuove esigenze culturali hanno affievolito l'urgenza di un tale bisogno. L'arte americana ha rinunciato al principio dell'unità e ha iniziato a definirsi come una polifonia di voci diverse, che attestavano le diverse realtà sociali, etniche, sessuali di cui sono espressione. Lo dimostra ampiamente la mostra *Arte Americana 1975-1995 dal Whitney Museum* il cui sottotitolo suona significativamente *Identità multiple*. Il più importante museo dedicato all'arte di oltreoceano diffonde così un concetto di specificità che vede gli Stati Untiti riconoscersi come nazione multiculturale. Tale molteplicità diviene sempre più chiaramente il nuovo carattere dell'arte americana di oggi, che gli artisti, con la loro capacità di prefigurare il reale, da tempo hanno posto come tema della loro opera.
Sono così mutati i rapporti culturali fra vecchio e nuovo mondo, meno orientati alla costruzione di una supremazia e più alla intensificazione di un dialogo fra universi che similmente stanno mutando la loro fisionomia, giacché il multiculturalismo è l'orizzonte verso cui anche l'Europa si sta incamminando.
La mostra che presentiamo vuole essere parte integrante e primo momento di questo dialogo, che vedrà altre occasioni di confronto già nel corso della prossima stagione, con una rassegna dedicata agli ultimi trent'anni di attività artistica in California.

La mia riconoscenza va a David Ross, direttore del Whitney Museum of American Art e alla Philip Morris, per averci scelti come partner in questa importante iniziativa.

Ida Gianelli

Foreword

In its development over recent decades, American art has not changed those characteristics that, seen from Europe, make it distinctive. During the 'Seventies, one could speak of a comparison, in certain cases a clash, between the United States and Europe, which were understood as two cultural universes, each organic to its own internal situation and in reciprocal opposition. From World War II on, the United States has imposed a strong hegemony, parallel and consequent to the political and economic role it has played in the western world. The contrast, which has emerged and functioned more in the area of the art market than in that of artistic values, has determined the need, felt to be compelling particularly in Europe, to define with increasing precision what it was that marked the difference between the two different cultural traditions.

Over the course of the past twenty years, developments in art and new cultural exigencies have diminished the urgency of this need. American art has renounced the principle of unity and has begun to be defined as a polyphony of diverse voices that attest to the diverse social, ethnic and sexual realities of which they are an expression. This is amply demonstrated in the exhibition *American Art 1975-1995 from the Whitney Museum*, the subtitle of which significantly resounds *Multiple Identities*. Thus the most important museum dedicated to American art is spreading a concept of specificity that sees the United States recognizing itself as a multicultural nation. This multiplicity becomes ever more clearly the new characteristic of American art today, which artists, with their capacity to anticipate reality, have for some time presented as the theme of their work.

Thus cultural relationships between the old and new worlds have changed, becoming less oriented to the construction of a supremacy and more involved in the intensification of a dialogue between universes, even when these are likewise changing their physiognomy, since multiculturalism is the horizon toward which Europe, too, is moving.

The exhibition we are presenting is intended as an integral part and a first installment of this dialogue, which will see other occasions for comparison during the next season, with a survey show dedicated to the past thirty years of artistic activity in California.

I would like to express my gratitude to David Ross, Director of the Whitney Museum of American Art, and to Philip Morris, for having chosen us to be a partner in this important initiative.

David Ross, Ida Gianelli

Il museo e il multiculturalismo

Ida Gianelli Non credo nelle culture nazionali isolate perché l'isolamento non può produrre argomenti nuovi e interessanti e soprattutto non si possono avere sviluppi se non si entra in dialogo con altre culture. Per questo ritengo essenziale esporre opere di molte e diverse provenienze, e l'arte americana oggi, poiché raccoglie diverse etnie, mi sembra particolarmente interessante.
Vorrei sapere perché hai sentito l'esigenza di costruire una mostra degli ultimi vent'anni di arte americana con opere della collezione del museo che dirigi.

David Ross L'idea è nata quando abbiamo ripensato a come si è formata la collezione del museo, alle decisioni prese in passato in occasione delle Biennali che il nostro museo organizza dal 1933.
Abbiamo capito che molti dei capolavori a cui il nostro museo si è fortemente legato nel corso degli anni, sono stati comprati quando erano stati appena realizzati e di solito durante le Biennali del Whitney. Un elemento che distingue il Whitney è il collezionare artisti spesso prima che il mercato e i critici li riconoscano. Permette loro di esporre e questo sovente è stato l'inizio di una buona carriera.
Oggi il Whitney non è più l'unica istituzione ad operare in questo modo, ma quando iniziò negli anni Trenta, era l'unico museo a collezionare con sistematicità. Per l'importanza che la Biennale riveste, il Whitney svolge un ruolo particolarmente attivo nei confronti dell'arte contemporanea, degli artisti emergenti e della rivalutazione di personalità appartenenti ad altre generazioni. Molte fra le opere presenti in questa mostra sono state acquisite nel corso delle Biennali degli ultimi vent'anni.
Inoltre il problema della mancanza di spazio che affligge tutti i musei fa sì che le opere più recenti rimangano spesso in depositi. Radunarle in una mostra che permetta di vedere e conoscere le diverse tendenze e gli sviluppi dell'arte americana degli ultimi vent'anni attraverso la collezione del museo, mi è parsa un'operazione interessante.

Ida Gianelli Operando in una istituzione pubblica ho trovato molto interessante la tua mostra proprio perché vuole analizzare contemporaneamente due temi che si intrecciano, lo sviluppo dell'arte e la funzione del museo.
La scelta delle opere è stata influenzata dal fatto che le mostre sarebbero state presentate in paesi europei?

David Ross No. Questa è una mostra che presenterei a New York, come a Torino, o a Barcellona. Non credo che si debba pensare "Ecco, questa mostra va in Italia, quindi devo scegliere gli artisti che piacciono al pubblico italiano", significherebbe non rispettare il pubblico. Le mostre si costruiscono basandosi su quello in cui crediamo. Esistono alcune eccezioni, se si presenta una mostra d'arte contempora-

nea americana in una parte del mondo come la Cina, dove la rappresentazione del nudo non è permessa, bisogna tenerne conto. Quando nel 1993 in una mostra in Corea abbiamo esposto la scultura di Charles Ray che rappresentava una famiglia nuda, abbiamo ottenuto un successo enorme, perché per la prima volta una scultura di nudi veniva presentata pubblicamente.
L'Italia invece è un paese molto sofisticato, a mio avviso non così interessato all'arte contemporanea, per la grande presenza d'arte antica. Tuttavia ho scelto queste opere perché sono interessanti, forti, risonanti e belle.

Ida Gianelli Nessuna concessione neanche nella scelta del titolo?

David Ross Il titolo originario era "Natura e cultura", ma già dalla prima sede, in Grecia, ci siamo resi conto che era intraducibile perché assumeva un significato diverso. Abbiamo cercato un titolo provocatorio e poetico allo stesso tempo che stimolasse a porsi delle domande. I titoli delle mostre dovrebbero servire proprio a questo, porre delle domande, non dare delle risposte, spingere il pubblico a voler vedere altre opere e a interrogarsi ancora.

Ida Gianelli Quando scegli certe opere per costruire un certo tipo di mostra che presenti con un titolo pensato attentamente, non credi di dare anche delle risposte o meglio di affermare le tue idee?

David Ross No. Il tema dell'identità è stato centrale nell'arte contemporanea degli ultimi dieci anni, negli Stati Uniti e anche in altri luoghi del mondo. L'identità culturale americana è certamente ibrida. Riflettendoci lo è dovunque. La cultura italiana è italiana, è greca, è africana, è centro europea, è mediterranea, è tante cose che noi definiamo italiana. Ma l'aggettivo "italiana", storicamente parlando, è una invenzione della metà del diciannovesimo secolo. Anche il concetto di "America" è una costruzione sociale e culturale del diciottesimo secolo oltre ad essere il simbolo di un pensiero in mutamento costante, un flusso costante. Molti paesi oggi cercano di ritornare a identità tribali o a un nazionalismo estremo, ma l'America non ha radici. L'identità di un californiano o di un texano è completamente diversa dall'identità di un umbro o di un toscano, sia socialmente che culturalmente e storicamente. I primi sono un'invenzione recente mentre gli altri hanno un passato di storia e di cultura. Per questo l'arte americana conserva un senso di freschezza e di adolescenza, è sempre in un processo di ri-definizione, che disorienta e sconcerta, soprattutto gli americani che desiderano avere un'identità più stabile. Dire "identità multiple" è fare un'allusione poetica. La cultura americana non ha un'identità ma un'insieme di identità. Quello che possiamo proporre nei termini di un dialogo e di un discorso interessanti è ciò in cui artisti e critici si sono impegnati negli ultimi dieci anni, il continuo tentativo di ridefinire la cultura. E questo si vede nella mostra, non in modo troppo didattico perché non credo che una poetica possa essere trasformata in didattica all'interno di una mostra d'arte.
Nell'arte visiva, il dialogo è la ridefinizione continua della cultura, e si svolge all'interno della visualità, non di un discorso verbale. La conversazione tra Nancy Graves e Martha Rosler o tra Diana Thater e Tony Oursler è ininterrotta.

Ida Gianelli Poiché lavori all'interno di strutture museali da molti anni, circa venticinque se non erro, conosci profondamente il mondo dell'arte visiva, ma questo non ti impedisce di approfondire la conoscenza di altre espressioni culturali che porti all'interno del museo.
Credi che quanto hai appena detto dell'arte visiva possa riferirsi anche ad altre espressioni creative?

David Ross Io credo che l'arte visiva sia il luogo più diretto e accessibile per quel confronto di valori e di idee che si svolge all'interno della cultura americana. Succede anche in architettura, sebbene il linguaggio sia più astratto, più complesso e più teorico. Accade in letteratura, dove l'impegno teorico riguardo al pensiero del confronto fra le culture è molto alto. Scrittori come il grande Homi Bhabha, teorico anglo indiano che oggi vive a Chicago, provengono da una cultura letteraria, ma ora applicano le stesse categorie interpretative anche alle arti visive.
Essenzialmente i modi in cui queste idee, questi concetti, questa teoria estetica vengono tradotti in strutture visive, permettono un'interazione molto più ricca, più fluida e formalmente più libera. Così è avvenuto nel cinema, nella musica e nella danza, dove si è riconosciuto ciò che è sempre esistito. Non è stata fatta nessuna scoperta; abbiamo semplicemente aperto gli occhi, guardato quello che ci circonda, e ammesso che la complessità ha un valore.
Una nuova generazione di curatori, critici e artisti ha detto, "Non possiamo liquidare ciò che non condividiamo, dobbiamo accettare di vivere in un conflitto costante e glorioso con altre idee". E questo conflitto è alla base della cultura.
A mio avviso la mostra è interessante perché si può vedere come questo si sia sviluppato all'interno di una cultura eterogenea e al tempo stesso omogenea come quella americana. Gli artisti sono tutti americani e quindi qualcosa li accomuna. Condividono le stesse fonti d'informazione, lo stesso cibo, lo stesso governo, condividono tanto, eppure le differenze culturali sono ancora profonde. Vedo positivamente l'evolversi delle diverse culture nel ventunesimo secolo, mentre il ventesimo ha generato i più grandi genocidi della storia. Von Clausewitz diceva che la guerra è la continuazione della politica con altri mezzi. Forse possiamo dire che l'arte è la continuazione della politica e il confronto con la differenza in un modo sano, affascinante e spiritualmente rinnovatore di cui tutti beneficiano.
Senza essere romantico e ottimista, anche se molti lo pensano, io credo che l'arte possa fornire modelli positivi alla cultura e che la società possa crescere grazie alle differenze in essa espresse.

Ida Gianelli Lo credo anch'io, il mio dubbio riguarda piuttosto le istituzioni. L'arte come hai appena detto è aperta, ricca di stimoli, sempre pronta a trasformarsi mentre le strutture in cui opera mi sembrano rigide e tese ad altro.

David Ross Se questo è vero siamo noi i responsabili e il nostro lavoro deve cambiare. Penso che possiamo vedere il mondo dell'arte come un luogo rigido e fisso, isolato dai muri dei nostri musei, dei nostri istituti, e da tante altre cose che ci sostengono e ci proteggono. Ma possiamo anche capovolgere la situazione e usare le nostre forze per aderire ai modi più significativi di partecipazione alla cultura in piena libertà, piuttosto che essere visti come una "torre d'avorio" isolata in cui si svolge un dialogo senza conseguenze. Io non potrei mai essere catalogato come una persona che crede nell'arte fine a se stessa, però credo che il potere dell'arte sia profondo e importante, proprio perché si rapporta e comunica direttamente con la vita delle persone. Ed è il nostro lavoro, in quanto direttori di musei che istituzionalmente si occupano d'arte, cercare le vie per mettere in rapporto l'arte con il pubblico più vasto. Il lavoro di David Hammons, per esempio, tocca problematiche molto profonde che vanno ben oltre il territorio specifico in cui si pensa che il mondo dell'arte inizi e finisca. E non è l'unico, fa parte di una generazione di artisti americani del dopoguerra che, reagendo all'espressionismo astratto, cercano un rapporto diretto con l'anima e il corpo, in modo che l'arte, in quanto attività umana, non si allontani dall'anima. Nessuno di noi vuole rinunciare a ciò.

Ida Gianelli Non intendevo dire che la funzione del museo non sia importante oltre che necessaria né che il problema della diffusione dell'arte sia risolto.
Provo un senso di disagio nella ripetitività di un meccanismo che sembra procedere più per forza d'inerzia che grazie a pensieri e aperture nuove.

David Ross Capisco le tue preoccupazioni ma devi considerare che il museo è un'istituzione recente e se lo paragoni alla chiesa, alla monarchia, al matrimonio, insomma alle istituzioni fondamentali della vita, è un'istituzione relativamente giovane. Carichiamo un'enorme responsabilità sulle spalle di un'istituzione il cui ruolo e funzione devono ancora essere sviluppati.
Cosa ha significato il museo nel tardo diciannovesimo secolo rispetto a quello del ventesimo secolo? Cosa significano i musei nell'età della riproduzione tecnica?
Quando il Metropolitan Museum è stato aperto, era pieno di falsi, era un luogo dove si collocavano le riproduzioni in gesso delle grandi sculture europee per aiutare la classe operaia a conoscere l'arte. In fondo, non potendo vedere un'originale di Donatello, era meglio vedere una riproduzione.
Era l'idea della classe abbiente di dare alla classe operaia un'educazione che altrimenti non avrebbe potuto avere. Non avrebbe mai potuto fare il "grande viaggio" per vedere l'originale. E non era quello l'importante. In quel momento l'importante era il potersi rapportare con la storia della cultura europea, della civiltà in generale, con il concetto di sviluppo della mente umana. Bisognava permettere alla gente di capire che la loro mente e la loro anima dipendevano dalla loro educazione, e che le arti visive giocavano un ruolo importante.
Anche il Louvre è stato aperto al pubblico da Napoleone che voleva condividere i suoi tesori con il popolo ma anche fargli capire chi comandava, chi deteneva il potere.
Quindi, i musei sono nati come luogo di una certa aristocrazia che riconosceva il proprio dovere di educare la massa povera, ma coglieva l'occasione per ricordarle chi deteneva il potere.
Dagli anni Sessanta le persone che lavorano nei musei americani provengono dalla classe operaia o dalla classe media mentre le generazioni precedenti provenivano da famiglie alto borghesi. Questo ha cambiato la funzione dei musei che non accolgono solo le grandi feste o le opere d'arte delle classi più abbienti per conservarle durante

l'estate quando vanno in vacanza. Se guardi il catalogo della vendita imminente delle opere della famiglia Loeb da Christie's, vedi che ogni anno i Loeb portavano le grandi opere della loro collezione, da Manet a Seurat in mostra al Metropolitan durante l'estate. Era un modo meraviglioso di condividere i quadri con la gente ma anche di conservarli senza costi. Non erano soltanto i Loeb a usare questo sistema di conservazione, ma tutte le grandi famiglie di New York. Dunque, i musei erano anche questo, il loro magazzino estivo. Era una forma di *noblesse oblige* per imitare i loro antenati europei e creare un senso dell'aristocrazia che manca agli americani. Ecco perché abbiamo bisogno di Jackie, di Marilyn, di Madonna, perché non abbiamo l'aristocrazia. In Europa i problemi sono molto diversi, l'aristocrazia è tuttora esistente, forse con meno potere o forse è ridotta l'ombra di quella che è stata, ma a certi livelli il suo potere è immutato. Quindi che ruolo ricopre oggi il museo? Come vedono oggi il loro ruolo i direttori europei in rapporto alla necessità di far convivere le eredità culturali con la produzione contemporanea, con le continue decisioni che una comunità deve prendere, che una civiltà deve assumersi per rinnovarsi, pur mantenendo una coerenza con alcuni valori di fondo? Sono domande difficili e i direttori, i curatori, gli artisti riflettono su questi argomenti. Come e dove collocarci, come esistere in una comunità che include l'università, le biblioteche, le collezioni private, i musei pubblici, i musei privati, le case d'aste e il continuo turbinio di ricchezza e oggetti di grande valore in tutto il mondo.
Allo stesso tempo, siamo responsabili dell'educazione delle nuove generazioni che crescendo diventeranno il pubblico di domani. Bilanciare tutto ciò è un'incredibile responsabilità, che mi spinge a non perdere un giorno di lavoro.

Ida Gianelli Il museo che dirigi si chiama Whitney Museum of American Art, questo significa che colleziona ed espone solo arte americana. Ma dal nostro dialogo emerge chiaramente che oggi esiste un intrecciarsi di culture diverse che rende difficile una catalogazione delle espressioni artistiche per nazione e in America più che altrove.
Forse al momento della sua apertura negli anni Trenta era possibile pensare ad un museo per l'arte americana, ma oggi è ancora reale?

David Ross Era complesso anche negli anni Trenta perché molti artisti americani studiavano e lavoravano in Europa e altrettanti artisti europei si trasferivano negli Stati Uniti. Elie Nadelman, uno dei nostri grandi scultori del ventesimo secolo, un artista americano di grande importanza, approdò in America nel 1914. Gentiluomo polacco con educazione parigina, si interessò all'arte folk e ad altre espressioni della cultura americana. La sua moderna sensibilità europea, raffinata e sofisticata, produsse quello che ora consideriamo arte classica americana del ventesimo secolo. La stessa cosa accade a tanti artisti europei.
Nella Biennale del Whitney di quest'anno abbiamo invitato Francesco Clemente, sul cui passaporto c'è scritto "nazionalità italiana", ma è un cittadino del mondo. Passa molto del suo tempo in India, in Italia, in Messico e qui a New York, dove i suoi figli frequentano le scuole. Viaggia molto, ma credo che New York sia diventata la sua casa "trans-nazionale". Questo fa di lui un'artista americano? Perché lo abbiamo inserito nella Biennale? Non siamo un'istituzione governativa, non di-

chiariamo la nazionalità degli artisti, inoltre non si può essere americano, si può essere cittadino degli Stati Uniti. Il concetto di "americano" è un concetto poetico e anche gli abitanti del Sud America o dell'America Centrale pensano di essere americani.
Il titolo *Identità multiple* è stato scelto per provocare delle domande e suggerire come guardare le opere create dagli artisti che affrontano il problema dell'identità. La collezione di un'istituzione, selezionata nell'arco di un periodo relativamente breve che va dal 1970 al 1990, può offrire al pubblico italiano uno spaccato chiaro e organico per comprendere le diverse esperienze e i diversi punti di vista dell'estetica americana.

Ida Gianelli Mi sembra che l'idea da cui nasce la mostra derivi anche dalle Biennali che hai realizzato. Di quante sei stato il direttore?

David Ross Sono arrivato al Whitney nel gennaio 1991 e la Biennale era quasi pronta. Ho avuto poco da fare ma i curatori avevano già selezionato molti artisti che mi interessavano e non casualmente. Quella è stata la prima Biennale che ho vissuto come direttore, in realtà senza meritarne il credito. Allora Jennifer Russell era il direttore *pro tempore* e Richard Armstrong, Richard Marshall, Lisa Phillips e John Hanhar hanno lavorato insieme sulla mostra. Nel 1993 si è tenuta la prima Biennale per la quale ho ricevuto meriti e colpe, direi più colpe che meriti, sebbene fossi orgoglioso della sua forza e della sua coerenza. La Biennale del 1995, curata da Klaus Kertess, era bellissima e molto poetica. C'è chi l'ha trovata più interessante di quella del 1993 perché più delicata, basata su un'idea di bellezza e trasgressione tutta interna a un'idea metafisica, e chi invece l'ha sentita meno forte. Quella di quest'anno, curata da Lisa Phillips e Louise Neri, è straordinaria e ha molto successo. Per le ultime tre Biennali ho chiesto ad un singolo curatore di costruire la mostra perché credo che la responsabilità debba essere di una persona e non di un gruppo. Come l'arte nasce dalla mente di individui che lavorano isolatamente e riflette lo spirito e l'intelletto umano ai livelli più alti, così le mostre debbono essere un prodotto della mente di individui che scelgono in prima persona responsabilmente e non nascondendosi dietro a dichiarazioni generiche, protetti dalle istituzioni.

Ida Gianelli Credi che la Biennale e *Identità multiple* rivelino i mutamenti che stanno avvenendo nell'arte?

David Ross Ritengo che presenti quanto sta accadendo nell'arte americana in due modi diversi. Uno è mostrare quanto si sia allargato l'ambito delle arti visive e selezionare all'interno di esso piuttosto che presentare un panorama completo di quanto è stato prodotto negli ultimi due anni, l'altro è rivelarne gli aspetti importanti, cioè il dialogo fra le diverse culture e l'idea di narratività che sta riemergendo.

David Ross, Ida Gianelli

Museum and Multiculture

Ida Gianelli I don't believe in national cultures, and I am convinced that isolation cannot produce interesting discussion and that there can be no development if we don't enter into dialogue with other cultures. This is why I feel it is essential to exhibit works of many different backgrounds, and this is why American art today seems to me to be particularly interesting, for it brings together various ethnicities. I would like to know why you felt the need to put together an exhibition of the last twenty years of American art with works from the collection of the museum you direct.

David Ross The idea came about after we started looking at the way the Museum's collection had been formed, in part, by the kinds of decisions that had been made for the Biennials our museum has organized since 1933. One of the things we realized was that many of the masterpieces, many of the works that the public feels strongest about, and which have earned a special place in the consciousness of visitors to the Whitney over the decades, have been works that were bought when they were very new, generally acquired during the Biennial exhibitions. One of the things that distinguishes the Whitney is that it often collects artists well before the market recognizes them, and provides them with certain visibility from which their careers subsequently develop. As time has passed, the Whitney has become one of many institutions playing that role, but when we began in the 1930's, we were the only museum doing that on a consistent basis. And still, because of the special place that the Biennial has within the American museum landscape, the Whitney maintains a very strong commitment to new art, and to emerging artists, and to the re-consideration of older artists. Much of the work in this exhibition was acquired either by purchase or by gift, during Biennial exhibitions over the last twenty years. A great deal of the work that we acquired over the last twenty years isn't seen for long periods of time. Rather than have that work languish in storage, we put together an exhibition that allowed us to look at and try to analyze certain trends of development in American art, through the matrix of material that had been collected over the last twenty years. Thus this exhibition, which looks at works in the permanent collection in the 70's, 80's and early 90's, really is a reflection both of the kind of collecting that the Whitney Museum has done, and of the range of directions to which the Museum has tried to remain open during that period.

Ida Gianelli Working in a public institution, I found your exhibition very interesting precisely because you are attempting to simultaneously analyze two interwoven themes, the development of art and the function of the museum. Was the choice of artworks influenced by the fact that the show would travel to countries in Europe?

David Ross No, I think that would be pandering. This is an exhibition that I would show in New York, or Turin, or Barcelona. I don't think you can say, "Well, this is a show that would work in Italy, so I have to find artists that I think an Italian audience would like." I think that's talking down to the audience, that's not taking them seriously enough. The way in which we put any exhibition together is based on a sense of what we all believe in strongly, and, generally speaking, where you present it, with certain exceptions, of course, is not an issue. There are obvious exceptions. If you do an exhibition of contemporary American art in some parts of the world where, for instance, they don't allow nudity, you have to deal with those cultural norms. And even today, if you want to send contemporary art to China, you have a problem. Until recently, 1993, you couldn't do that in Korea. But when we showed Charles Ray's *Family* there in 1993, it was the biggest hit of the exhibition, because it was the first time a sculpture incorporating completely nude figures had been seen publicly – and there were huge crowds. But in Italy, we're dealing with a very sophisticated country. In my experience, Italy isn't so interested in contemporary art, because many Italians feel the overwhelming presence of ancient art and antique European art. Even so, in organizing this show, we included work we felt was strong and resonant and beautiful and interesting.

Ida Gianelli And was there any concession in the choice of title?

David Ross Well, the title is something that has changed as the exhibition has traveled. For instance, when we originally brought the exhibition to Greece, its title was to be "The Nature of American Culture," but when we translated the two words "culture" and "nature" into Greek, they didn't mean what we meant in English. We sought a title that was both slightly provocative and poetic and would lead to the formation of questions. I think that's what exhibition titles are supposed to do. They're supposed to create questions in the minds of visitors, not answers. They should provoke people to want to see the work and then ask more questions. So the title we've been using is meant to provoke some fairly basic questions.

Ida Gianelli But when you choose certain works to put together a certain type of exhibition, which you present with a carefully thought out title, "Multiple Identities," aren't you also providing answers, or better, stating your ideas?

David Ross No, but the issue of identity has been so central to the discourse of contemporary art in the United States and elsewhere in the world over the last ten years, that we feel one of the central questions that should be raised is, "which identities are we talking about?". American cultural identity is a hybrid, as in all countries. Italian culture is Greek, Italian, African, Central European, Mediterranean, it's many, many things that we all call Italian. The word "Italian" is recent, historically speaking. What we mean today by "Italian" is a historical invention from the mid-nineteenth century. In many ways, American cultural identity has come to signify a type of cultural identity in constant change. Whereas many countries today are trying to return to a set identity or are battling with tribal identities or nationalist identities taken to an extreme, in America we have no such root for our tribal or national identity. You can't compare the identity of someone from California or Texas or New York with the identity of someone from Umbria or

Tuscany or Sicily. They're just different things, and socially, culturally and historically speaking, one is a recent invention and the other goes back thousands of years into cultural and geo-political history. So American art retains its sense of freshness and adolescence; it's always becoming something, it's always in the process of being re-defined, in a very fresh and real way, and this is very confusing and disturbing to many people, especially Americans, who wish they had a more centered and historically rooted identity.

When we say "multiple identities," we mean it as a poetic allusion. American culture inherently emerges from a group of identities, not a single one. So it would be impossible for us to present a singular American identity in the form of one exhibition of art made during the last twenty years. What we can provoke is an interesting dialogue, which is, in fact, what artists and critical writers have been engaging in over the last ten years — a dialogue that functions as a public negotiation with the ongoing re-definition of American culture. And you see that in this exhibition. Now, you don't see it in an overtly didactic way, because I don't believe that those kinds of issues, which are still inherently poetical, should be argued out in didactic fashion, within the framework of a museum exhibition. We are still talking about art, and so the discourse takes place fully within the framework of visual art. Not within a textual or narrative discourse. It is the conversation between a Nancy Graves and a Martha Rosler, or between a Diana Thater and a Tony Oursler.

Ida Gianelli Since you have worked within a museum structure for many years, about twenty five years, if I'm not mistaken, you clearly have a profound knowledge of the visual arts, but this doesn't prevent you from also being drawn to and understanding other forms of cultural expression, which you have brought into the museum. Do you think this same attitude exists in literature, in all other branches of culture? Or more in the visual arts?

David Ross I see the visual arts as the most accessible and direct site for this contest of ideas and values that takes place in within American culture. Clearly, it takes place in architecture too, although architectural language is far more abstract, complex and theory-bound. It also takes place in literature, where a great deal of the theory that underlies much of this thinking about this so-called negotiation of cultures has been born. Writers such as Homi Bhabha, the great Indian-born British literary theorist, really emerge from a theoretical, literary culture. But Bhabha and critics like him have begun to apply literary theory to the visual arts as well.

Essentially, the ways in which these ideas, this aesthetic theory, are abstracted within a visual frame allow for a much richer and much more free-flowing interaction. It also exists in film theory, in music and in dance. None of this is new — no one "discovers" this. What we've done is just opened our eyes and looked at what's around us, and admitted that complexity has value. Rather than dismissing much of what doesn't seem consistent with our prejudices, a new generation of curators, critics and artists has said, "We can't dismiss what we don't agree with; we have to recognize that we exist in constant and glorious conflict with opposing ideas." And this conflict is the stuff of culture. And what we see, in a microcosm, in this exhibition, and one of the reasons I believe it is such a fascinating and delightful exhibition, is a kind of contest or conflict that has taken place within a culture as heterogeneous, on the one hand, as American culture, but also one that is curiously homogeneous. After all, they're all Americans. There's something similar about all of them. They all share information sources, they all share food sources, they all share mass-media sources, they all share a political form of government, they all share so much in their culture, and yet the difference is still so pronounced and profound, and in fact is becoming more and more acceptable. I see this as a very positive sign and a very positive model for the way cultures can hopefully evolve in the 21st century. In contrast, the 20th century has generated the greatest genocides in history. Wasn't it von Clausewitz who said that war is the continuation of politics by other means? Perhaps we can say that art takes this continuation of politics and the negotiation of difference to another level and allows them to occur in a more healthy fashion — in a way in which everyone may benefit, in a way that's delightful and spiritually refreshing and renewing. Without trying to sound too sweet here and too optimistic, I do believe that art has within it the basis for providing a forum for a kind of open human interaction that leads us to another place and can perhaps provide positive models for ways in which cultures and societies can grow, because of the differences they contain.

Ida Gianelli I agree. But I have my doubts about institutions. As you just said, art is open, rich with stimuli, always ready to be transformed, while the structures within which art operates seem rigid and inclined in another direction.

David Ross Well, that's our fault, and it's our job to change that. I think that we can look at the art world as a very rigid and fixed place, insulated from consequence by the walls of our museums, by the grounds of our institutions, by the political protection afforded by our trustees and the money that supports and protects us. But we also can turn that around, and use those very same forces to connect us to broader discourses of power and to broader and more meaningful ways of participating in the general culture at large. I remain opposed to working within an isolated ivory tower in which an essentially inconsequential dialogue takes place for its own sake. I am not someone who can ever be categorized as a simple believer in art for art's sake, but I do believe that the power of art is profound and has profound social implications. I happen to believe it's important because it relates and communicates so directly to the lives of regular people. And it's our job as museum directors, and all of our jobs as people who care about art, to find ways of relating what we do to a broader range of communities. For example, the work of David Hammons touches upon extremely profound issues that go well beyond the specific edge of where the art world supposedly starts and stops and the real world begins. His world and his art insist on reaching out and occupying land on both sides of the fence, and of course he's not alone in that. He's part of a whole generation of post-war American artists who, in a reaction to the internalized nature of Abstract Expressionism, have sought a direct relationship with art and the world.

Ida Gianelli I didn't mean that the museum has no important function, or that the problem of the diffusion of art is anywhere near resolved. But I have a sense of uneasiness about the repetitious nature of a mechanism that seems to proceed more through inertia than through ideas and new beginnings.

David Ross I completely sympathize with your concern. The museum is also a very young institution. If you compare it to the Church, if you compare it to the institution of the monarchy, if you compare it to the institution of marriage, if you compare it to any of the other basic institutions in our lives, the museum is not much of an institution at all. And yet, we weigh it down; we expect it to carry an enormous weight in our culture. What did the museum mean in the late nineteenth century, compared to what it means in the late twentieth century? What the museum meant at the end of the age of mechanical reproduction was one thing — it stood for the power of the original. In its early incarnation, for example, when the Metropolitan Museum first opened, it was full of fakes. Not fakes that they didn't know about; it was a place where plaster reproductions of great European statuary were displayed for the education of the working class. Early museum professionals thought a plaster reproduction of a great Donatello was better than nothing. In general this was part of the idea of the wealthy giving back to the working class an education that they could never have; the working class could never make the *grand tour*. And that wasn't what was important. What was important at that point in time was the way they related to the whole history of European culture, of civilization in general, and to the idea of the awakening of the human mind. In the 18th century the Louvre was opened by Napoleon to share the treasures of the empire with the French people, but it was also opened another reason, which was to make sure everyone understood who was in charge, and who had the power.

So museums really began as the site of classic *noblesse oblige* — people with power, people with money, recognizing their responsibility to educate the poor working masses, but also with a chance to refresh everyone's memory of "who's in charge, who owns this stuff."

Since the 60's, American museums have completely changed their sense of mission. The people who run them, the people who know and work in them, come from working class and middle class backgrounds. A generation ago, the only people who worked in American museums came from the families of the rich. So within one generation the actual working population of museums has completely changed. They're no longer here just to do parties for the rich, and to be a place where the rich can put their art during the summer when they go on holiday. If you look at a catalogue for a sale, like the recent Loeb sale at Christie's, you'll see that the Loeb family would put the great works in their collection, their Manet self-portrait, the Seurat, all the great masterpieces they had, on view at the Met every summer. Now that was a wonderful way of sharing, and also good because they didn't have air conditioning, and they were going away to the Hamptons for the summer anyway. It wasn't just the Loebs who did that; all the great families of New York did. So museums were also a summer storehouse, a private storeroom. These citizens practiced *noblesse oblige* at the very highest levels, and they tried to imitate their European ancestors and create a sense of aristocracy, which, of course, is the great thing Americans lack. That's why we need Jackie, Marilyn, Madonna.

In Europe the problems are very different; you have an existing aristocracy, which is now powerless and just an echo of what it used to be, a shadow of what it was, and yet it still exists. On a certain level, its power exists absolutely, unabated and unchanged. So just what is the museum's role? How do European museum directors see their role in connecting the treasures, the culture, the notion of cultural heritage, contemporary cultural production, to people's lives, to the ongoing decisions that a community has to make, or a civilization has to make, in order to refresh and renew itself, and in order to remain consistent with some set of values that we all share? These are very difficult questions. And museum directors and museum curators as well as artists are, in fact, dealing with these issues, directly or indirectly, but simultaneously. We directly deal with them because we have problems of survival, we have problems figuring out where we fit and how we will exist in a community that includes universities and libraries, private collections and public museums, state museums and auction houses, and the continuous churning of wealth and objects of great value throughout the world. At the same time, much more profoundly, what we have in our charge, what we are literally responsible for, is the education of the whole new generation of children. They will grow up to be the audience making demands on these institutions in the future. Juggling these things is an amazing responsibility. It's what makes me interested in coming to work every day.

Ida Gianelli The museum you direct is called the Whitney Museum of American Art, which means that you collect and exhibit only American art. But our dialogue has clearly revealed that today there is an interweaving of different cultures that makes it difficult to categorize artistic expressions by nation, especially in America. Perhaps when the Whitney opened in the 30's, it was possible to think of a museum for American art, but what does "American art" mean today?

David Ross Even in the 30's, it was complicated. There were American artists who trained and practiced in Europe and then came back here. There were Europeans who moved here, both on the eve of the Second World War and earlier. Elie Nadelman, one of the great sculptors of the twentieth century, was an extraordinarily important American artist, whose influence in Paris was profound. This Polish gentleman, a Paris-educated sculptor, came to America, saw American folk art as well as other things, became engaged in American culture, and then invented his own forms. He took a very polished and sophisticated European modern sensibility and immediately transformed it into what we now look at as classic 20th century American art.
Francesco Clemente is in this year's Whitney Biennial. Clearly he's still an Italian. If you look at his passport, it says "Italian." Yet he has children in school here in New York, and he's a world citizen. He spends much of his time in India, in Italy, in Mexico and here. He travels the world, but I think New York has become his home, in a kind of trans-national sense. Does the fact that he's in the Whitney Biennial make him an American artist? We're not a government institution, we don't state that people have a particular nationality or not. In fact, you can't be American. You can be a citizen of the United States, but the whole idea of "American" is a poetic notion, because people in South America and Central America think that they're American too. When we think of broader questions like cultural identity, then you see that the use of a provocative title like "Multiple Identities" is meant to provoke questions and set a

frame of mind, within which you can then look at objects made by artists, some of whom, although not all, are dealing directly with the issue of identity. Ultimately the context of the perspective and point of view and aesthetic direction that we see in a brief and concentrated period of time, within the framework of one institution's collection, gives the Italian public a very compact and useful framework from which to construct an understanding of the variety of American aesthetic experience and points of view, even during a period of time as brief as the 70's to the 90's.

Ida Gianelli Let's talk about the recent Whitney Biennial. How many Biennials have you done?

David Ross Well, when I first came here in 1991, I arrived in January and the Biennial for that year was already pretty well organized. I had very little to do with it directly, although I think since they knew I was being offered the job, I believe that they selected a lot of artists that they knew I liked... So that was the first one I experienced as director, but I don't take any credit for it as director, because Jennifer Russell was acting director then, and Richard Armstrong, Richard Marshall, Lisa Phillips and John Hanhardt all worked on it together. 1993 was the first Biennial I got credit or blame for, and more blame than credit, although I was very, very proud of how strong and complicated and consequential the show was, even to the extent that there was a great deal of failure in it. The 1995 Biennial, which was Klaus Kertess's, was very beautiful and very poetic. Some people liked it, more people liked it than the '93 one, but, in fact, it was less memorable to many people, because it was more polite and more about an idea of beauty and transgression, within a metaphorical context. This year's Biennial, curated by Lisa Phillips and Louise Neri, was fantastic and very successful. These three Biennials were curated by individual curators, and that's something I've brought about as a sort of change. Because I believe that there needs to be curatorial responsibility for projects. They shouldn't be group or anonymous endeavors. It's not that it's an *auteur* issue, but group decisions lack authority. People need to understand that, just as the art itself comes from the mind of individuals, and reflects the highest level of the individual's spirit and intellect, the exhibition is also a product of individual minds. They are essentially a literary product, an aesthetic product, and they are organized by an individual curator. That curator may have a lot of help, or he or she may also choose to do the project alone. There is the idea of curatorial consequence, however, so that somebody takes responsibility for an exhibition, rather than it's just being some kind of generic, institutional statement.

Ida Gianelli Do you think these exhibitions, the Biennial and "Multiple Identity," reveal changes that are happening in art?

David Ross I think the Biennial showed what's happening in American art in two different ways. First, it showed how large the field has become, by insisting on making a selection within what has happened, rather than trying to present a complete overview of American art over the last two years. (That would be impossible, anyway.) And second, I think that Lisa and Louise accurately revealed a very important and interesting aspect of art over the last two years, which is a dialogue from inside the arts... the idea of the narrative that is re-emerging.

Johanna Drucker

Eterogeneità nell'arte americana dal 1975 a oggi

Mai come negli ultimi venticinque anni si è assistito a una diversificazione così ampia delle arti visive e in nessun luogo in modo così eclatante come in America. L'attuale molteplicità di approcci sia ai materiali sia alle concezioni parrebbe sottrarsi alla definizione di un unico contesto per opere così diverse come quelle presenti in questa esposizione. Le familiari tradizioni artistiche che ritroviamo nella delicata pittura su tela di Nicholas Africano e nelle fusioni metalliche di Joel Shapiro sono poste accanto agli animali in stoffa di Mike Kelley e ai rifiuti riciclati di David Hammons, raccolti sulle strade di città e periferie. Il mondo dell'arte è divenuto così eclettico ed eterogeneo da accogliere qualunque cosa? Non vi sono modelli di riferimento o valori universali? Le tendenze artistiche cambiano a ogni stagione come la moda, spinte da un incessante, spasmodico desiderio di novità? O un panorama così diversificato è invece sintomo che qualcosa di più profondo attraversa il territorio delle arti visive quale espressione dell'attività culturale contemporanea? Osservando le opere più rappresentative di un ambito creativo apparentemente caotico, è forse possibile tracciare i contorni dei mutamenti intervenuti negli ultimi vent'anni e ottenere, se non parametri concettuali unificanti, almeno un quadro critico coerente.

Gli anni Settanta sono generalmente considerati il decennio in cui l'eterogeneità stilistica emerge in modo così forte da rendere impraticabile la consueta "periodizzazione" in uso nella storia dell'arte. Naturalmente ciò è spesso difficile, soprattutto per quanto riguarda l'epoca moderna. Prendere atto della contemporaneità tra *Fontaine* (1917) di Duchamp e le liriche tele di Chagall o tra *Guernica* di Picasso e la distillata astrazione di Mondrian è quasi altrettanto difficile che far rientrare nella comune classificazione di "scultura contemporanea" le opere in legno e canapa di Jackie Winsor, le figure feticistiche di Alison Saar e la perfezione formale dei lavori di Nancy Graves. Certo, si può facilmente sostenere che queste differenze sono funzionali alla reciproca caratterizzazione delle opere attraverso contrasti creativamente significativi, che la "naturale rozzezza" di *Bound Logs* (1972-1973) di Winsor si dà in relazione oppositiva con la "artificiale compiutezza" di *Cantileve* di Graves realizzata dieci anni più tardi. Tuttavia le distinzioni non si pongono al mero livello di materiale, stile, tematica o anche di iconografia. Guardando più da vicino, si comincia a nutrire il sospetto che opere prodotte nello spirito dell'estetica minimalista o su sollecitazioni di natura politica o animate da un impegno critico nell'ambito della cultura popolare non condividano più alcun tessuto connettivo del quale ci si possa avvalere per definirle o distinguerle le une dalle altre. L'uso che fa Alison Saar di chiodi, stagno e rame per elaborare una forma figurativa in *Skin/Deep (A fior di pelle)* del 1993 non può appartenere allo stesso universo dei "lavori in metallo" in lastre di rame collocate una accanto all'altra di Carl Andre né tantomeno all'universo di "figure" descritte da Jonathan Borofsky in

Running People at 2,616,216 (*Gente che corre a 2, 616, 216*) del 1979. Le concezioni profonde di opera d'arte, creatività, significato e identità figurative e di rapporto culturale tra forma e processo sono talmente disparate che solo la nozione critica di eterologia, di cose, cioè, così concettualmente diverse da non poter esistere all'interno di un'unica cornice, pare adeguata per valutare la frammentazione dell'arte visiva dagli anni Settanta in poi.

Ma è davvero così? In una visione prospettica, i nessi logici tra queste opere possono essere compresi in relazione ai cambiamenti maturati nel corso degli ultimi vent'anni sia sul piano culturale specifico del mondo dell'arte sia nel più ampio contesto sociale al quale esso appartiene. In termini culturali, questo periodo vede la fine del Modernismo come terreno di produzione artistica e del dibattito critico sorto per comprenderlo. Mosso dai due motori dell'innovazione formale e della visione utopistica dell'avanguardia, soprattutto nei primi decenni del XX secolo, il Modernismo sicuramente portava in sé un'ampia varietà di stili, molti dei quali però, alla metà del secolo, erano già stati sospinti ai margini da un'idea dominante di arte moderna che elevava l'astrazione a massima espressione estetica. Nonostante le numerose critiche rivoltele (da politica della negazione a ideologia di disinvolto individualismo), l'arte astratta ha espresso forse un concetto fondamentale agli occhi di quanti si entusiasmarono delle sue qualità formali, e cioè che il significato di un'opera d'arte deve manifestarsi nella sua forma visiva. Che fosse strumento per operare un radicale cambiamento nella coscienza o per rivelare sublimi verità universali, la forma visiva raggiunse un'autonomia e una rilevanza senza precedenti nell'estetica moderna.

La fede nella capacità dell'opera d'arte di comunicare direttamente per mezzo di un'esperienza estetica non mediata (per esprimersi in termini critici, il concetto modernista di presenza autosufficiente) inizia a sgretolarsi negli anni Cinquanta e Sessanta. Gli artisti impegnati in Fluxus, nei gruppi situazionisti, negli Happening, in Gutai e in altri momenti di ricerca internazionali conferirono crescente importanza, più che all'oggetto, all'evento e all'esperienza quali aspetti primari dell'attività artistica, cominciando così a dimostrare che il significato dell'opera d'arte va ricercato e si forma in un ambito più ampio, in un territorio che si estende dalla vita personale dell'artista alla comunità, dal mondo dei media e della cultura popolare a quello dell'attualità della militanza politica. Se l'identità del Modernismo fino a tutta la prima metà del XX secolo può essere compresa in rapporto all'idea di "autonomia" (opera d'arte autosufficiente, indipendente dal proprio contesto, con un significato immediatamente visibile attraverso la forma), l'arte che prolifera successivamente può essere invece definita in linea generale con il concetto di "contingenza". Gli studiosi e i critici hanno man mano abbandonato l'idea che l'opera d'arte riveli pienamente se stessa attraverso il proprio linguaggio visivo e ora gli artisti hanno reso la complessa rete di interconnessioni sociali, personali, culturali e storiche una importante caratteristica formale di gran parte del loro lavoro e non solo un'indicazione del modo in cui l'attenzione debba essere portata sul contesto ai fini della piena comprensione dell'opera. A questo riguardo, pone un esemplare interrogativo critico il lavoro di Martha Rosler, realizzato a metà degli anni Settanta, *The Bowery in Two Inadequate Descriptive Systems* (*La Bowery in due sistemi descrittivi inadeguati*). L'artista interroga la sensibilità estetica modernista mettendo in evidenza che né le immagini (con la loro presunta capacità di documentare una scena o una situazione sociale) né il linguaggio verbale (con la sua trasmissione di informazioni in termini apparentemente precisi) sono in grado di esplicitare in modo adeguato i nessi tra rapporti di potere, condizioni sociali e vita individuale, che vengono in realtà celati da queste forme di rappresentazione "descrittive". Rosler sollecita con forza la consapevolezza che nulla è privo di precedenti o di contesto, nulla è privo di risonanze o di connessioni e che il significato di ogni opera d'arte si crea nel punto di intersezione tra la sfera sociale e quella estetica. In sintesi, non vi è valore formale separato dal contesto culturale in cui esso viene prodotto.

I processi storici che determinarono questo mutamento sono strettamente collegati alle trasformazioni culturali. Nel mondo artistico degli anni Sessanta e Settanta si verificò un importante spostamento dei rapporti di potere dal centro ai margini: le enclavi elitarie delle istituzioni artistiche ufficiali furono oggetto di sistematici attacchi strategici per mano delle organizzazioni femministe e legate alle minoranze. Il movimento dei diritti civili, il femminismo, la protesta pacifista affrontarono in tre successive ondate lo *status quo* dominante nella società americana. Il movimento dei diritti civili pose le basi per una maggiore visibilità professionale, per l'autodeterminazione dell'identità degli artisti di colore, anche se in quel periodo le maggiori istituzioni non concessero facilmente spazi espositivi alle loro opere o all'arte che rifletteva questi eventi cruciali. La corrente artistica femminista (che comprendeva numerose attiviste con poche affinità da un punto di vista formale) travalicò i confini formali e concettuali posti dall'*establishment*[1]. All'improvviso nel mondo dell'arte dovettero essere prese in considerazione tutte le modalità espressive in termini di soggetti, temi, motivi, procedure linguistiche, materiali, tradizioni e sensibilità. Un tale cambiamento non può essere sottovalutato: artiste come Jackie Winsor reclamavano tanto un'identità professionale quanto un riconoscimento della loro opera. Lynda Benglis coniugò materiali d'uso convenzionale con riferimenti femministi, associando i suoi nodi fortemente ritorti a superfici decorative che esprimevano aperto disprezzo per il formalismo di buon gusto e Ana Mendieta introdusse nel campo delle arti visive significati legati all'individualità espressi con modi tradizionali, mettendo così per la prima volta in discussione il concetto di opera d'arte autonoma, le cui proprietà formali costituiscono il solo e supremo latore di significato. L'impronta del corpo di Mendieta nella terra esprimeva l'immagine di sé in termini originari ed essenziali ma anche carichi dei valori culturali che collegano i materiali organici alla femminilità.

Le crisi di coscienza e di potere che coinvolsero gli artisti durante la guerra del Vietnam dimostrarono una volta per tutte l'impotenza del linguaggio formale astratto come forza propulsiva di trasformazione sociale. L'inadeguatezza dell'astrazione di fronte a crisi reali scosse alla radice la fede modernista. Divenne impossibile immaginare che qualunque forma visiva proposta come mero attacco o cambiamento dei codici tradizionali di significato potesse operare una vera trasformazione sociale, per non parlare di quella a lungo sognata della moderna utopia. I dipinti di Leon Golub, figurativi, specifici, suggestivi e tuttavia sospesi tra documento storico e descrizione di conflitti umani universali, sono un caso esemplare di opera contingente. Al tempo stesso leggibili e non assoggettabili a una semplice lettura della loro iconografia, oscillano tra un significato certo e uno inaccertabile, tra determinato e indeterminabile e i loro riferimenti cambiano a seconda dell'anno,

[1] Le maggiori figure del movimento comprendono Faith Ringgold e Miriam Schapiro, Judi Chicago e Faith Wilding, Carolee Schneemann e Alison Knowles.

della settimana, dell'ora, dello spettatore, del luogo e degli ultimi titoli del giornale. Ma è sufficiente porre in relazione l'opera di Golub con quella di Robert Colescott, un pittore afro-americano il cui linguaggio figurativo contiene connotazioni critiche del tutto diverse, per capire in quale misura la pittura figurativa rientri nell'ampia trasformazione dell'opera da autonoma a contingente, partecipando nel contempo ai grandi mutamenti sociali e culturali. Le parodie artistiche di Colescott e le sue violazioni espressive ai tabù contro la figurazione si fondano tanto sulle opere universalmente riconosciute della storia dell'arte, alle quali fanno riferimento, quanto sulle problematiche specifiche degli anni in cui sono state realizzate. E tutte si collocano nell'ambito del significato contingente: un'ampia rete connettiva tra esperienza vissuta dall'artista e tradizione, contesto attuale ed eredità storica.

Il passaggio da autonomia a contingenza viene in parte determinato dall'urgenza di diversi gruppi impegnati ad integrare la propria identità sociale con l'espressione artistica e viceversa e ad avvalersi dell'opera d'arte come strumento per portare l'identità in una posizione più centrale e visibile. Questo cambiamento si palesa pressoché in ogni aspetto delle opere prodotte dalla fine degli anni Settanta in poi: da Ashley Bickerton, con la sua paradossale forma tecnologicamente perfetta e il suo tema tecnofobico sul disastro ecologico le cui implicazioni comportano la necessità di vedere ogni forma di produzione, compresa quella artistica, in rapporto alla condizione di pericolo del mondo reale, a Nayland Blake, i cui riferimenti ospedalieri e le suggestioni della sottocultura omosessuale sono parte integrante della sua minacciosa (o seducente) presenza. Al di là della diversità delle opere, l'esigenza è la stessa: l'osservanza delle qualità formali deve essere collegata al mondo che unisce artista e spettatore. Blake e Bickerton partecipano a una sensibilità in cui problemi sociali come l'inquinamento, l'omofobia, l'Aids e i diritti dei gay, il controllo sui profitti delle grandi imprese e le repressioni della destra politica definiscono i conflitti nella sfera pubblica. La cornice di riferimento implicita nelle loro opere dimostra come gli artisti contemporanei operinino in relazione sia a specifiche comunità sia alla più estesa sfera pubblica.

Ma se si volesse tracciare un quadro più ampio dei cambiamenti intervenuti dal 1970 in poi, si constaterebbe che le questioni sociali e politiche sono solo alcuni fra i fattori di trasformazione del mondo dell'arte. Emerge un'altra ed altrettanto profonda influenza sull'arte capace di dare vita a nuove immagini, nuovi materiali e strumenti espressivi: la forte e coinvolgente presenza della cultura di massa. Anche a questo riguardo si possono rintracciare precedenti nel corso di tutto il XX secolo. I Futuristi e i Cubisti esaltarono la produzione industriale, Marinetti celebrò la scarpa fatta a macchina, Picasso e Braque realizzarono i loro *collage* con carta da parati a buon mercato e pezzi di giornale. L'industria pubblicitaria si appropriò rapidamente del linguaggio figurativo surrealista e ne sfruttò la carica erotica per piegare quelle spregiudicate tecniche ai propri fini. La Pop Art portò in primo piano il mondo dei fumetti, la cultura delle merci, il consumismo capitalista. Ma allora lo *status* dell'oggetto d'arte, la sua rassicurante collocazione all'interno delle gallerie, dei musei e dell'apparato critico delle pubblicazioni non furono mai seriamente minacciati. Il punto di confine tra la cultura popolare e massmediale e le belle arti rimase sempre chiaramente definito. Ma mentre le istituzioni si preservavano intatte e funzionali, custodendo e sorvegliando con cura quel confine, gli artisti

erosero man mano i fondamenti che tenevano in vita tali distinzioni.
Se negli anni Settanta il potere si estese dal centro ai margini del sociale per tornarvi carico di forza innovativa, nel decennio successivo gli artisti aderirono al linguaggio, alla forma e alle produzioni della cultura dei media con inedito entusiasmo. A prima vista questi mondi non potrebbero apparire più distanti ma il concetto di identità individuale e collettiva, sul quale si impegnavano i movimenti politici, doveva anche confrontarsi con i criteri di rappresentazione di concetti come "donna", "nero" o "chicano" nelle immagini elaborate dalla cultura di massa.
Gli artisti fermarono l'attenzione sui modi in cui gli stereotipi penetravano nel linguaggio quotidiano e il razzismo e il sessismo entravano a far parte dell'iconografia della vita di tutti i giorni, riciclati, attraverso le immagini dei media, nell'esperienza vissuta. In molti casi questo processo di analisi acquisì forma visiva in progetti che mettevano in questione l'identità stessa dell'artista. Gli autoritratti fotografici di Cindy Sherman realizzati alla fine degli anni Settanta e all'inizio degli anni Ottanta sono precise evidenze di questo problematico autorispecchiarsi in cui l'artista cerca "se stessa" nell'immagine di una costruzione mediale di cui si è riappropriata. Per le donne artiste questo fu un momento decisivo che permise loro di distinguersi dalle precedenti rivendicazioni sull'essenza del "femminile" per portare l'interesse verso la strutturazione culturale della categoria "donna".
La flessibilità con cui gli artisti spostarono l'attenzione dalla costruzione personale del sé a quella sociale e viceversa, attraverso il filtro dei media, del linguaggio e dell'immagine, si percepisce con chiarezza in *Self-Portrait* (*Autoritratto*), 1986 di Jimmie Durham. La figura ritagliata a grandezza naturale riporta gli stereotipi sugli indiani d'America diffusi nella cultura di massa, in riferimento soprattutto ai miti dell'identità fisica o del carattere. Banalizzandoli impietosamente, Durham ne affronta la brutalità e la violenza disumanizzante. L'intento degli artisti di scoprire in quali termini si crei un'identità etnica o sessuale autentica o falsa indirizzò la loro ricerca verso aspetti dell'attività artistica fino a quel momento considerati neutri sul piano simbolico.
Nel suo *Untitled* (*Senza titolo*) del 1992 lo scultore David Hammons utilizza capelli che per struttura e colore indicano un'evidente origine africana e rivela in tal modo il proprio legame con una comunità tradizionalmente esclusa dal mondo delle belle arti, così come lo sono le bottiglie di alcol scadente "Thunderbird", i tappi, le barriere della polizia e i cerchi dei canestri del basket, tutti elementi che fanno parte della sua produzione. In una sua celebre opera Hammons trasformò un viso preso da una scatola di cereali nell'immagine di Jesse Jackson, mostrando il subdolo insinuarsi di stereotipi negli aspetti più familiari e banali della quotidianità. L'insistenza sulla interazione tra il mondo dell'arte e quello dei media, tra identità individuale e produzione culturale ha reso estremamente permeabili i confini che separano questi territori.
Se le opere che trasformano in arte immagini mediali o materiali inconsueti possono essere comprese in termini di messa a fuoco delle tematiche più controverse, quelle che comportano appropriazioni dirette esprimono invece istanze d'altro tipo. I *New Hoover Convertibles...* (*Nuovi aspirapolvere convertibili...*), 1981-1987 di Jeff Koons sono indistinguibili dal prodotto di massa originale: in realtà sono precisamente la stessa cosa. L'opera mette in discussione lo *status* dell'immagine nell'arte e il linguaggio specialistico adottato per definire le immagini e gli oggetti artistici come fossero qualcosa di distinto dalle immagini dei media e dai prodotti industriali,

differenziando un "originale" dalla sua esatta replica visiva. Negli anni Ottanta gli artisti si interrogarono senza riserve sui concetti di valore, autorità, autenticità e giudizio critico, tutti coagenti nel tracciare distinzioni tra oggetto d'arte e immagine mediale. In un mondo in cui la quantità di immagini prodotte dai mass-media rischia di seppellire l'opera artistica sotto una valanga di immagini pubblicitarie, televisive, cinematografiche, informatizzate, la specificità dell'oggetto d'arte diviene qualcosa di sempre più problematico. Ma la condizione dell'immagine è solo un aspetto dell'attrazione che i media esercitano sull'arte, l'altra faccia della medaglia riguarda la consapevolezza che il sistema dei media è infinitamente più potente di quello dell'arte nel plasmare il nostro senso di identità, il nostro mondo, le nostre convinzioni e interpretazioni. Di conseguenza, la distanza critica, il carattere intrinsecamente disgiunto e separato dell'immagine artistica diviene il vero criterio di differenziazione. Il mondo dell'arte scruta quello dei media, ne esamina le fantasie di consumo, identità, seduzione, orrore e, in definitiva, di potere così come vengono prodotte nello spettacolo quotidiano delle nostre esistenze. In alcuni casi questo processo comporta il ricorso a strumenti tecnologici (come i display digitali di Jenny Holzer), in altri ai mezzi più semplici (come il colore nero a olio su pannello gessato di Glenn Ligon) che possono essere altrettanto efficaci nel loro confrontarsi con i messaggi coercitivi della cultura dominante.

Quale distanza intercorre allora tra gli ultimi fuochi dell'impegno formalista che si manifestarono negli anni Settanta e le attuali tendenze dell'arte contemporanea? Immaginiamo per un momento il contrasto tra la tela percorsa da un delicato reticolo di Agnes Martin, *Untitled #11* (*Senza titolo n. 11*) del 1977, con la sua palese fedeltà a un formalismo lirico, e la critica a questa stessa estetica avanzata da Ellen Gallagher in *Afro Mountain* (*Montagna africana*) del 1994, dove l'artista ricorre a minuscole icone della simbologia razzista per creare tele altrettanto eleganti sul piano estetico; oppure quello tra il liscio pavimento in lastre metalliche di Carl Andre in *Twenty-Ninth Copper Cardinal* (*Ventinovesimo numero cardinale in rame*) del 1975 e la figura parlante di Toni Oursler *Getaway #2* (*Fuga n. 2*) del 1994. Muta, scandita uniformemente, modulare ed elementare, quella di Andre parrebbe l'esempio perfetto di opera moderna. E tuttavia questa espressione minimalista minaccia e mette in discussione lo spazio dello spettatore, violando il sacro confine tra questi e l'opera d'arte che era stato mantenuto con cura entro la moderna estensione della tradizione occidentale. Lo spettatore a disagio, incerto se camminare sulle lastre sparse con la massima discrezione sul pavimento della galleria, retrocede verso un'altra opera e avverte il proprio corpo, la propria presenza in quel luogo e l'inquietante assenza di una chiara linea di demarcazione tra la percezione del soggetto e l'oggetto d'arte. Ma quanto più sgradevole è l'essere interpellati dalla figura così profondamente abietta della piccola opera di Tony Oursler, da quell'immagine antropomorfa che reca un'illusione di vita quando, sporgendo la faccia dal cuscino gualcito, dice: "Lasciatemi in pace", "Come sono arrivato qui?", "Smettetela di guardarmi".

Silenzio, discrezione, completa autonomia: tutto finito. Le opere possono essere osservate senza che si sappia nulla delle personali nevrosi dell'artista ma l'effetto rimane quello dell'implicazione e della suggestione, delle connessioni tra lo spazio permeabile del mondo dello spettatore e le categorie dell'esperienza. Il concetto di contingenza delinea il modo in cui l'opera d'arte poggia su questo vasto contesto per ottenere

significato: la figura di Oursler è tanto lontana da *Bird in Space* di Brancusi quanto lo è McDonald dai *Cafés* che permeano i motivi del Cubismo Analitico di Braque e Picasso. Appellarsi al minimo comun denominatore del mercato di massa qui è significativo poiché l'arte degli anni Novanta deve competere con un ambiente saturo di immagini, popolato dalle finzioni del mondo mercificato del simulacro e dello spettacolo così come viene descritto dai critici del cosiddetto postmoderno: Guy Debord, Jean François Lyotard e Jean Baudrillard. L'opera di Sue Williams, *The Hose* (*Il tubo*), con le sue narrazioni di abusi mediali attraverso il pessimo disegno e la tecnica incerta, sottolinea l'infelice rapporto di potere del soggetto in questo scambio. Analogamente *Untitled #16 - A Decorated Chronology of Insistence and Resignation* (*Senza titolo n. 16. Cronologia decorata di insistenza e rassegnazione*) realizzato nel 1993 da Lari Pittman utilizza il linguaggio visivo della pubblicità e del design del prodotto per articolare il proprio senso di impotenza e ribellione di fronte alla crescente mercificazione del privato. Nulla è stabile in questo processo: gli animali di Mike Kelley in *More Love Hours Than Can Ever Be Repaid* (*Più ore d'amore di quante possano mai essere ricambiate*) del 1987 non raccontano rassicuranti favole infantili, né i ritratti fotografici di Catherine Opie costituiscono documenti affidabili delle consuete categorie sessuali.
Attualmente le arti visive formano una piccola isola all'interno del vasto territorio della cultura visiva, la linea di confine tra le belle arti e l'arte mediale e popolare non si presta a una facile e certa identificazione. I luoghi da cui l'arte dipende per potersi definire tale, i musei, le gallerie e le istituzioni mediatrici della critica e delle pubblicazioni perdono identità nel mondo della moda, delle sponsorizzazioni, della pubblicità, della ricerca di fondi. È mai stato davvero diverso? O vi è stato solo un sogno passeggero in cui una purezza presumibilmente moderna, aspirando a una chiara autonomia, tolse le arti visive dalle chiese, dai parchi di divertimento, dalle fiere mondiali, dai mercati dell'artigianato e dalle esposizioni tecnologiche per isolarle sotto un riflettore? In un'epoca in cui l'immagine visiva prolifera a velocità elettronica, il ruolo e lo *status* dell'arte rimangono contraddistinti da una caratteristica essenziale: l'arte richiama l'attenzione su di sé in quanto atto consapevole di definizione e di conferimento di significato attraverso un gesto di separazione da quel prolifico territorio. L'arte adempie ora alla funzione di mettere in dubbio il significato stesso e ci chiede di osservare le complesse modalità con cui tale significato viene prodotto più che fornire una verità stabile, universale o trascendente. La visualità come significato in sé e pura forma estetica diviene un concetto impotente in un mondo dove l'ibrido, la mutazione, la contaminazione sono aspetti sociali ed estetici essenziali. La difficoltà non è leggere il significato delle opere d'arte contemporanee bensì pretendere che questo significato sia durevole, circoscritto e garantito. Se i primi anni del XX secolo sono stati caratterizzati dal sogno moderno della forma pura e del cambiamento utopistico, gli ultimi sono invece pervasi da un'energia febbrile che conduce le arti visive verso un intenso e fertile rapporto con le molteplici contingenze dell'esperienza, reale e immaginaria, prodotta e confezionata, vissuta e riciclata.

da *Art at the End of the 20th Century: Selections from the Whitney Museum of American Art*, Whitney Museum of American Art, New York, 1996

Johanna Drucker

Diversity in American Art from 1975 to the Present

The visual arts have diversified to an unprecedented degree in the last quarter of the century and this is nowhere more evident than in the American scene. The present multiplicity of approaches to both materials and conceptions would seem to defy the notion of a unified framework for works as varied as those displayed in this current exhibition. The familiar traditions of the fine arts – seen in Nicholas Africano's delicate paint on canvas and Joel Shapiro's cast metal – sit next to Shigeko Kubota's video projections, Mike Kelley's stuffed animals, and David Hammons' recycled refuse from the streets of urban and suburban landscapes. Has the art world become so eclectic and miscellaneous that anything goes? Are there no standards or values that hold true across the board? Do the trends of artistic fashion change with the whim of each succeeding season in a constant craving for novelty? Or does the development of a widely heterogeneous arena of production signal something profound about the visual arts as a contemporary cultural activity? Looking at representative works from this apparently exploded field, it may be possible to sketch the shape of the changes observed during the last two decades and to tease out, if not unifying conceptual parameters, at least a coherent critical framework. The 1970s are generally considered the decade in which stylistic diversity became so conspicuous that it is impossible to impose the usual art historical "periodization". Of course, this is often difficult, especially in the modern period. It's almost as difficult to imagine that Duchamp's *Fontaine* (1917) is contemporary with Marc Chagall's lyrical canvases, or that Picasso's *Guernica* is of the same moment as Mondrian's distilled abstraction, as it is to imagine Jackie Winsor's wood and hemp works falling under the same rubric of "contemporary sculpture" that includes the fetishistic figures of Alison Saar and the patina perfect pieces of Nancy Graves. It's easy enough to say that these are works whose differences and distinctions function to define each other by productively meaningful contrasts – that the "natural roughness" of Winsor's *Bound Logs* (1972-1973) serves as a referential foil for the "artificial finish" of Graves' *Cantileve* completed a decade later. But the contrasts are not merely at the level of material, or style, or theme, or even iconography. And looking closer, one begins to have the sneaking suspicion that works produced in the spirit of minimalist aesthetics or from a politically motivated urgency or through a critical engagement with popular culture no longer share any continuous ground of connection that serves to define or differentiate one from the other. It seems that Alison Saar's use of nails, tin, and copper, worked into a figurative form in *Skin/Deep* (1993), cannot belong to the same universe of "metalwork" which contains Carl Andre's copper plates laid end to end, any more than it can to the universe of "figures" represented by Jonathan Borofsky's *Running People at 2,616,216* (1979). The very notions of artistic work, of production, of figurative value and identity, and of cultural associations with form and process are so disparate that only the critical concept of heterology – of things so conceptually diverse they can not exist within a single framework – seems an apt way to consider the fragmented field of visual art from the 1970s onward.

Or does it? With a bit of perspective, the logical relations among these works can be understood in relation to changes that have taken place during the last twenty years or so both in the culture of the art world and in the larger social sphere to which it belongs. In art-world terms, this is the period that witnesses the dramatic demise of Modernism as the basis of artistic production and of the critical discussion used to apprehend it. Driven by the twin engines of formal innovation and the utopian vision of the avant-garde, Modernism certainly contained a wide array of visual styles, especially in the early decades of the twentieth century. But by mid-century, many of these styles had been pushed to the margins by a dominant concept of modern art in which abstraction was considered the ultimate aesthetic expression. Although many critical agendas are attached to abstraction – from a politics of negation to an ideology of uninhibited individualism – abstract art established one crucial concept in the minds of those raised to appreciate its formal virtues: the idea that the meaning of a work of art should be evident in its visual form. Whether as an instrument for bringing about a radical change of consciousness for revealing sublime and universal truths, visual form was granted an unprecedented level of autonomy and power within the modern aesthetic.

This faith in the capacity of works of art to communicate directly through an otherwise unmediated aesthetic experience (in modernism's self-sufficient presence, to state it in critical terms) starts to crumble in the 1950s and 1960s. Artists involved in Fluxus, Situationism, Happenings, Gutai, and other groups in the international sphere place increasing emphasis on events and experience, rather than objects, as the primary aspect of artistic activity. As they do so, these artists begin to demonstrate that the meaning of a work of art must be constituted from a dispersed field which extends from the artist's personal life to the community, from the realm of mass media and popular culture to the topical domains of immediate politics and the issue oriented moments of activist rhetoric. If Modernism's identity up to and through the middle of the twentieth century can be understood in relation to the idea of *autonomy* (of self-sufficient works, functioning independently of their context, with readily apparent meaning based in their form) then the art that proliferates in the later twentieth century can be broadly defined by the concept of *contingency*. Scholars and critics have gradually abandoned the idea that any work of art reveals itself entirely through its visual means, and now contemporary artists have made the complex web of social, personal, cultural, and historical interconnections a conspicuous formal feature of much of their work – not just an aspect of the way context must be brought to bear on the work in order for it to be fully understood.

An exemplary piece of critical interrogation in this regard is Martha Rosler's *The Bowery in Two Inadequate Descriptive Systems*, made in the mid 1970s. Rosler interrogates the modernist aesthetic sensibility by showing that neither visual images – with their apparent capacity to document a scene or social circumstance – nor verbal language – with its seemingly accurate transfer of information – can communicate adequately the nexus of power relations, social spheres, and individual lives which are in fact being concealed by these "descriptive" forms of representation. Rosler forces the realization that nothing is without precedent or context, nothing is without resonance or connections, and that the meaning of every work of art is forged at the intersection of social and aesthetic spheres. In short, there is no formal value distinct from the cultural network within which that value is produced. The historical processes which brought about this change are embedded in cultural transformations. In the 1960s and 1970s, the art world experienced significant shifts of power from center to margins: the elitist enclaves of the high art establishment were broken open through a series of systematic and strategic attacks by women and minority artists. The civil rights movement, the women's movement, and the antiwar protests mark three waves of assault on the mainstream *status quo* within American society. The civil rights movement laid the foundation for both increased professional visibility, self-determination, and foregrounded identity for visual artists of color, even if art by those artists or about those crucial events was not widely exhibited by mainstream institutions during that period. The women's art movement – comprising many activist artists only loosely linked in a formal sense – forced open both the formal and conceptual boundaries of the establishment.[1] All manner of subject matter, themes, motifs, ways of working, materials, traditions, and sensibilities suddenly had to be considered within the domain of the world of art. This change cannot be underestimated: women artists such as Jackie Winsor demanded a professional identity as well as recognition of their work; Lynda Benglis inflected the materials of a formal practice with feminist associations, giving her strongly twisted knots a decorative surface that flew in the face of good-taste Formalism, and Ana Mendieta infused the field of visual arts with personal meaning and traditional modes, offering an unprecedented challenge to the idea of the work of autonomous art whose formal properties were its sole and supreme carriers of meaning. The imprint of Mendieta's body into the earth inscribed a personal image in primal and essential terms, terms laden with cultural values that associate organic materials with femininity.

The crisis of conscience and power that artists experienced during the Vietnam war showed once and for all the impotence of abstract formal language as a force for social change. The poverty of abstraction to act in the face of real crises punctures the modernist belief system. It becomes impossible to imagine that any visual form which is merely an attack on or transformation of the established codes of visual meaning will bring about any kind of social change – let alone the long dreamed of modern Utopia. The paintings of Leon Golub – figurative, specific, suggestive, and yet shifting in the space between historical document and universal situations of human conflict – operate as exemplary instances of contingent work. At once legible and irreducible to a simple reading of their iconography, they vibrate between fixed and unfixable meaning – the references they invoke change depending on the year, the week, the time of day, the viewer, the location in which they are viewed, the latest newspaper headlines or news bulletin. But one has only to put Golub's work into relation to that of Robert Colescott, an African-American painter whose use of figural language contains a completely different critical agenda, to begin to realize the extent to which representational painting participates in the larger transformation from autonomous to contingent work while also being part of larger social and

[1] Major figures in this movement included Faith Ringgold and Miriam Schapiro, Judy Chicago and Faith Wilding, Carolee Schneemann and Alison Knowles.

cultural changes. Colescott's artistic parodies and expressive violations of the taboo against figuration depend as much on the canonical art historical works to which they refer as on the specific issues pertinent to the years in which they are painted. All these are part of the field of contingent meaning the vast network of interconnections to the artist's lived experience and received tradition, current context, and historical legacy.

The shift from autonomy to contingency is brought about in part by the urgent and immediate needs of various activist groups to make their social identity an aspect of their work and vice versa – to use the artwork as a means of leveraging identity into a more central and visible position. This shift becomes evident in almost every aspect of work produced from the late 1970s onward: an Ashley Bickerton construction, with its paradoxically techno-perfect form and techno-phobic theme of ecological disaster and what this implies about the necessity to see all acts of production including artistic ones – in relation to the endangered condition of the material world; a Nayland Blake piece, where clinical associations and suggestive homoerotic subculture form an integral aspect of its threatening (or seductive) presence. No matter what the work, the requirement is the same: the observation of formal properties must be linked to the world which connects artist and viewer. Blake and Bickerton are part of a sensibility in which the social crises of pollution, homophobia, and Aids, of control of corporate profits, gay rights, and right-wing repression stage definite conflicts in the public sphere. The frames of reference implied by their work demonstrate how contemporary artists function in relation to specific communities and identities as well as in the broader public sphere.

But if one were to sketch an even larger picture of the changes that took place from the 1970s onward, the significant transformations of the art world conditioned by changes in the social and political sphere would be only one part of the picture. There is another equally profound influence in mainstream art that introduces new images, new materials, and new media: the forceful presence and engagement with mass culture. Again one finds precedents for this interaction throughout the twentieth century. The Futurists and Cubists adored industrial production: Marinetti celebrated the machine-made shoe, while Picasso and Braque pasted cheaply printed wallpaper, journals, and newsprint onto their collages. Surrealist imagery was rapidly and readily appropriated by the advertising industry, which tamed its erotic edges only enough to subvert its shock techniques for its own purposes. Pop Art held a mirror up to the world of comics, commodity culture, and consumer capitalism. But the status of the art object, its secure site within the domains of galleries, museums, and the critical apparatus of reviews, was never seriously challenged. It was always clear where popular culture or mass media ended and where fine arts began. But while those institutions remain intact and functional, preserving the carefully guarded border between the culture of mass media and the culture of fine arts, artists themselves have increasingly eroded the grounds on which such distinctions can be maintained.

If the 1970s was the decade in which power diffused from center to communities in order to return to the center with transformative force, then the 1980s was the decade in which artists took up the language, forms and productions of media culture with a new degree of enthusiasm. At first sight, these agendas might seem diametrically opposed, but the concept of individual and community identity, on which activist movements depended, also had to come to terms with how concepts like "woman", "black" or "chicano" were played out in the images and operations of mass culture. Artists paid attention to the ways in which stereotypes are passed on as part of everyday language and racism and sexism are inscribed in the iconography of daily life – and recycled through media imagery to lived experience. In many cases, this questioning process took visual form in projects that interrogated artists' own identity. Cindy Sherman's photographic self-portraits from the late 1970s and early 1980s are classic instances of such a mirroring query, one in which the artist seeks her "self" as a work produced in the image of a recollected media version. For women artists, this was a key moment, allowing them to break with earlier claims to their essential "femininity" and to turn their attention to the cultural construction of the category of "woman".

The flexibility with which artists move from personal to social construction of self, through the filters of media, language, image, and back again comes through clearly in Jimmie Durham's *Self-Portrait* (1986). Durham's life-size cut out figure bears the texts which stereotype Native Americans in mainstream culture, particularly with respect to myths of physical identity or character. Making these myths ruthlessly obvious, Durham confronts their brutality and dehumanizing force. Artists intent on revealing the terms with which an authentic – or stereotyped – ethnic or sexual identity is created also turned their investigation to many aspects of artistic practice that had typically been considered neutral. In his *Untitled* piece of 1992, sculptor David Hammons uses hair whose texture and color clearly indicate African heritage, revealing his connection to a community traditionally excluded from the world of fine art, as have the bottles of cheap "Thunderbird" alcohol, bottlecaps, police barricades, and basketball hoops which show up as elements of his production. In one well-known work, Hammons transformed a face on a cereal box cover into an image of Jesse Jackson, pointing up the insidious insinuation of stereotypes into the most familiar and banal aspects of daily life. The insistence on the interconnection of the fine art and media worlds of individual identity and cultural production, has created a highly permeable boundary between these domains.

But if the works that transform media images or unusual materials into art can be understood in terms of the critical issues they bring into focus, then works that represent more direct appropriations have their own agenda. Jeff Koons' *New Hoover Convertibles* (1981-1987) are indistinguishable from their mass-produced original – are in fact the very same thing. The work questions the status of images in the art world and the privileged language used to discuss art images and objects as distinct from media images and the products of industry, and to distinguish an "original" from its exact visual replica. The 1980s art world ruthlessly interrogated the way the notions of value, authority, authenticity, and critical insight are bound up in the distinction between a fine art object and a media image. In a world where the sheer quantity of images produced in a media context threatens to bury art world images in an avalanche of advertisements, television, movie, and Internet images, the specific character of art objects becomes increasingly problematic.

But the status of the art image is only one aspect of the art-world fascination with mass media; the reverse aspect is the recognition that the media world is infinitely more powerful in shaping our sense of ourselves, our world, our beliefs, and our understanding than is the art world. Suddenly it is the critical distance, the very disjunctive, nonseamless character of art-world images which becomes their operative distinction. The art world turns a lens on the media world, examining the fantasies of consumption and identity, of glamour and horror, and, ultimately, of power as they are produced in the daily spectacle of our lives. In some cases, this process involves a high-tech apparatus, as in Jenny Holzer's digital displays of running text, while in others the most basic means – Glenn Ligon's use of black oil stick on a pristine gessoed panel – can be equally effective in their confrontation with the coercive messages of dominant culture.

How far, then, does one have to move to get from the last-gasp engagements with formalism, which play themselves in the 1970s, to the current trends in contemporary art? Imagine, for a moment, the contrast one can establish between the delicately gridded *Untitled #11* (1977) canvas of Agnes Martin, with its evident allegiance to lyrical formalism, and the critique of such an aesthetic posed by Ellen Gallagher's *Afro Mountain* (1994), which uses tiny icons of racist imagery to create equally elegant and aesthetically reductive canvases; or between the flat metal plates of Carl Andre's *Twenty-Ninth Copper Cardinal* (1975) floor piece and the speaking presence of Tony Oursler's *Getaway #2* (1994). Mute, gridlike, modular, and elemental, Andre's would seem to be the perfect example of the modern work. And yet this Minimalist piece threatens and questions the viewer's space, encroaching on the sacred boundary between the work of art and the viewer that was so carefully maintained within the modern extension of Western tradition. The anxious viewer, unsure whether to walk on the plates spread out with sublime modesty on the gallery floor, backs into another work and notices his or her own body, its presence in the gallery, and the uncomfortable absence of a clear line of division between perceiving subject and artistic object. But how much more disturbing it is to be addressed by the profoundly abject body of a tiny Tony Oursler work, its anthropomorphic image sustaining an illusion of life as the projected face speaks from its crushed pillow ground: "Leave me alone", "How did I get here?" or "Stop looking at me."

Muteness, modesty, sublime autonomy – all are gone. The piece can be viewed without knowledge of the artist's personal neuroses or lack thereof, but the effect remains one of implication and suggestion, of linkages between the permeable space of the viewer's world and the fraught categories of almost-shared experience. The concept of contingency describes the way the work of art relies on this diffused field for its meaning – the Oursler figure is as far from Brancusi's *Bird in Space* as a McDonald's is from the cafés whose culture permeates the motifs in Braque's and Picasso's Analytic Cubism.

Invoking the lowest common denominator of mass marketing is significant here. For the fine arts of the 1990s have to compete in a *milieu* of image saturation densely populated by figments of the commodified world of simulacrum and spectacle described by the critics of the so-called postmodern world (Guy Debord, Jean François Lyotard, and Jean Baudrillard). Sue Williams' *The Hose*, with its narratives of abuse mediated through bad drawing and hesitant technique, marks the subject's unhappy relation to the balance sheet of power in this exchange. Similarly, Lari Pittman's *Untitled #16 (A Decorated Chronology of Insistence and Resignation*, 1993) uses the visual language of mainstream advertisements and product design to articulate his sense of impotence and protest in the face of the increasing commodification of once private sectors of individual life. Nothing is stable in this process: Mike Kelley's animals in *More Love Hours Than Can Ever Be Repaid* (1987) do not provide reassuring tales of childhood, nor do Catherine Opie's portrait photographs present reliable documents of essential categories of gender.

The visual arts are now one tiny zone within the exploded field of visual culture; the line demarcating the fine arts from the mass media and popular arts defies easy or secure identification; the sites on which fine arts depend for their identity – museums and galleries – and the mediating institutions of criticism and publishing dissolve into the world of fashion, corporate sponsorship, publicity, and fund-raising. Was it ever really different? Or was there only a momentary dream in which a supposedly modern purity pretended to a clear autonomy and pulled visual arts from the site of church, carnival, world's fair, craft market, and technology exposition into a spotlight of mute focus? In an era in which visual images proliferate at the speed of electronic light, the role and status of art remains distinguished by one salient characteristic: it calls attention to itself as a self-conscious act of framing, of rendering something significant by a moment of separation from that prolific field. Art now functions to call meaning itself into question and requires us to attend to the complex ways in which such meaning is produced – rather than providing a stable, universal, or transcendent truth. Visual presence as pure meaning and aesthetic form is an impotent concept in a world in which hybridity, mutation, and contamination are conspicuous social and aesthetic features. The difficulty is not in reading the meaning of contemporary works of art, but in wishing that meaning to be stable, finite, and guaranteeable. If the early twentieth century was characterized by modern dreams of pure form and utopian change, then the close of the century is characterized by a fevered energy which drives the visual arts toward a dynamically fertile engagement with all the many contingencies of experience – real and imagined, packaged and produced, lived and recycled.

Reprinted from *Art at the End of the 20th Century: Selections from the Whitney Museum of American Art*, Whitney Museum of American Art, New York, 1996.

Opere / Works

Circa un decennio dopo le sue prime composizioni geometriche, Reinhardt si dedicò alla pittura come "campo" di colore, o come "immagine totale". La sua opera venne ispirata da una logica più stringente, anche se non ancora governata dalla monocromia che caratterizza i suoi quadri successivi. *Number 17* (*Numero 17*) è una di queste opere di transizione: una tela quadrata con al centro un rettangolo sviluppato in verticale circondato da quadrati e rettangoli collocati asimmetricamente, in colori diversi ma strettamente connessi. Reinhardt ha precisato che "*Number 17* non aveva alcuna particolare preoccupazione per le divisioni o i rapporti di luce, forma o spazio, né per i contrasti cromatici". Tuttavia, anche un esame superficiale del quadro rivela che i rapporti spaziali e l'equilibrio coloristico sono stati oggetto di meticolosa attenzione. Tale attenzione è stata sicuramente incoraggiata dai regolari contatti di Reinhardt con Josef Albers, l'artista all'epoca maggiormente coinvolto nelle teorie sul colore nell'ambito dell'arte astratto-geometrica. Nell'inverno e primavera del 1952-53 Reinhardt aveva insegnato alla Yale University, dove Albers era direttore della School of Art. L'incombere di rettangoli adiacenti in *Number 17* è la risposta di Reinhardt alle sistematiche e luminescenti variazioni di Albers sul tema dei quadrati accatastati. Pur nell'apparente geometria, la disposizione, il colore e le dimensioni dei rettangoli rimangono personali e spontanei. Proprio per eliminare tale soggettività e sistematizzare la propria pittura Reinhardt, attorno al 1953, si limitò a variazioni su un unico colore – azzurro, rosso o nero – all'interno di una struttura di quadrati multipli.

Nel 1960 Reinhardt pratica una pittura di impercettibili variazioni cromatiche all'interno di un'organizzazione rigida, immutabile, che si basa su dimensioni fisse e su una struttura a nove quadrati. Egli definisce la propria pittura "un'icona non manipolata e non manipolabile, inutile, invendibile, irriducibile, non fotografabile, irriproducibile, inesplicabile. Un non-divertimento, non destinato al mercato dell'arte né ai fruitori dell'arte di massa, non espressionista, non fine a se stessa."

Spingendosi verso una posizione estrema e riducendo i termini della propria arte, Reinhardt sembra aver aperto i suoi dipinti all'analisi molteplice delle implicazioni politiche, filosofiche e artistiche. I quadri neri mettono in questione le finalità di molta arte antecedente e forniscono una solida base per l'arte minimalista e concettuale che emergerà negli anni Sessanta e Settanta.

A decade and a half after his early geometries, Reinhardt became engaged "in painting as a 'field' of color, or as a 'total image.'" Greater logic began to rule his work, although it was less strictly governed by monochrome that characterize his later paintings. Number 17, *1953 is one of these transitional works: a square canvas with an upright central rectangle surrounded by asymmetrically placed squares and rectangles of different, but closely related, colors. Reinhardt insisted of* Number 17 *that it had "no concern especially with light, form or space divisions or relationships, nor with color contrasts." Yet even a cursory examination of the painting confirms that meticulous attention was directed to spatial relationships and coloristic balance.*

Such attention was surely encouraged by Reinhardt's regular contact with Josef Albers, the artist then most deeply engaged in theories of color in non-objective geometric art. In the winter and spring of 1952-53, Reinhardt taught at Yale University, where Albers was director of the School of Art. In Number 17, *Reinhardt responded to Albers' light-infused systematic variations on stacked squares with his own brooding and adjacent rectangles. For all the apparent geometries in Reinhardt's* Number 17, *the arrangement, color, and scale of his rectangles were still personal and spontaneous. In order to eliminate such subjective compositions and to systematize his art, around 1953 Reinhardt began to limit his paintings to variations on a single color—variations of blue, red, and black—within a multiple-square format. By 1960 he was producing only the symmetrical black paintings, such as* Abstract Painting, Number 33, *that concluded his career. Reinhardt pursued an art of subtle color mutability within a strict, unvarying compositional format and size that used a 9-square structure. He had represented his painting as an "unmanipulated and unmanipulatable, useless, unmarketable, irreducible, unphotographable, unreproducible, inexplicable icon. A non-entertainment, not for art commerce or mass-art publics, non-expressionist, not for oneself."*

In pushing toward an extreme position and narrowing the terms of his art, Reinhardt seemed to have opened these paintings to wide-ranging speculation, and manifold analyses of their political, spiritual, and artistic implications.

The black paintings call into question the goals of much previous art and provide a sturdy platform for the Minimalist and Conceptualist art that emerged in the 1960s and 1970s.

Ad Reinhardt
Number 17 (Numero 17), 1953

Dipinto nel 1959, quando cioè Kline introduce il colore nelle sue composizioni astratte, *Dahlia* (*Dalia*) per quanto riguarda la struttura formale non contraddice lo stile che l'artista ha adottato dedicandosi all'astrazione, nonostante esso sia in gran parte fondato sulla dialettica essenziale del bianco e nero. Dal 1949, dopo un primo periodo realista, l'artista abbandona la pittura figurativa in favore di composizioni costruite con larghe pennellate di colore nero delineate con ampiezza di gesto su superfici di grandi dimensioni, così da infondere al quadro una forte energia. Il contrasto primario fra bianco e nero e il segno che lo fonda non hanno, per l'artista, valori simbolici, piuttosto assumono la stessa funzione di scrittura calligrafica. Kline è arrivato all'astrazione partendo dall'ingrandimento di alcuni dettagli dei suoi disegni, e sembra porsi in relazione con le coeve composizoni di de Kooning. L'artista ha dichiarato: "Quella di dipingere in bianco e nero non è stata una decisione. Penso che ci sia stato un tempo in cui le forme erano in origine colorate e che poi col passare del tempo le abbia dipinte e rese in bianco e nero". Le composizioni, solcate da scattanti linee che alludono a strutture geometriche, hanno l'impianto gestuale che le accomuna alle opere di altri esponenti dell'Espressionismo Astratto. Kline tuttavia non ricerca tanto la fluidità e, a volte, la delicatezza del tratto di Pollock, che arriva a saturare l'intera superficie del dipinto, quanto un linguaggio sintetico dalla struttura dinamica e perentoria ad un tempo. Il grande respiro della pittura e la sicurezza del segno derivano dall'incessante applicazione di Kline al disegno; in esso la pittura, apparentemente istintiva e pulsionale, trova la sua originaria dimensione progettuale. In *Dahlia* la dinamica gestuale tipica di Kline si arricchisce di valori cromatici, dove le stesure blu, rosso aranciato e rosso scuro sembrano competere con la gestualità strutturante delle ampie pennellate nere.

Painted in 1959, the year when Kline introduced color into his abstract compositions, Dahlia, *in terms of its formal structure, does not contradict the style that the artist had adopted, devoted to abstraction; yet it is in large part based on the essential dialectic of black and white. Beginning in 1949, after an early realist period, Kline abandoned figurative painting in favor of compositions constructed with large brush strokes of black paint, delineated with an amplitude of gesture over large scale surfaces, thereby creating a strong sense of energy within the painting. For the artist, the primary contrast between black and white and the sign that sets up that contrast did not have symbolic value, but rather assumed the function of calligraphic writing. Kline arrived at abstraction through the enlargement of details from his drawings, and he seemed to offer his work in relation to contemporary compositions of* de Kooning. *He stated: "Painting in black and white was not a decision. I think that there was a time when the forms were originally colored and that then, with the passage of time, they were painted and created in black and white." The compositions, streaked with bursting lines that allude to geometric structures, have a gestural foundation that link him with other exponents of Abstract Expressionism. Yet Kline did not so much investigate the fluidity and what was sometimes the delicacy of Pollock's stroke, which the latter eventually used to saturate the entire surface of the painting; rather, he researched a concise language drawn from the dynamic, but at the same time peremptory, structure. The great breath of his painting and the security of the sign are derived from Kline's incessant employment of drawing; it is in drawing that his apparently instinctual and impulse-driven painting finds its original intended dimension. In* Dahlia, *Kline's typical gestural dynamic is enriched with chromatic values, where the blue, red, orange and dark red applications of paint seem to compete with the structuring gesturalism of the broad black brush strokes.*

Franz Kline
Dahlia (*Dalia*), 1959

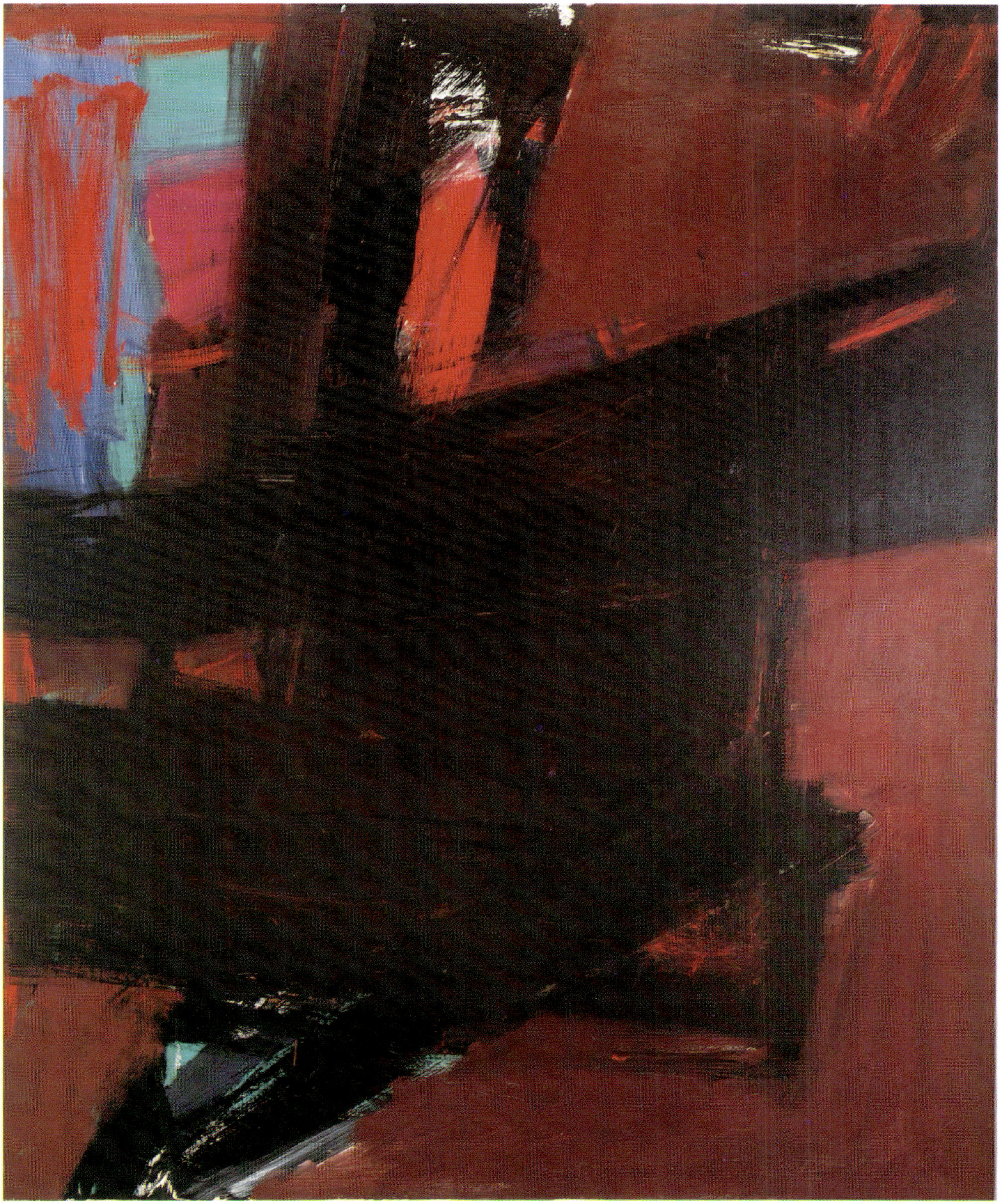

Barnett Newman
Day One (Il primo giorno), 1951-52

Dal 1948 Barnett Newman ha sviluppato un formato definitivo per i suoi quadri: rigorose distese di colore sereno e uniforme, talvolta bordate o attraversate al centro da strisce sfrangiate di colore diverso (definite *zips* dall'autore). Prive di un soggetto preciso e di ogni implicazione di profondità, queste tele potevano essere interpretate come espressioni di infinito ed estensione. Lo stesso Newman, in un commento del 1948, incoraggiava l'interpretazione delle sue astrazioni riduttive come un'austera religione dell'emozione: "Stiamo riaffermando il naturale desiderio umano di intensità, l'interesse per il nostro rapporto con le emozioni assolute. Non abbiamo bisogno degli obsoleti puntelli di leggende antiquate [...] Ci stiamo liberando dalle pastoie di memoria, associazione, nostalgia, leggenda, mito e ogni altro espediente adottato dalla pittura dell'Europa Occidentale. Invece di fare *cattedrali* partendo da Cristo, dall'uomo o dalla "vita", creiamo a partire da noi stessi, dai nostri sentimenti [...]" Il processo di creazione primitivo, il nulla prima della materia, è chiaramente inferibile dal titolo e dai termini visuali di *Day One (Il primo giorno)*.
All'inizio degli anni Cinquanta Newman realizzò dipinti in scala, degni di una cattedrale. Queste nuove opere epiche, troppo grandi per le gallerie commerciali, non interessavano ancora i musei. Nonostante ciò Newman produsse diverse serie di quadri di grandi dimensioni. Nel 1951-52 creò un gruppo di quattro tele interconnesse, tutte di 335x127 cm: *Day Before One*, *Day One*, *Ulysses* e *Prometheus Bound*. *Day Before One* e *Day One* (*Il giorno precedente il primo*, *Il primo giorno*, *Ulisse*, *Prometeo incatenato*) vennero accoppiati, il primo a dominante azzurra, il secondo arancione. Il loro rapporto complementare è intensificato da soluzioni compositive alternative: in *Day Before One* Newman stese sottili strisce di colore in alto e in basso, in *Day One* ai lati. In quest'ultimo, in basso a sinistra, il nome scarabocchiato dall'autore e la data di esecuzione testimoniano una presenza umana.

In 1948, Barnett Newman began to develop a definitive format for his painting: stark expanses of serene, unbroken color, sometimes with ragged-edge stripes of another color ("zips," as he called them) at the peripheries or down the center. Without a clear subject or implications of depth, these paintings could be read as expressions of infinity and expanse. Newman's own comments in 1948 supported the identification of his reductive abstraction with an austere religion of emotion: "We are reasserting man's natural desire for the exalted, for a concern with our relationship to the absolute emotions. We do not need the obsolete props of an outmoded and antiquated legend [...] We are freeing ourselves of the impediments of memory, association, nostalgia, legend, myth, or what have you, that have been the devices of Western European painting. Instead of making cathedrals *out of Christ, man, or 'life,' we are making it out of ourselves, out of our own feelings [...]" The process of primal creation, the nothingness before matter, is clearly inferred by the title and visual terms of* Day One. *By the early 1950s, Newman was imposing a cathedral-like scale as well as content on his paintings. These new epic works were too large to fit in a commercial gallery and as yet of no interest to museums. Newman nevertheless produced several series of such overscaled works. In 1951-52 he created a quartet of interrelated paintings, each 132-by-50 inches:* Day Before One, Day One, Ulysses, *and* Prometheus Bound. Day Before One *and* Day One *were paired, the former predominantly blue, the latter orange. Their complementary relationship is enhanced by alternative compositional solutions: Newman placed thin bands of color at the top and bottom of* Day Before One *and at the sides in* Day One. *A human presence is asserted at the bottom left of the painting through Newman's awkwardly scripted name and* Day One*'s date of execution.*

Le opere di Ellsworth Kelly possono sempre essere ricondotte alla realtà visibile, ma le sue astrazioni eliminano alla fonte ogni prospettiva, associazione narrativa e contenuto emozionale. Quadri e sculture, meticolosamente "a margine netto", offrono solo colore privo di rilievo e di modulazione tonale, forme semplici e piani frontali. Così, *Atlantic* (*Atlantico*) converte in radicale astrazione una banale esperienza visiva. Le bianche forme curve del quadro derivano dalle ombre proiettate sulle pagine di un libro tascabile che Kelly teneva aperto durante un viaggio in autobus nel 1954. Copiate rapidamente sulle pagine affiancate di un album, le coppie di ombre hanno assunto l'ondulazione del foglio di carta. In seguito tali forme complementari furono ridisegnate con più cura su un taccuino bianco, che divenne fonte di composizioni pittoriche.
Due anni più tardi l'idea venne realizzata in un piccolo studio a olio (61x86,3 cm) da cui fu ricavato *Atlantic*. Nel 1955 Kelly aveva lavorato con forme nere su fondo bianco. *Atlantic* rovescia tale rapporto, restituendo forme bianche su fondo nero e rappresentando le ombre in bianco. La bipartizione di *Atlantic* suggerisce il libro aperto che ha ispirato la composizione, anche se Kelly spesso accosta pannelli per differenziare colore e forma.
Atlantic è la più grande delle tele in bianco e nero create da Kelly alla fine degli anni Cinquanta, prima di reintrodurre nella sua produzione un ampio spettro cromatico. Questo quadro segna anche il ritorno di Kelly alle forme curve, che userà fino alla fine degli anni Sessanta e riprenderà periodicamente in seguito.
Atlantic è stata la prima opera di Ellsworth Kelly ad essere acquistata da un museo, nel 1957.

Ellsworth Kelly's work can always be connected with visible reality, but his abstractions strip away the source of all perspective, narrative association, and emotional content. His meticulously hard-edge paintings and sculptures offer only flat unmodulated color, simple shape, and planar frontality. In this way, Atlantic *converts a commonplace observation into a radical abstraction. The white curved forms of* Atlantic *derive from the shadows that fell across the opened pages of a paperback book. While he was riding a bus in 1954, Kelly quickly copied a succession of these paired shadows onto the facing pages of a sketch-book; the shadows curved with the swell of the book. These complementary forms were more carefully redrawn in a blank notebook that became a source of pictorial compositions. Two years later, the idea was realized in a small (24-by-34-inch) oil study from which* Atlantic *was made. In 1955, Kelly had worked with black shapes on a white ground.* Atlantic *reversed the relationship, rendering white shapes on a black ground, so that the shadows are described in white. The bipartite construction of* Atlantic *suggests the composition's source in a book spread, although Kelly frequently uses the device of abutted yet separate canvas panels to differentiate color and form.*
Atlantic *is the largest of Kelly's black-and-white canvases of the late 1950s, made before he reintroduced a wide spectrum of colors into his art. In this painting Kelly also returned to the curve, which he was to use through the mid-1960s, and periodically thereafter.* Atlantic, *purchased in 1957, was the first work by Ellsworth Kelly to be acquired by a museum.*

Ellsworth Kelly
Atlantic (*Atlantico*), 1956

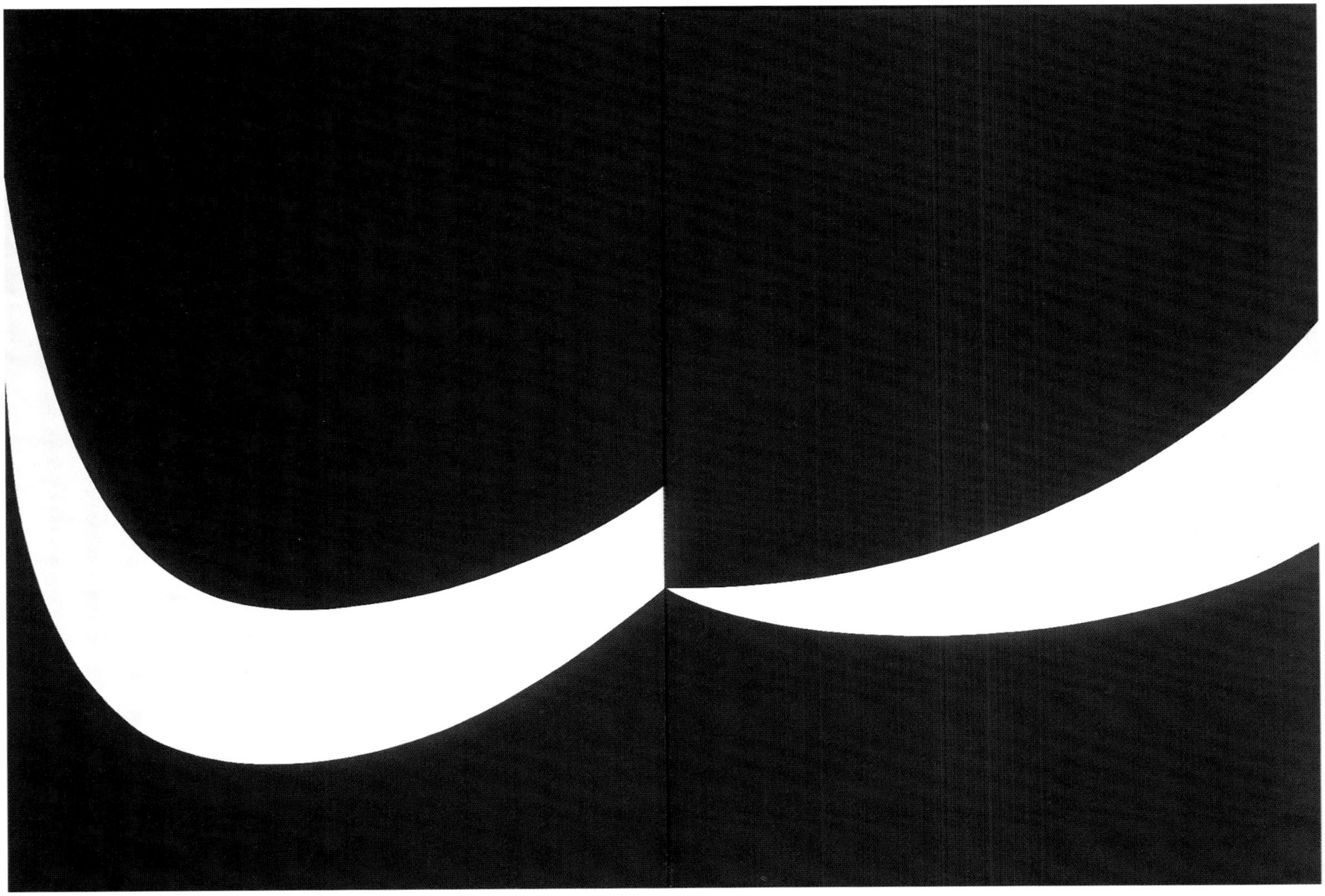

Nel 1952 Helen Frankenthaler ha sviluppato un procedimento che consente di applicare direttamente sulla tela grandi porzioni di colore, una tecnica, nota come *stained canvas*, che ha influenzato numerosi artisti, tra i quali Kenneth Noland e Morris Louis. L'importanza del suo contributo sta tanto nel metodo quanto nella conferma di una nuova mentalità compositiva, che pone sullo stesso piano processo e contenuto. Se l'opera del suo mentore Jackson Pollock mescola disegno e pittura, le composizioni di Helen Frankenthaler fondono acquerello e pittura. Applicando dall'alto il colore diluito sulla tela stesa sul pavimento, come ha fatto in *Flood* (*Inondazione*), la Frankenthaler trasforma l'intrinseca spontaneità e intensità cromatica dell'acquerello in un evento grandioso e teatrale. Benché astratto, *Flood* è chiaramente riconducibile a un paesaggio semplificato, con sovrapposizioni di cielo, nuvole, montagne, foreste e acqua. Le zone cromatiche, inoltre, evocano diversi stati emotivi, tumultuose ondate di sensazioni in un'irresistibile fusione di colore e forma. Il fine è simile a quello di Mark Rothko: usare il colore e le forme elementari per esprimere le sfumature legate a luoghi ed emozioni.

Le poche forme di colore di *Flood* si espandono sulla tela in modo da impedire l'emergere di un'immagine centrale dominante; la composizione si presenta semplicemente come una superficie piatta interamente riempita. Il respiro ampio, cosmico, dei quadri di questo periodo è concisamente definito dalla descrizione che l'artista ha fornito al Whitney Museum a proposito di *Flood*: "Se devo fare un'associazione, penso ai miei quadri come a paesaggi esplosivi, mondi e spazi trattenuti su una superficie piana."

In 1952, Helen Frankenthaler developed a procedure for staining raw canvas with large expanses of color, a technique that influenced numerous artists, including Kenneth Noland and Morris Louis. Her contribution is important both as a method and as a confirmation of a new mentality about picture-making, one that equated process and content. If the works of her mentor Jackson Pollock merge drawing and painting, Frankenthaler's compositions fuse watercolor and painting. With the canvas on the floor and the paint applied from above, as in Flood, *Frankenthaler's thinned color transformed the inherent spontaneity and chromatic intensity of watercolor into a grand, operatic occasion. Though* Flood *is abstract, it clearly can be related to a simplified landscape, with layers of sky, cloud, mountain, forest, and water. Frankenthaler's zones of color, in addition, evoke different emotional states, billowing surges of feeling in an all-consuming fusion of color and form. Her aim is similar to Mark Rothko's—to use hue and basic shape to convey nuances of place and emotion.*

Flood*'s few color forms expand across the canvas so that no central, dominant image is present; the composition reads simply as a filled-up flat surface. The broad, cosmic character of Frankenthaler's paintings of this period is concisely captured in the description she provided for the Museum's records on* Flood*: when "forced to associate, [I] think of my pictures as explosive landscapes, worlds and distances, held on a flat surface."*

Helen Frankenthaler
Flood (*Inondazione*), 1967

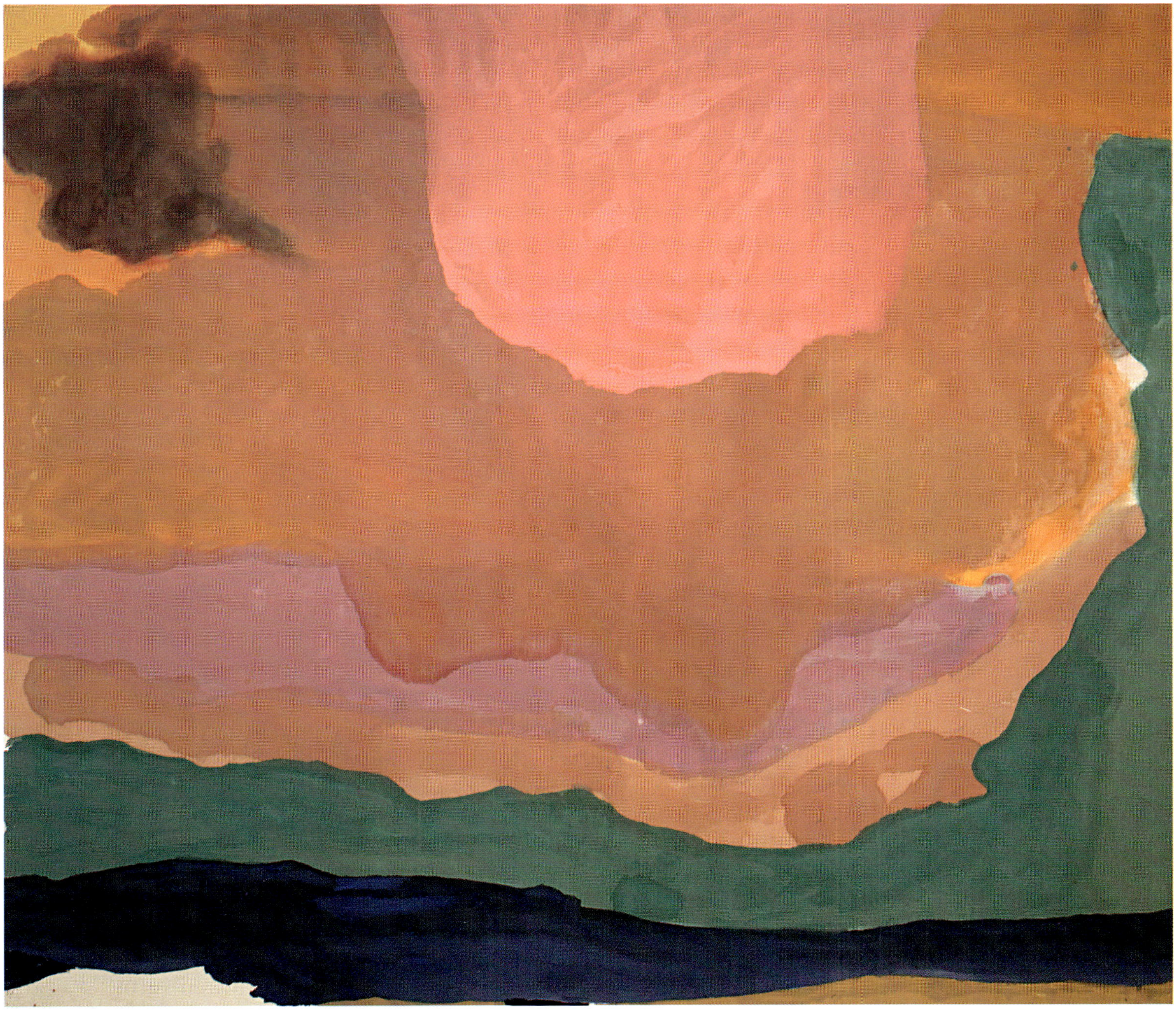

Gran Cairo deriva da un quadro appartenente alla serie "Benjamin Moore" in cui, nel 1961, Frank Stella usò per la prima volta i quadrati concentrici. Intitolata genericamente con il nome della ditta produttrice dei colori usati, versati puri direttamente dal barattolo, la serie "Benjamin Moore" continua il severo, rettilineo formalismo che caratterizzò i quadri neri come *Die Fahne Hoch* (*La grande bandiera*). Nella serie "Benjamin Moore", come in *Gran Cairo*, mezzo pittorico e supporto sono intimamente fusi.
Gran Cairo appartiene a una serie di sei tele composte di quadrati concentrici multicolori. Il motivo ha una chiara origine nella serie di Josef Albers "Omaggio al quadrato", ma la complessità dei quadrati concentrici di Stella rivela un debito maggiore verso *Three Flags* (*Tre bandiere*) di Jasper Johns. L'effetto complessivo delle quindici bande di colore, ciascuna bordata da strisce bianche, è, come ha scritto Robert Rosenblum, "quello di un mantice che si espande e si contrae, che passa ambiguamente dalla convessità alla concavità sempre continuando ad aderire alla superficie piana [...]". Con i quadrati concentrici nella produzione di Stella compare per la prima volta un'elaborata policromia.
In *Gran Cairo* le sequenze programmatiche di colori complementari, rosso, arancione, grigio, blu e verde, mutano due volte.
Il titolo del dipinto deriva dal nome di un grande insediamento indiano sulla costa dello Yucatàn, saccheggiato dagli Spagnoli nel 1517. Fu nell'entroterra di questa città che gli europei videro per la prima volta le piramidi a gradoni delle civiltà precolombiane. La geometria ripetitiva dei quadrati concentrici di Stella evoca con sottigliezza quelle antiche strutture.

Gran Cairo *is an offshoot of a painting in Frank Stella's 1961 Benjamin Moore series, a work in which he first used concentric squares. Generically titled after the commercial paint company that produced the colors Stella used—unmixed and directly out of the can—the Benjamin Moore series continued the strict, rectilinear formalism of such Black Paintings as* Die Fahne Hoch. *In both the Benjamin Moore series and* Gran Cairo, *pictorial device and physical support are succinctly fused.*
Gran Cairo *is one in a separate series of six multicolor Concentric Square paintings. The motif clearly originates in Josef Albers' Homage to the Square paintings, but the spatial complexity of Stella's Concentric Squares owes more to Jasper Johns'* Three Flags. *The overall effect of Stella's fifteen bands of color, each bordered with white stripes, is, as Robert Rosenblum wrote, "of expanding or contracting bellows that ambiguously shift from convexity to concavity while clinging still to the flat plane [...]."*
In the Concentric Squares, elaborate polychrome entered Stella's art for the first time. The programmatic, complementary color sequences of Gran Cairo*—red, orange, gray, blue, and green—shift twice.*
The painting's title derives from the name of a large Indian settlement on the Yucatan coast that was plundered by the Spanish in 1517. Inland from this town, the Europeans first encountered the stepped pyramids of Pre-Columbian cultures. The repetitive geometry of Stella's concentric squares subtly invokes these ancient structures.

Frank Stella
Gran Cairo, 1962

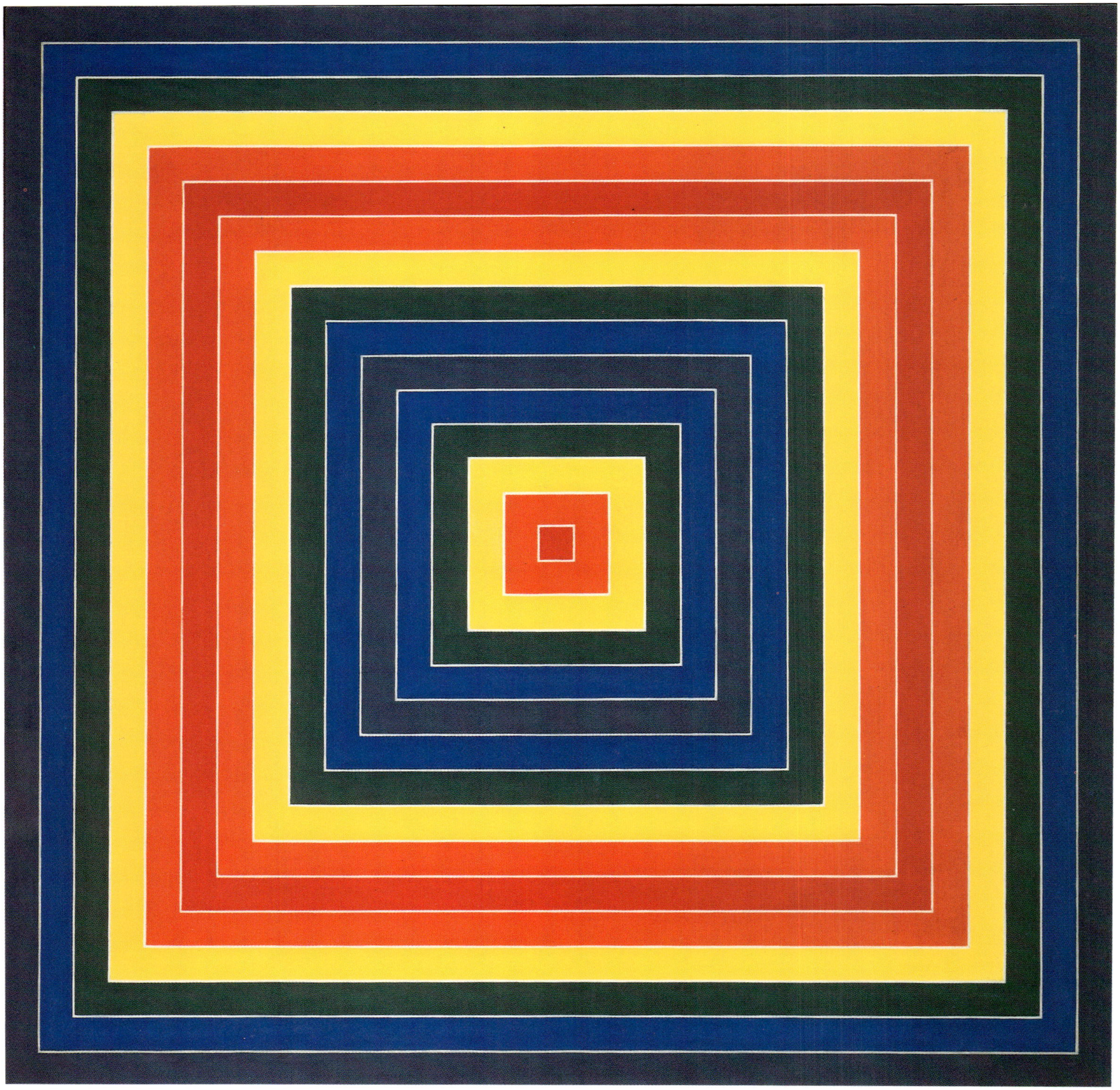

Martha Rosler
The Bowery in Two Inadequate Descriptive Systems
(La Bowery in due sistemi descrittivi inadeguati),
1974-75

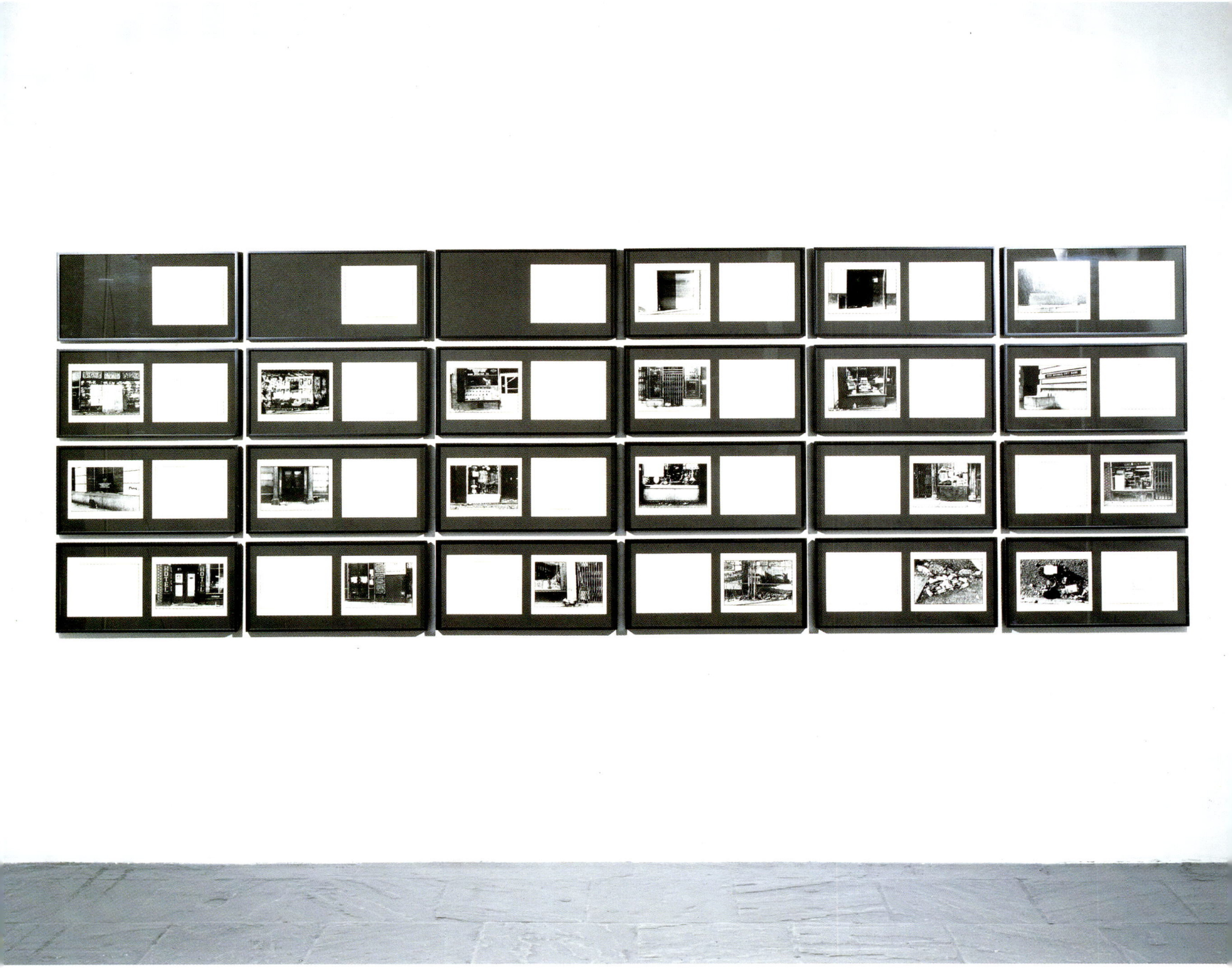

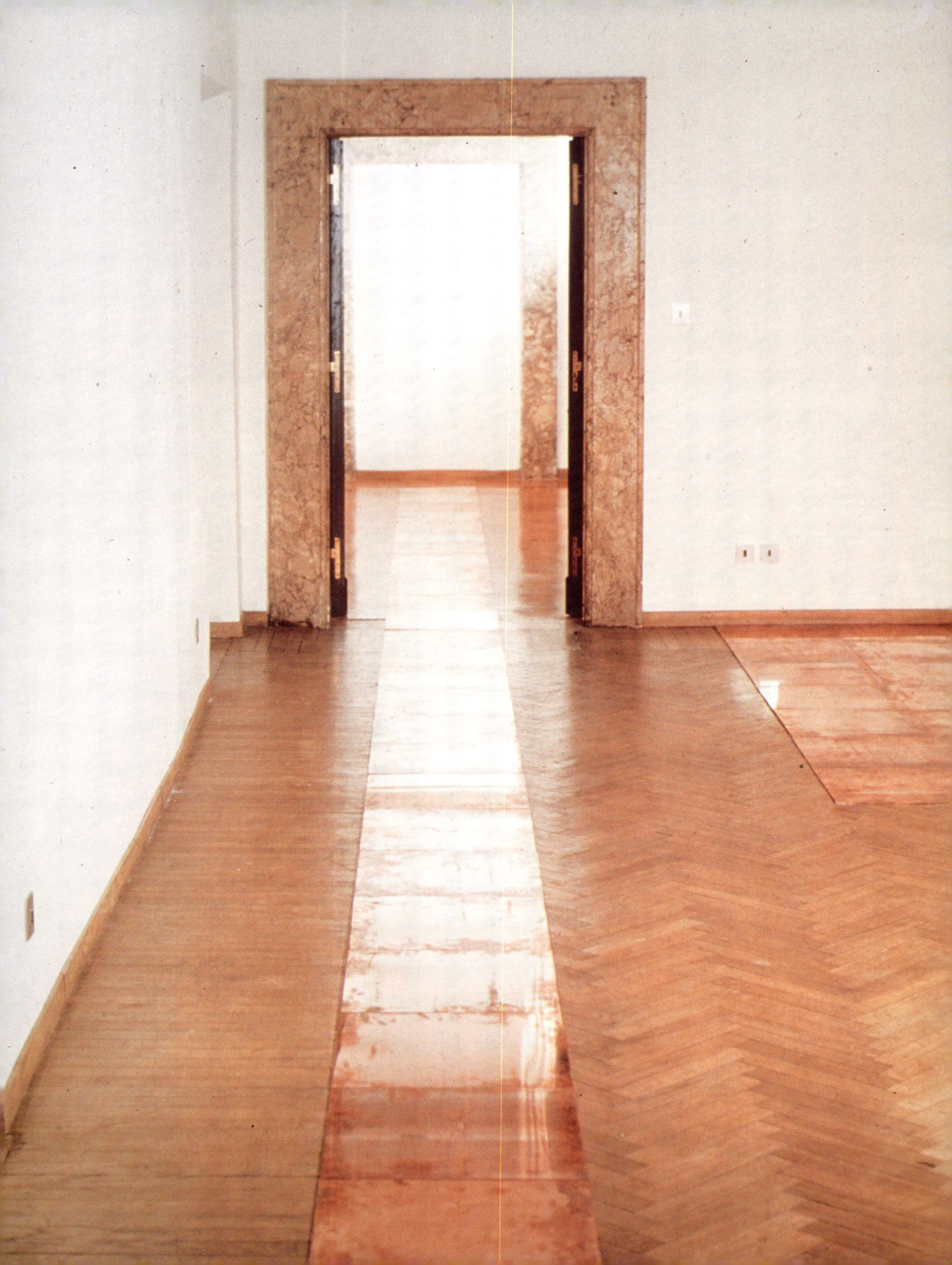

Carl Andre
Twenty-Ninth Copper Cardinal
(*Il ventinovesimo numero cardinale in rame*), 1975

Joel Shapiro
Untitled (House on Field) (Senza titolo - Casa sul campo), 1975-76

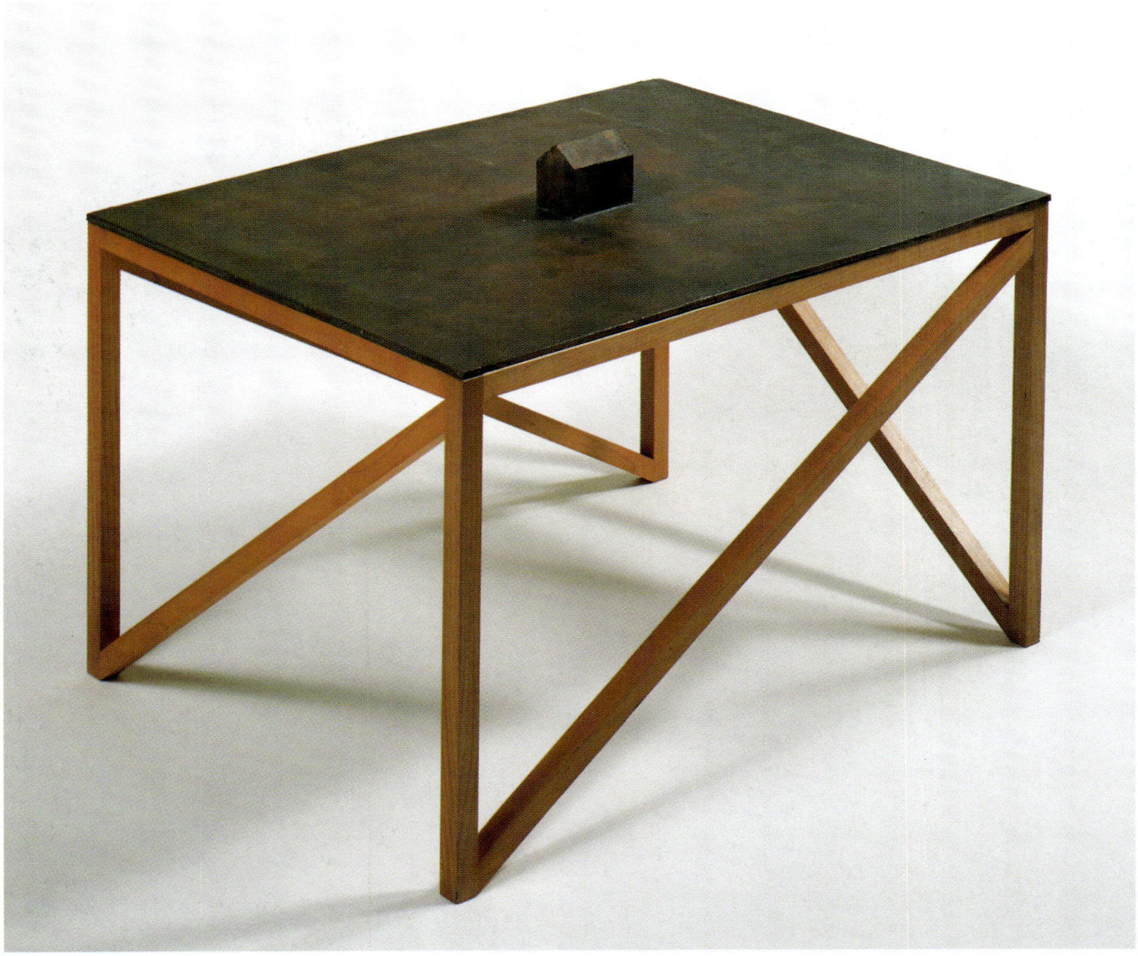

Agnes Martin
Untitled #11 (*Senza titolo n. 11*), 1977

Sol LeWitt
A six-inch (15cm) grid covering each of the four black walls. White lines to points on the grids. 1st wall: 24 lines from the center; 2nd wall: 12 lines from the midpoint of each of the sides; 3rd wall: 12 lines from each corner; 4th wall: 24 lines from the center, 12 lines from the midpoint of each of the sides, 12 lines from each corner (*Reticolato di sei pollici (15 cm) che ricopre ciascuna delle quattro pareti nere. Linee bianche per segnare il reticolato. Prima parete, ventiquattro linee dal centro; seconda parete, dodici linee dal centro di ciascun lato; terza parete, dodici linee da ciascun angolo; quarta parete, ventiquattro linee dal centro, dodici linee dal centro di ciascun lato, dodici linee da ciascun angolo*), 1976

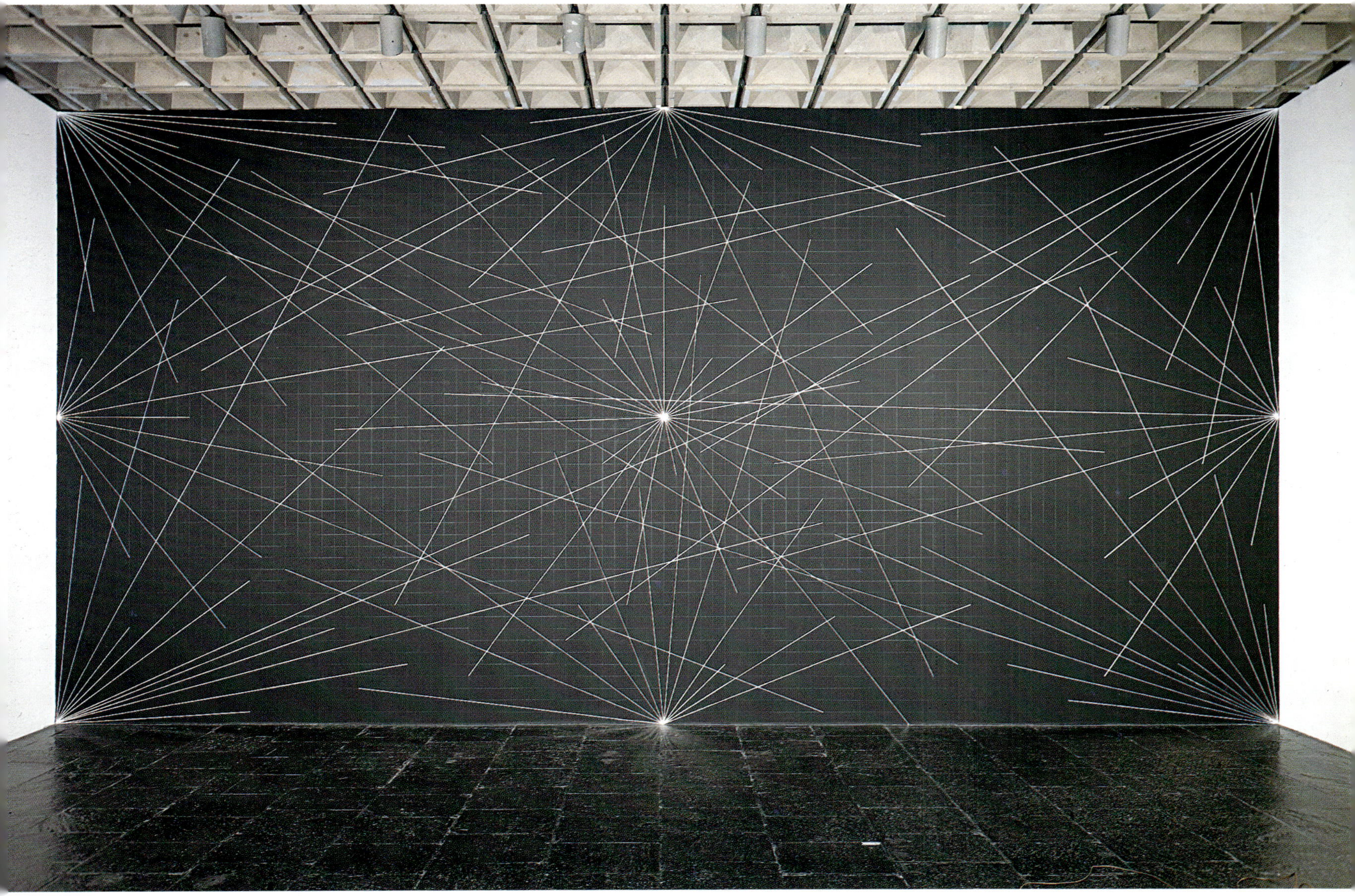

Lynda Benglis
Bravo 2, 1975-76

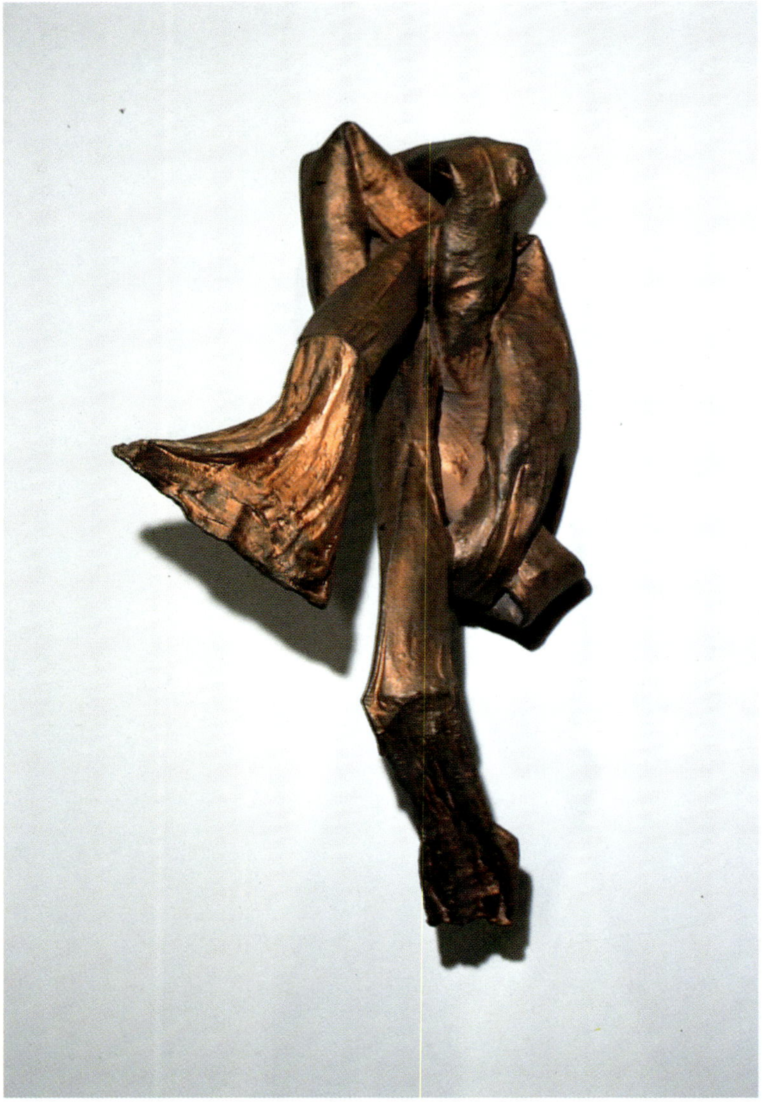

Jennifer Bartlett
Falcon Avenue, Seaside Walk, Dwight Street, Jarvis Street, Greene Street (Falcon Avenue, Passeggiata a mare, Dwight Street, Jarvis Street, Greene Street), 1976

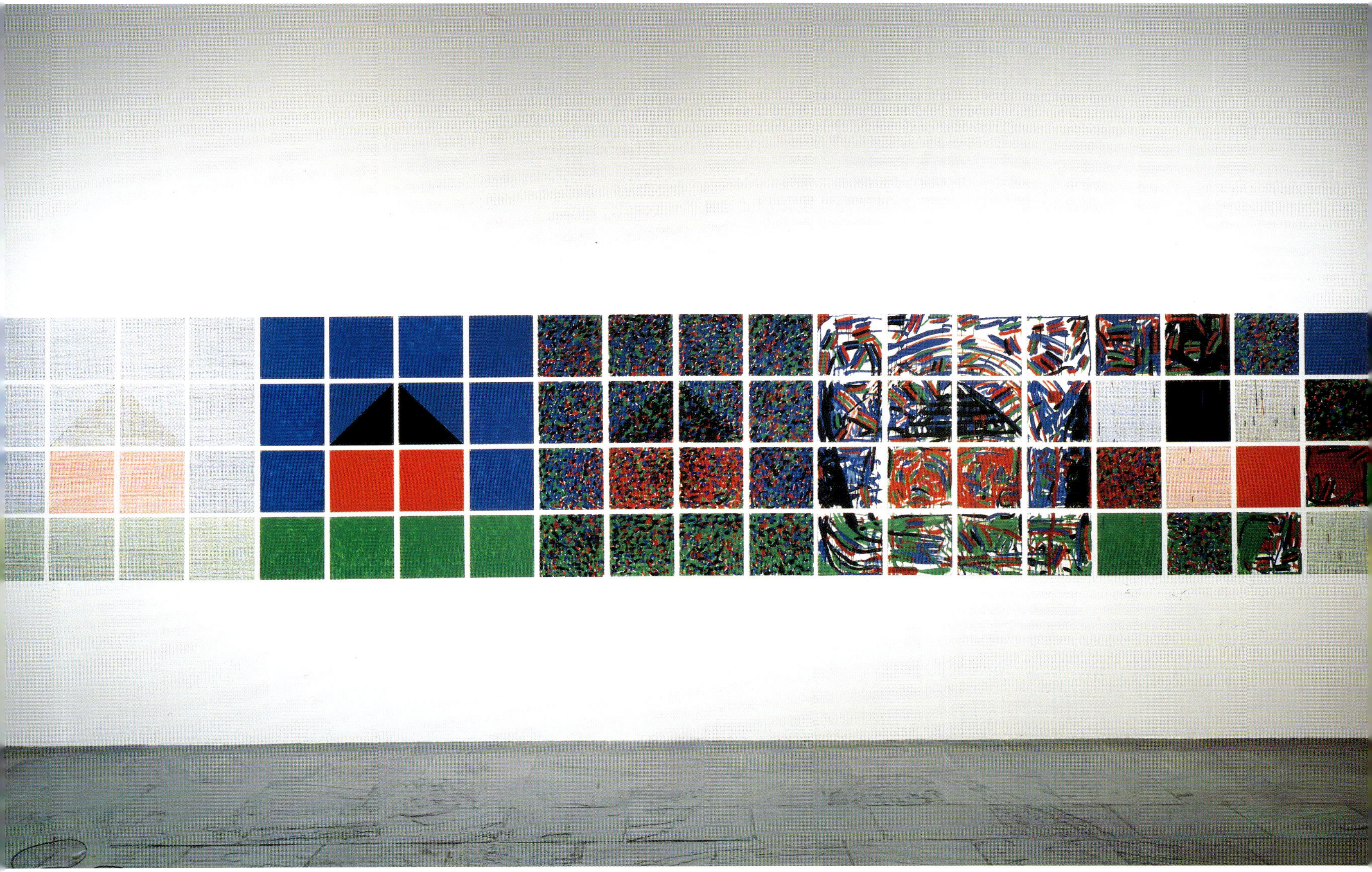

Dennis Oppenheim
Lecture #1 (*Conferenza n.1*), 1976-83

Lawrence Weiner
Here, There, & Everywhere (*Qui, là, & dovunque*), 1989

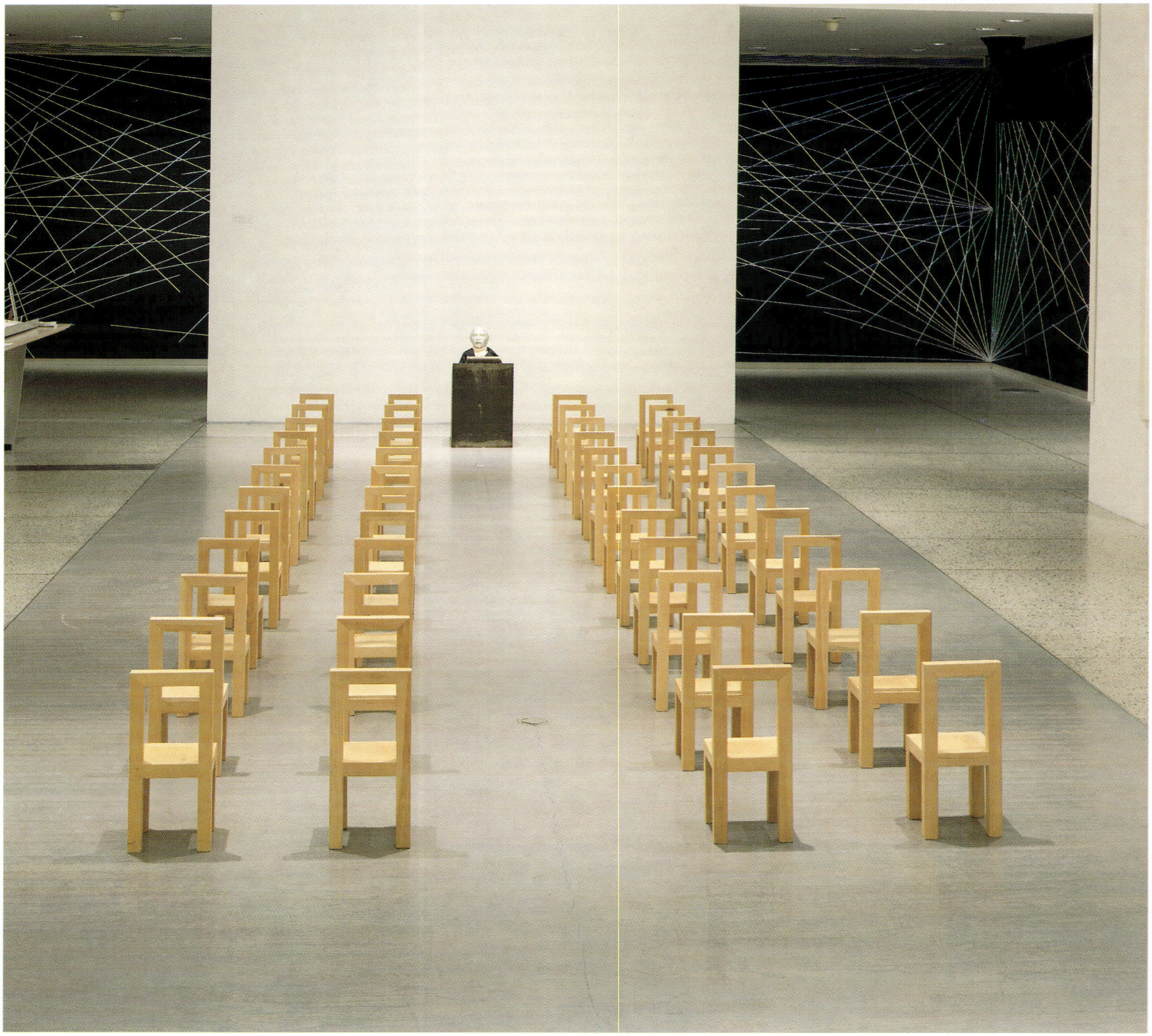

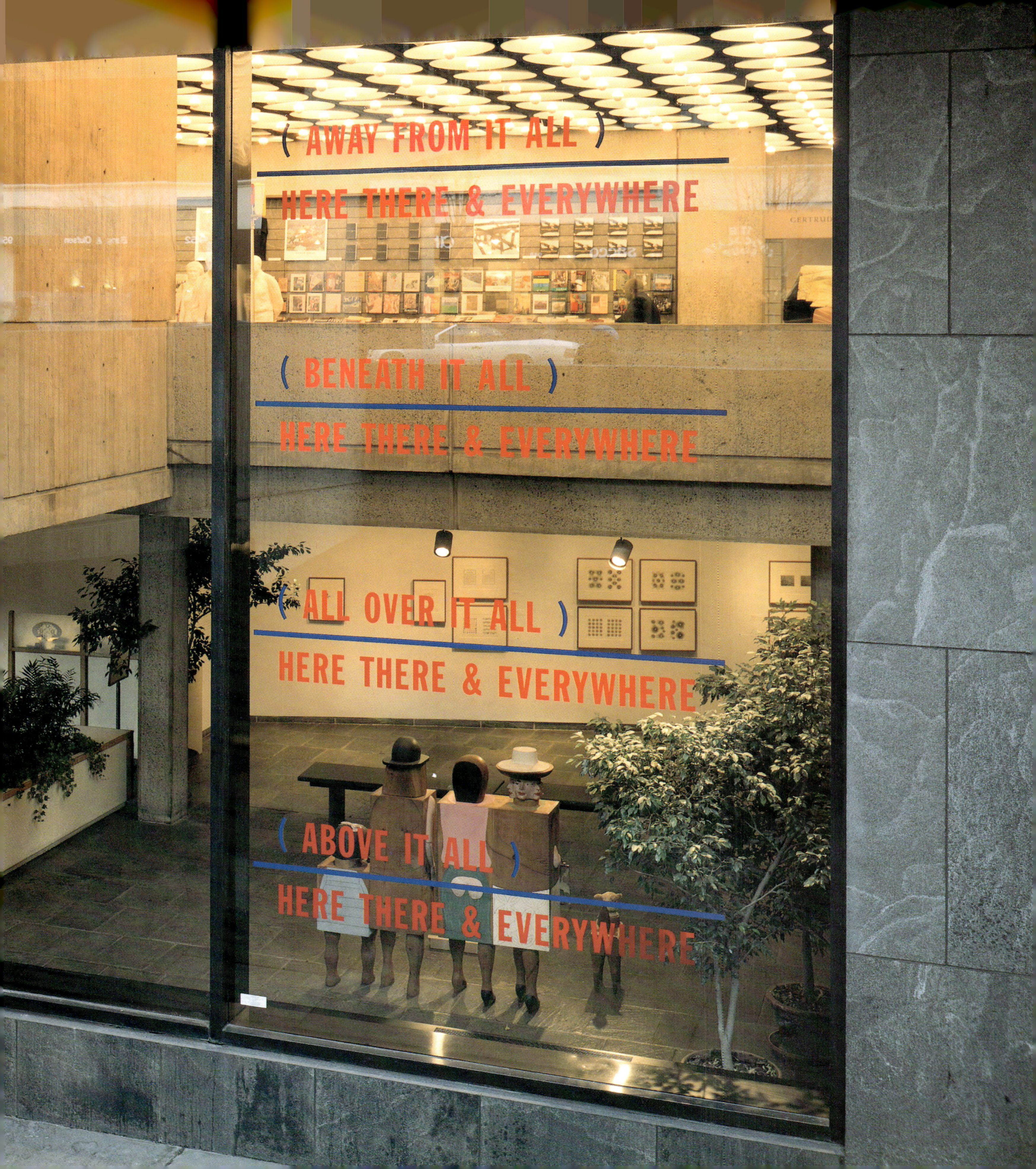
(AWAY FROM IT ALL)
HERE THERE & EVERYWHERE
(BENEATH IT ALL)
HERE THERE & EVERYWHERE
(ALL OVER IT ALL)
HERE THERE & EVERYWHERE
(ABOVE IT ALL)
HERE THERE & EVERYWHERE

Nicholas Africano
Sprained Ankle (*Caviglia slogata*), 1977

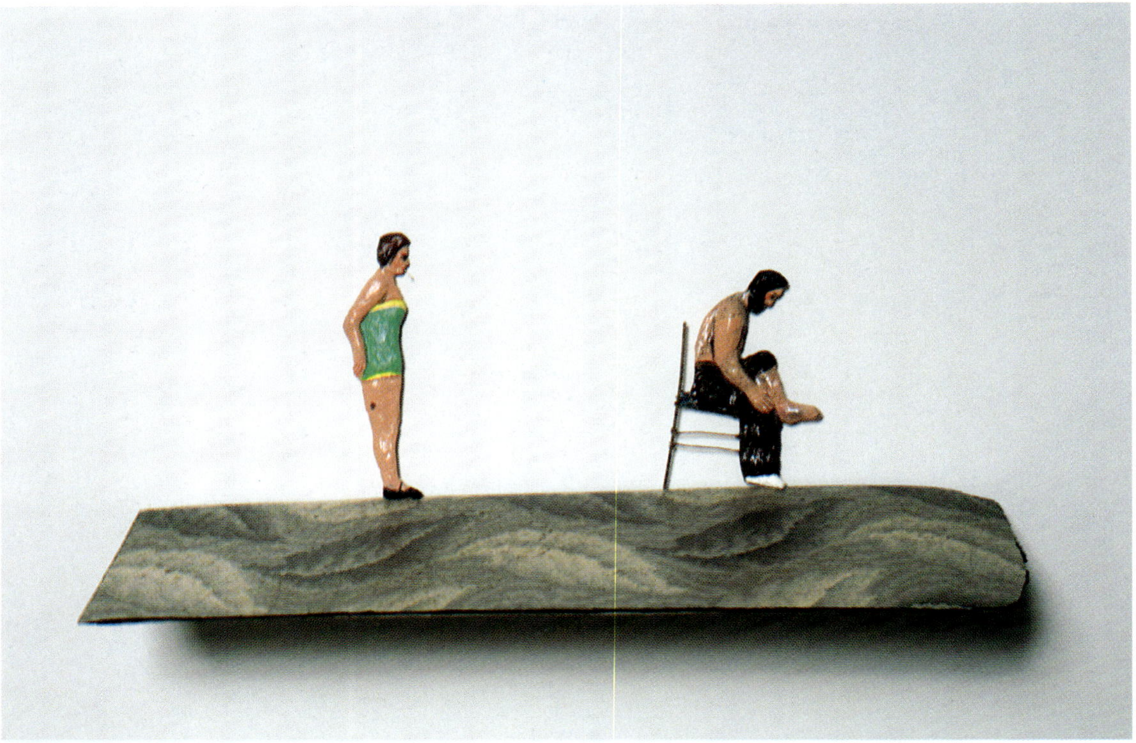

Elizabeth Murray
Children Meeting (*Riunione di bambini*), 1978

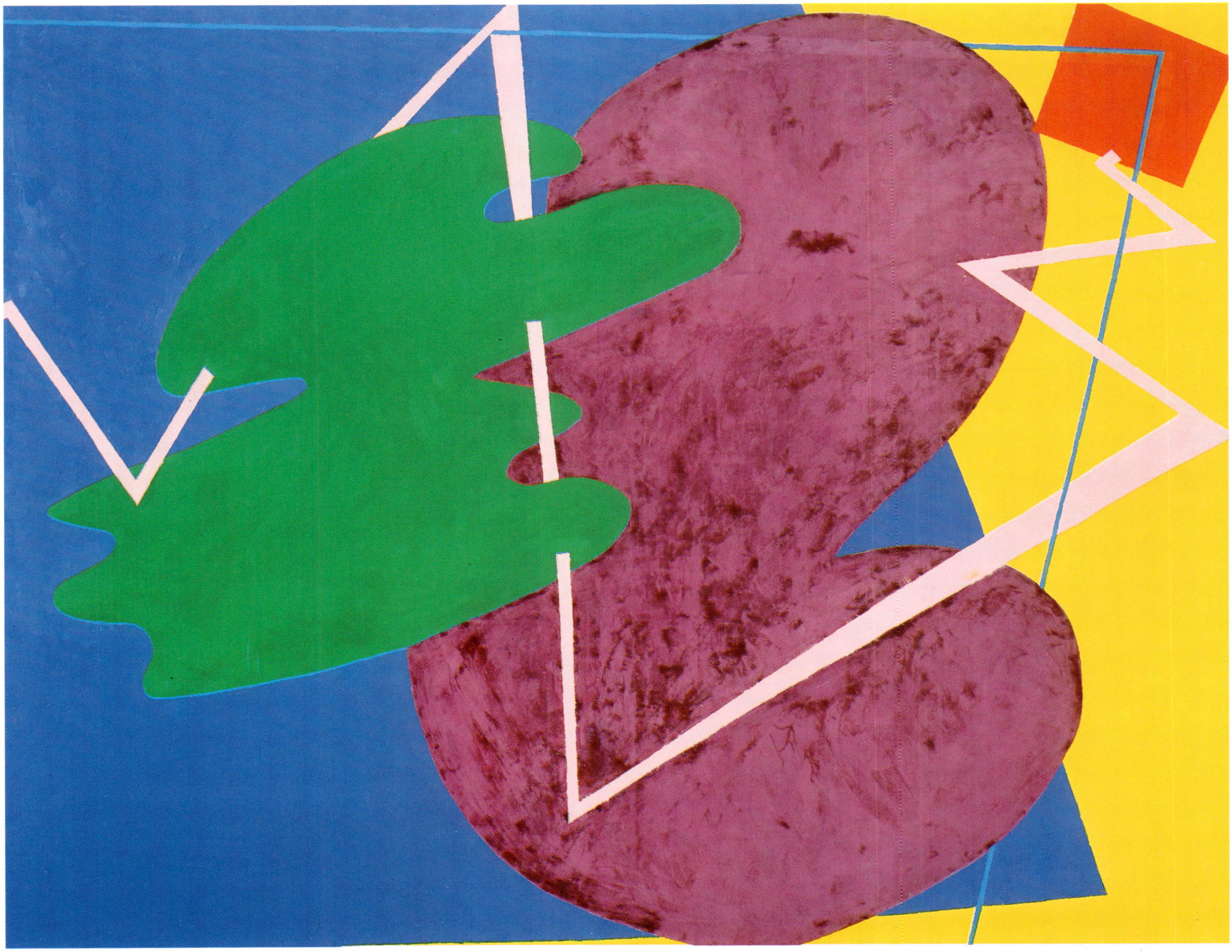

Ana Mendieta
Untitled, from the series *Fetish*
(*Senza titolo*, dalla serie *Feticcio*), 1977

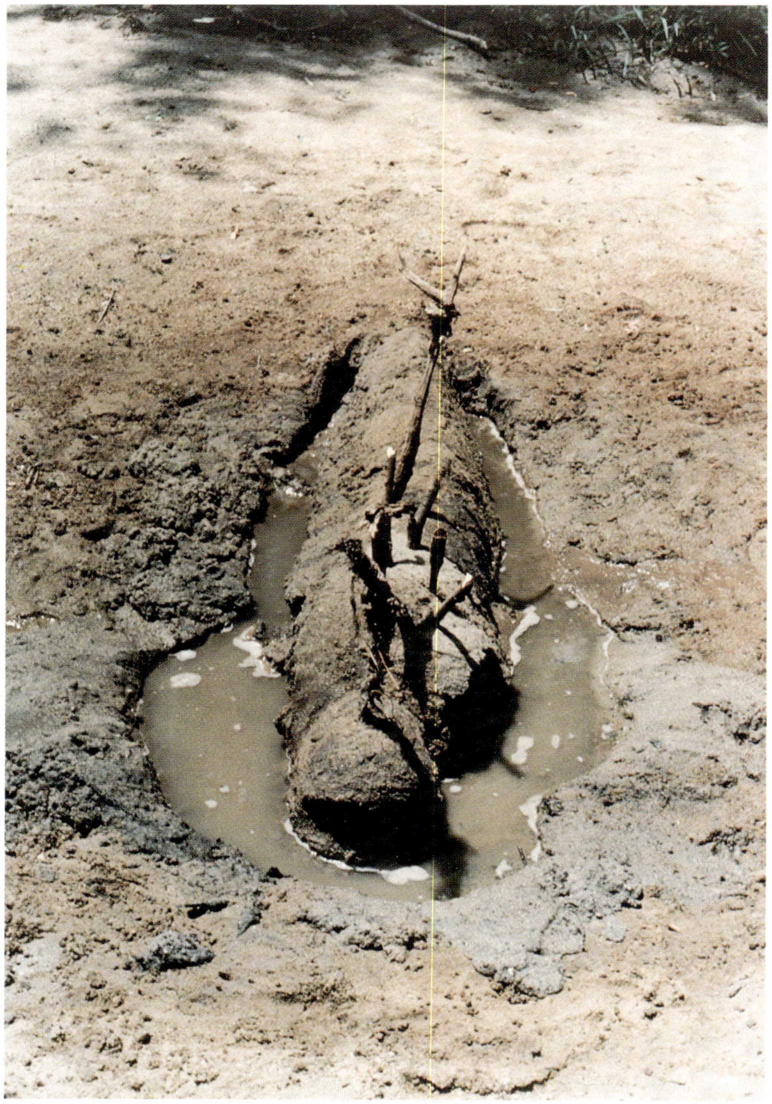

Neil Jenney
North America Abstracted
(*Nord America astratto*), 1978-80

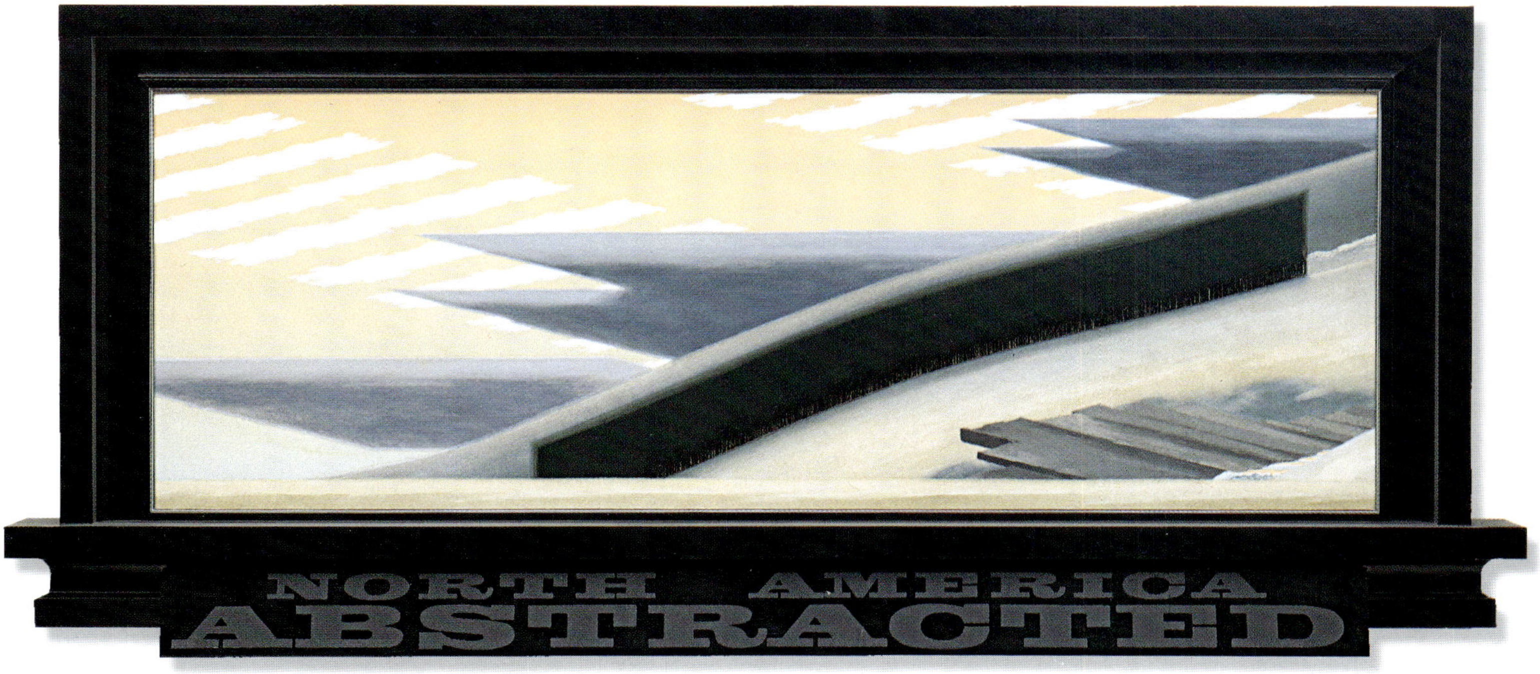

Jonathan Borofsky
Running People at 2,616,216
(*Gente che corre a 2,616,216*), 1979

Alice Aycock
Untitled (Shanty) (*Senza titolo - Capanna*), 1978

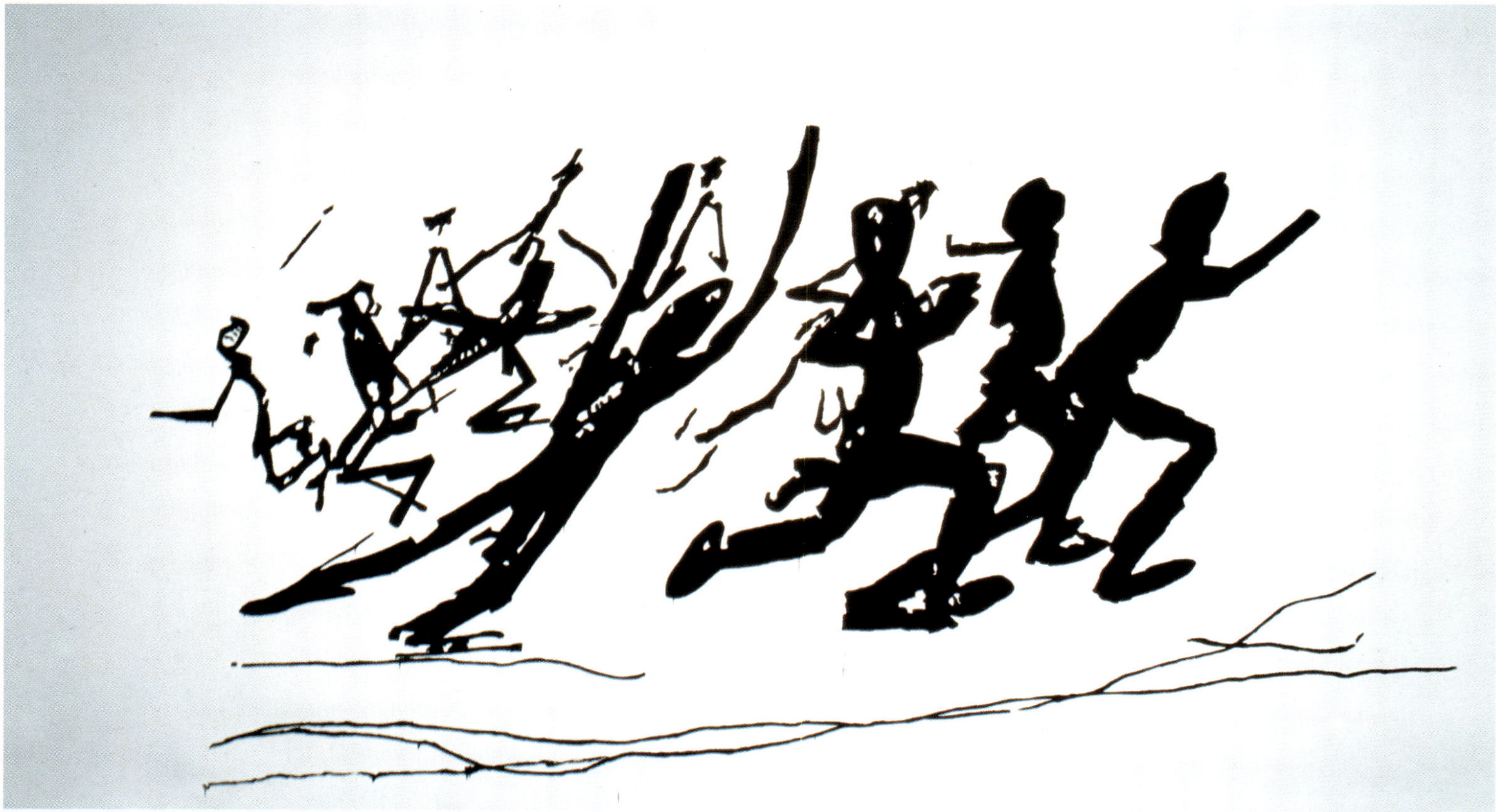

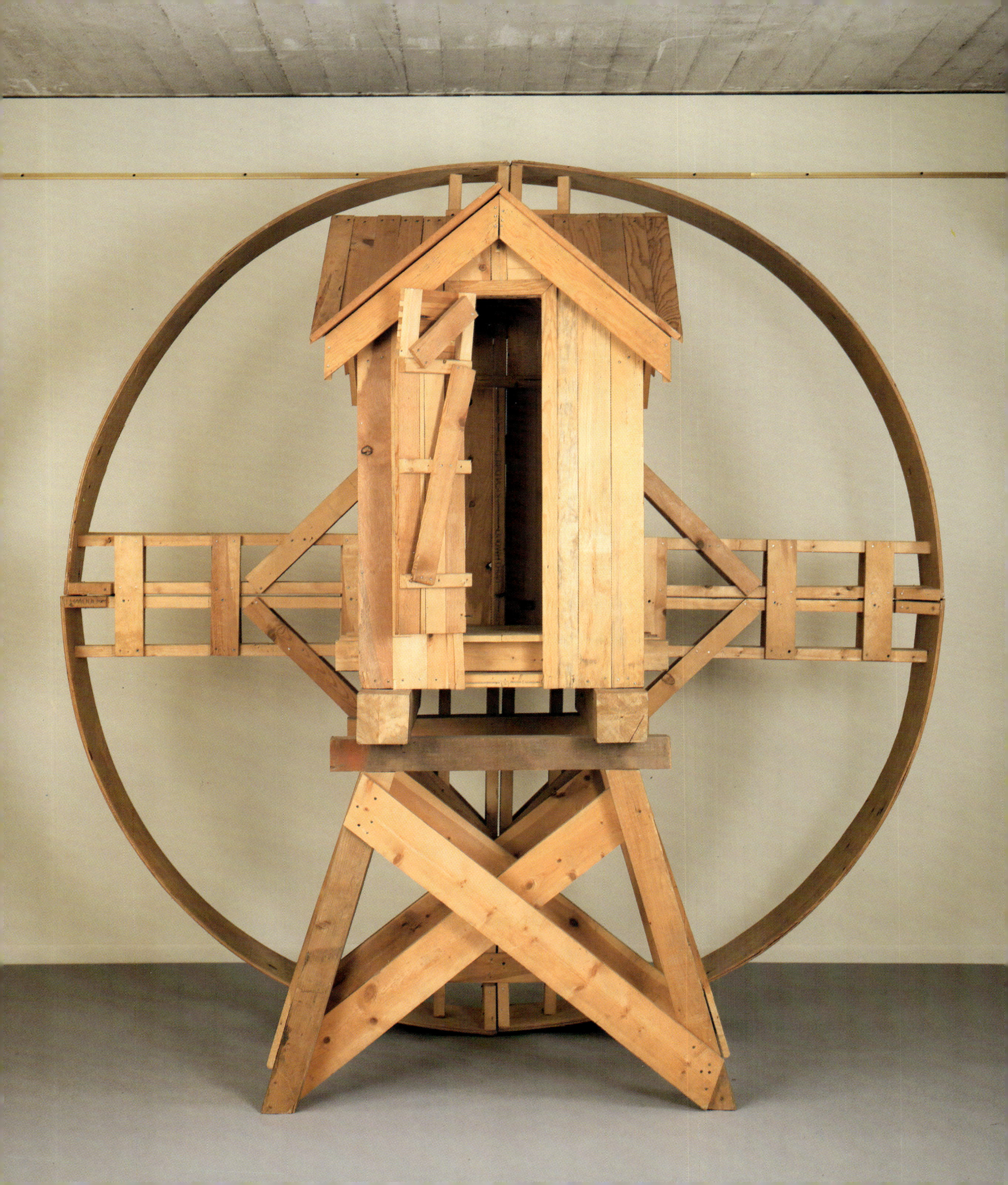

Robert Colescott
The Three Graces: Art, Sex and Death
(*Le tre Grazie: Arte, Sesso e Morte*), 1981

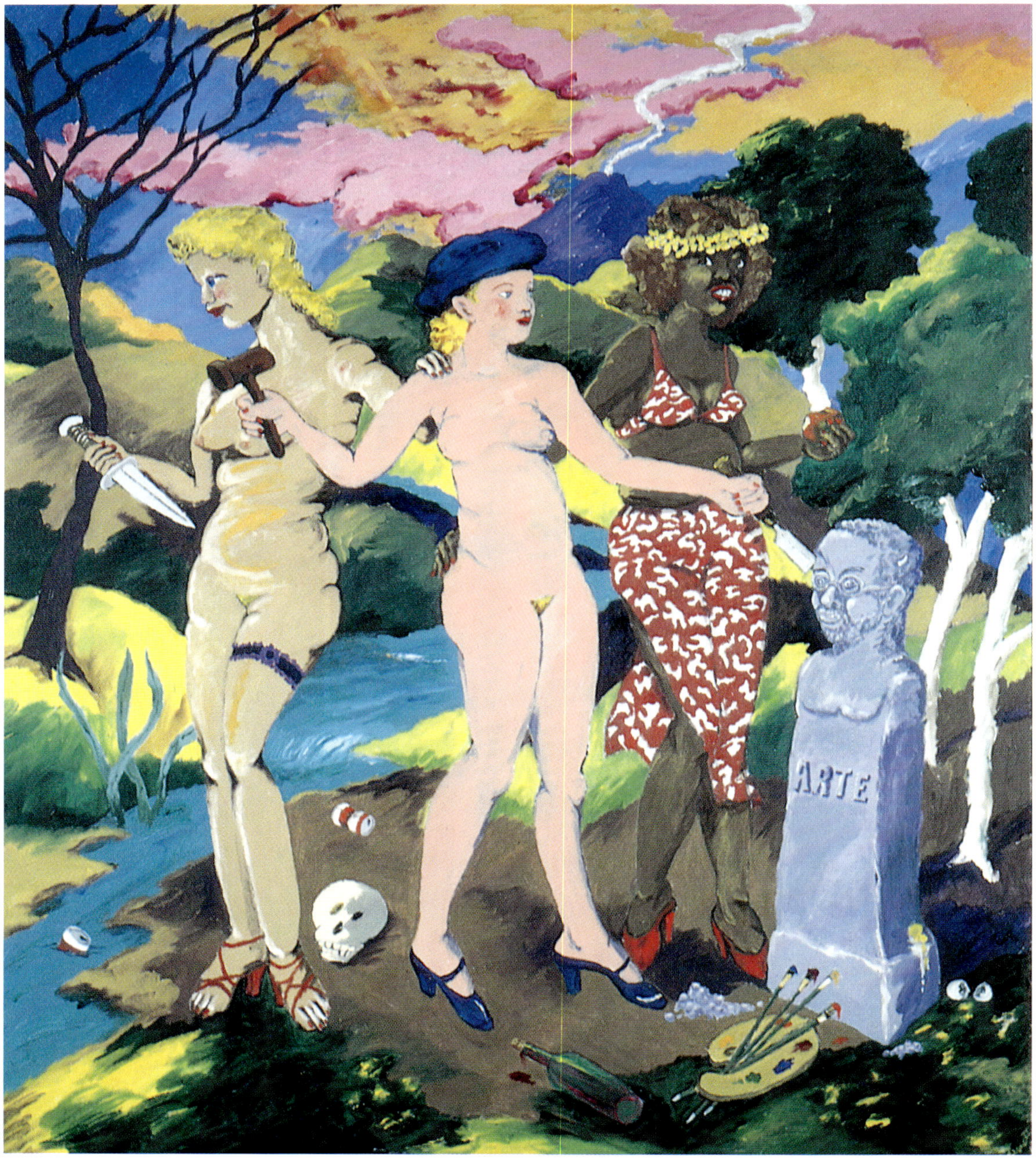

Keith Haring
Untitled (*Senza titolo*), 1983-84

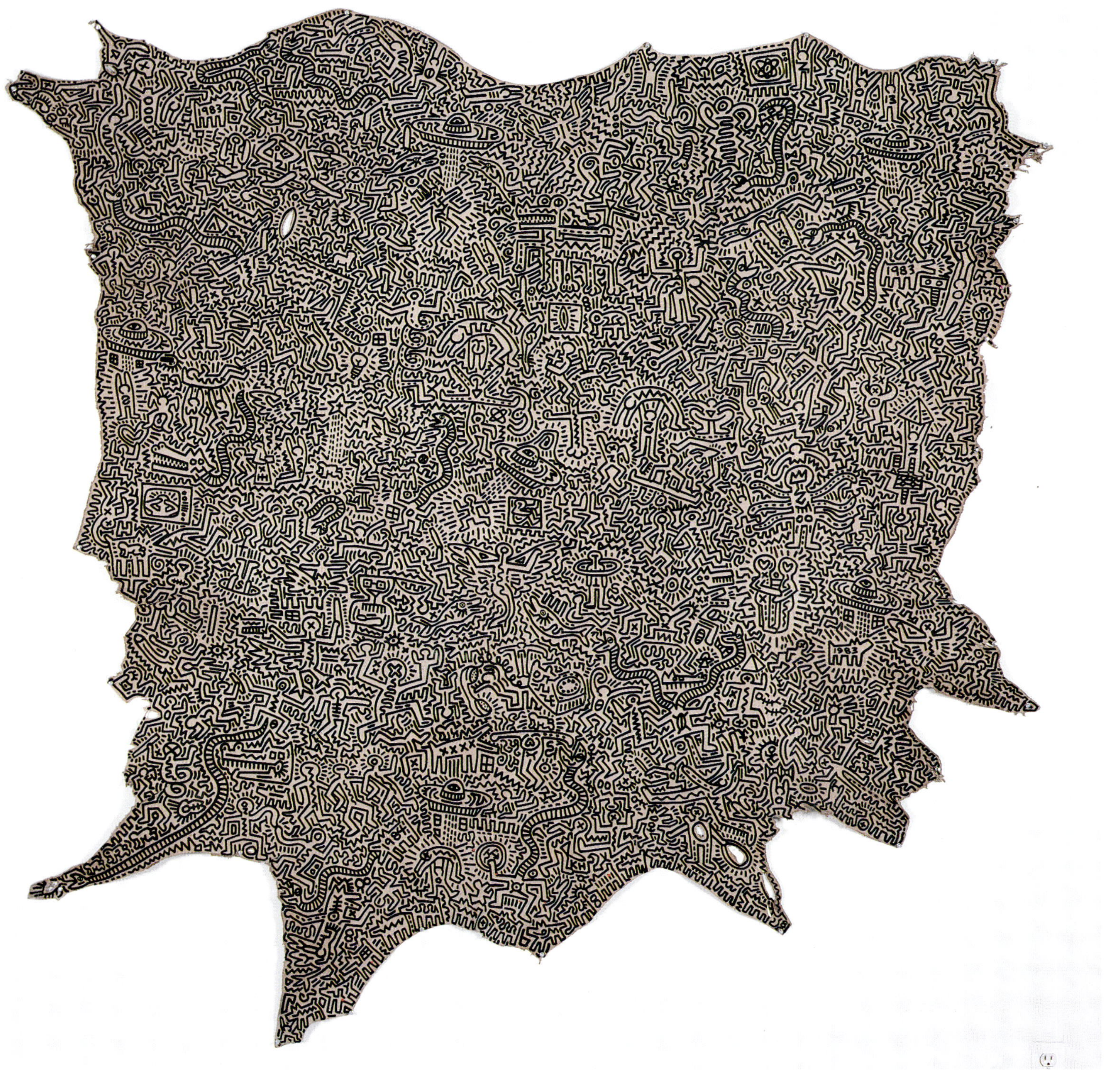

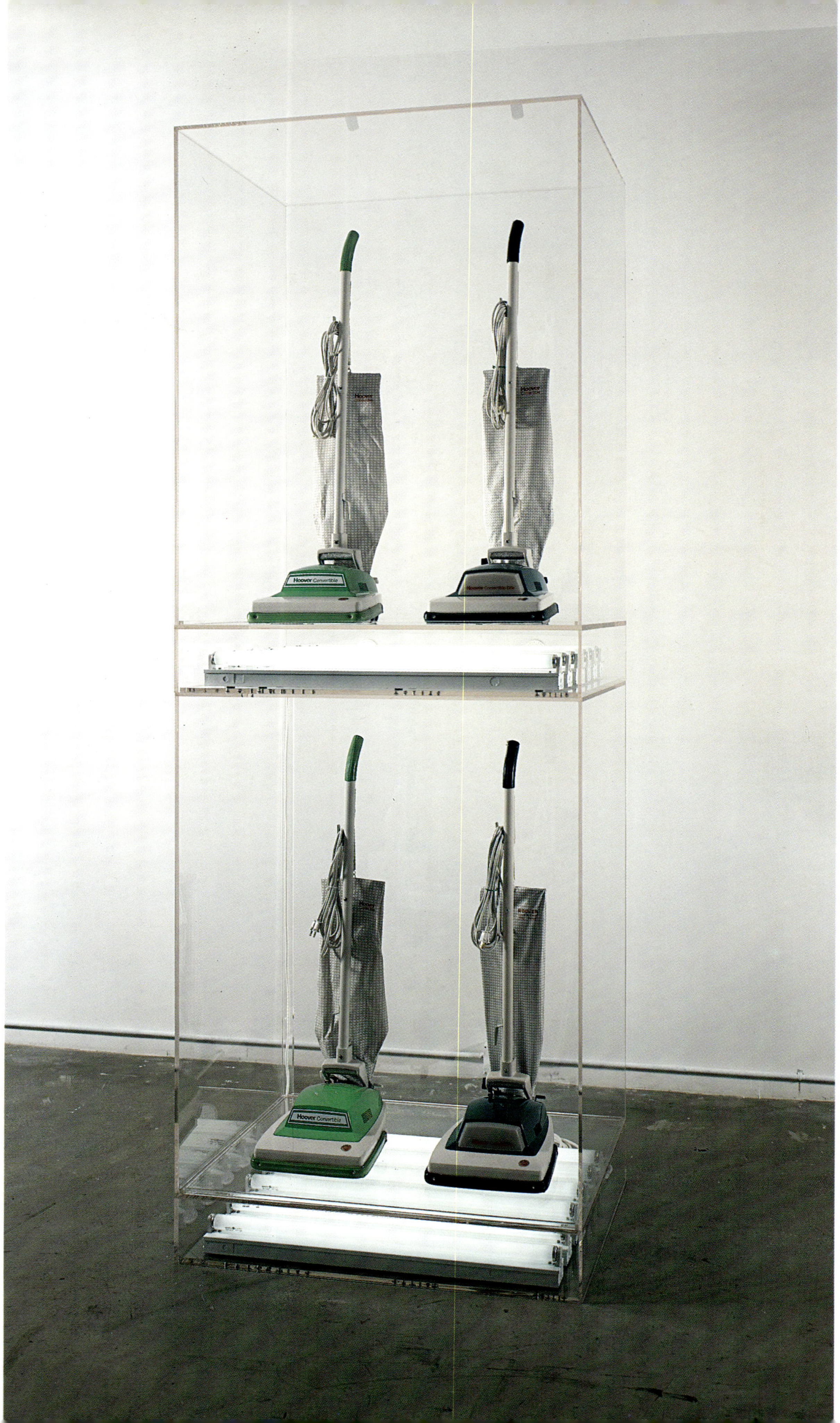
Hoover Convertible
Hoover Convertible

Jeff Koons
New Hoover Convertibles, Green, Blue; New Hoover Convertibles, Green, Blue; Double-decker (*Nuovi aspirapolvere convertibili, verde, blu; Nuovi aspirapolvere convertibili, verde, blu; due livelli*), 1981-87

David Salle
Splinter Man (*Uomo-scheggia*), 1982

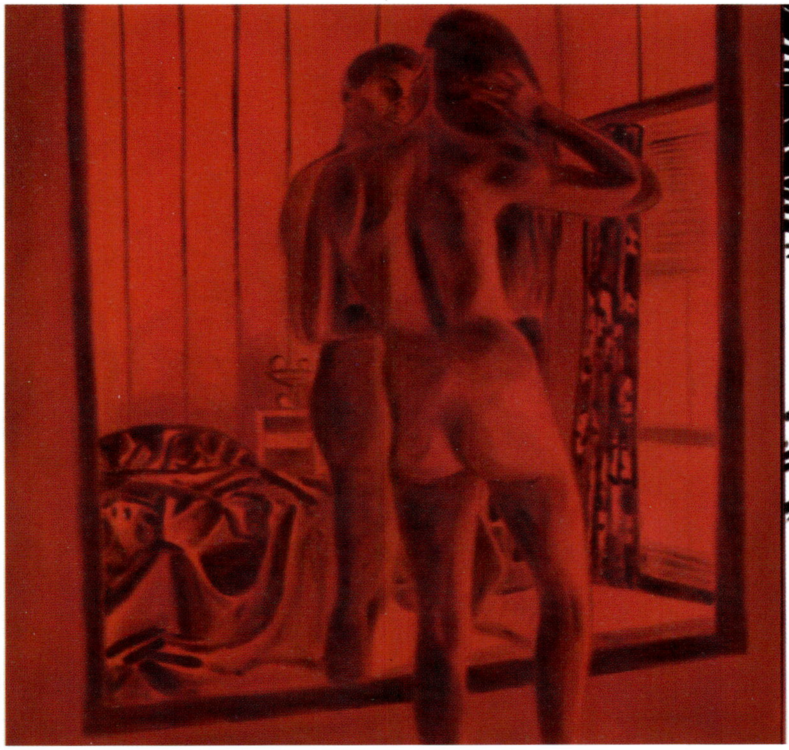

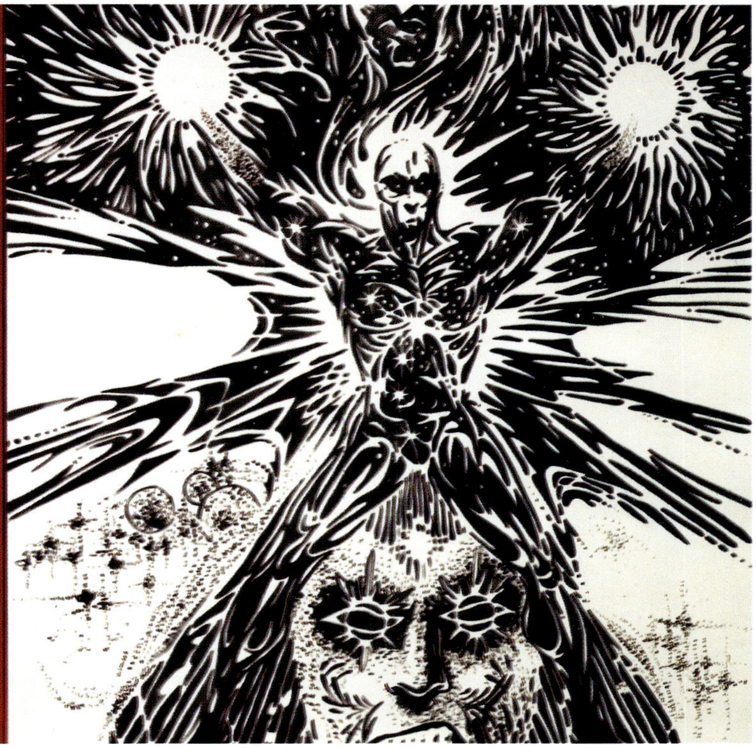

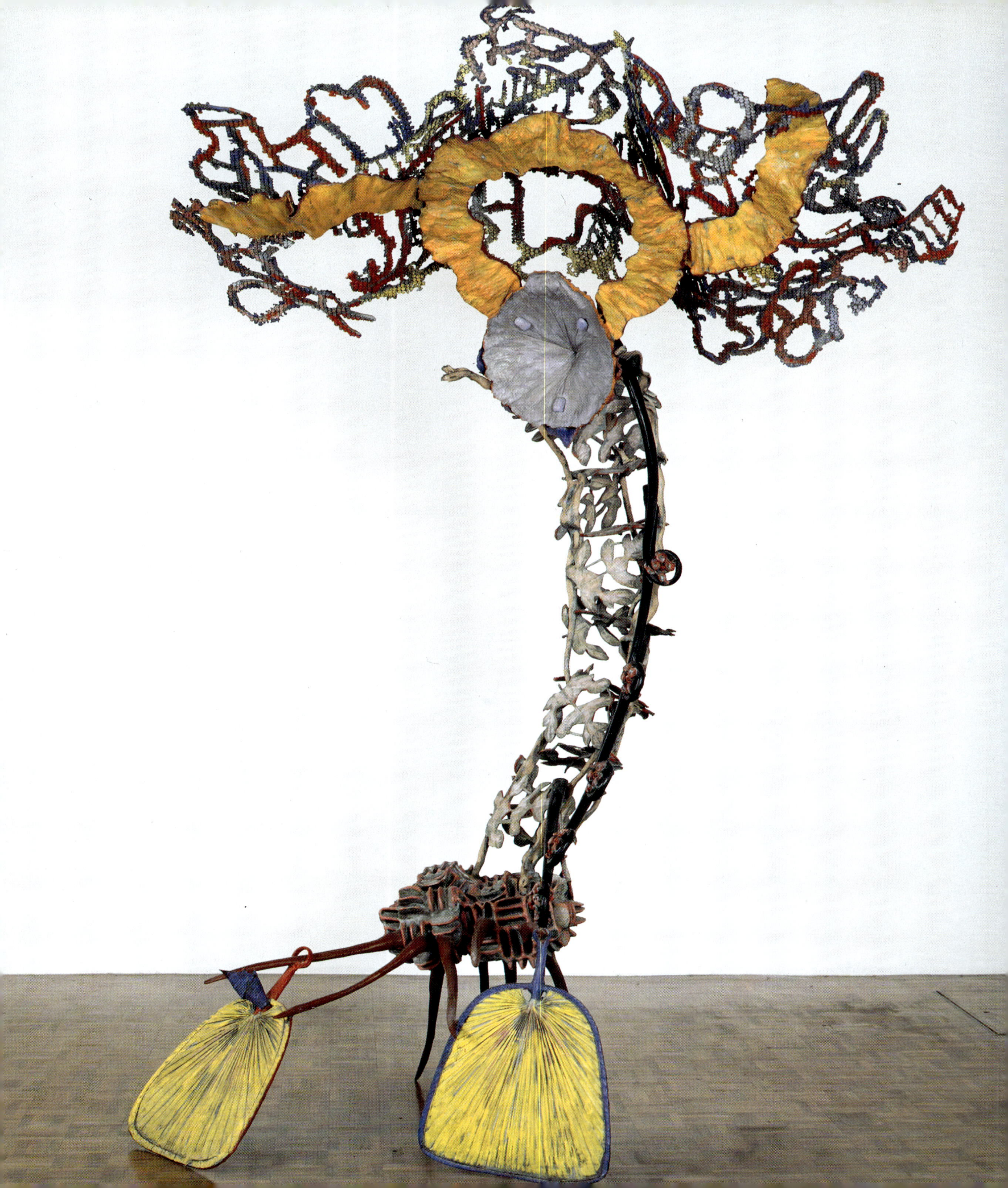

Nancy Graves
Cantileve, 1983

Jean-Michel Basquiat
"LNAPRK", 1982

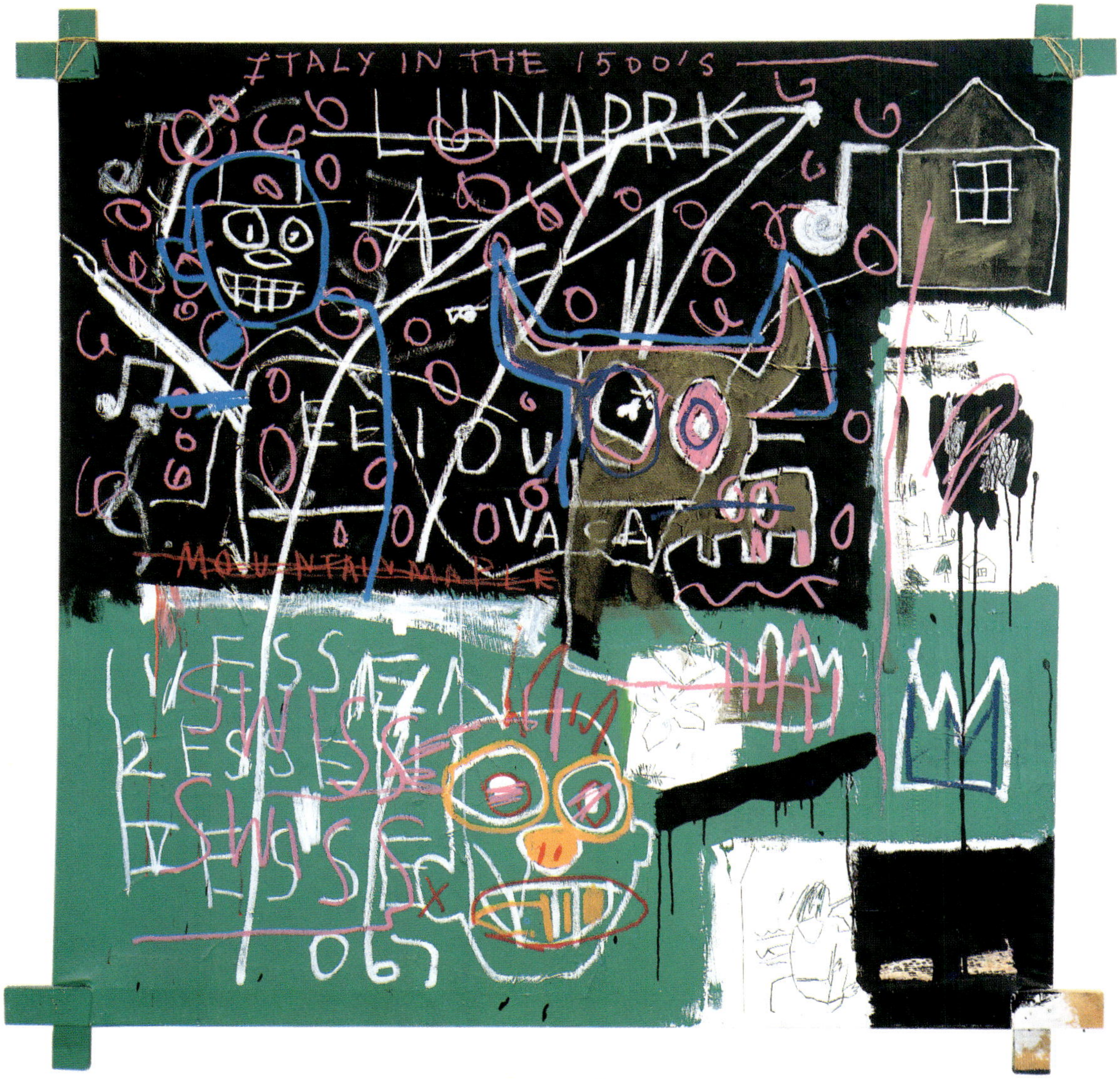

Mark Morrisroe
I Dream of Jeannie (Stephen Tashjian's Head)
(*Io sogno Jeannie. Testa di Stephen Tashjian*), 1983

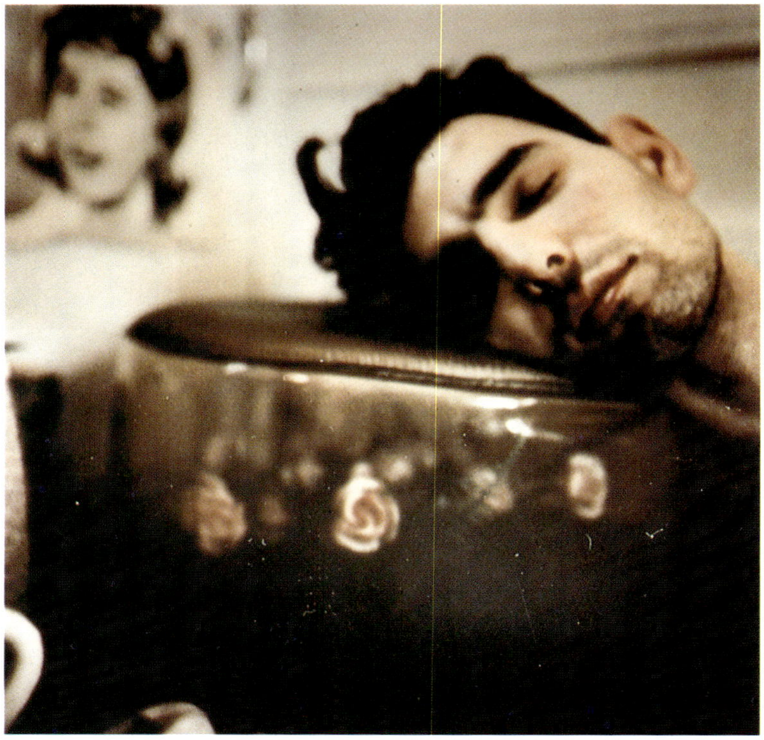

Mark Morrisroe
Untitled (Self-Portrait Standing in the Shower)
(*Senza titolo - Autoritratto sotto la doccia*), 1981

Mark Morrisroe
Untitled (Self-Portrait with Broken Arm)
(*Senza titolo - Autoritratto con braccio rotto*), 1985

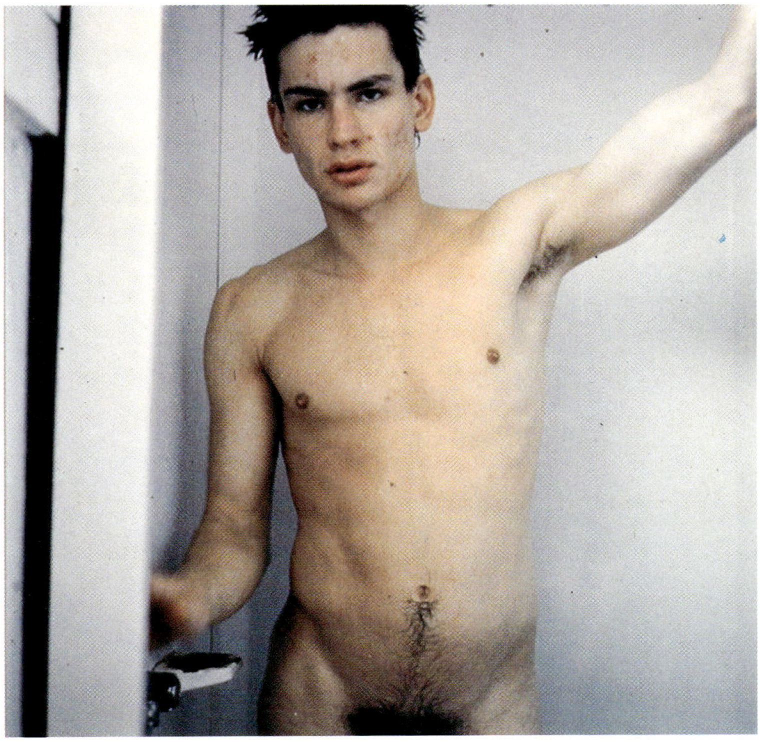

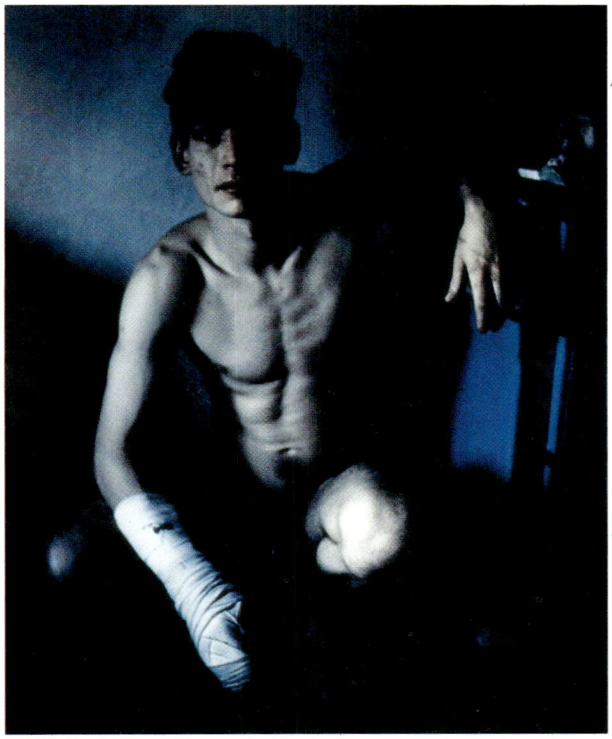

Leon Golub
White Squad V (*Squadrone bianco V*), 1984

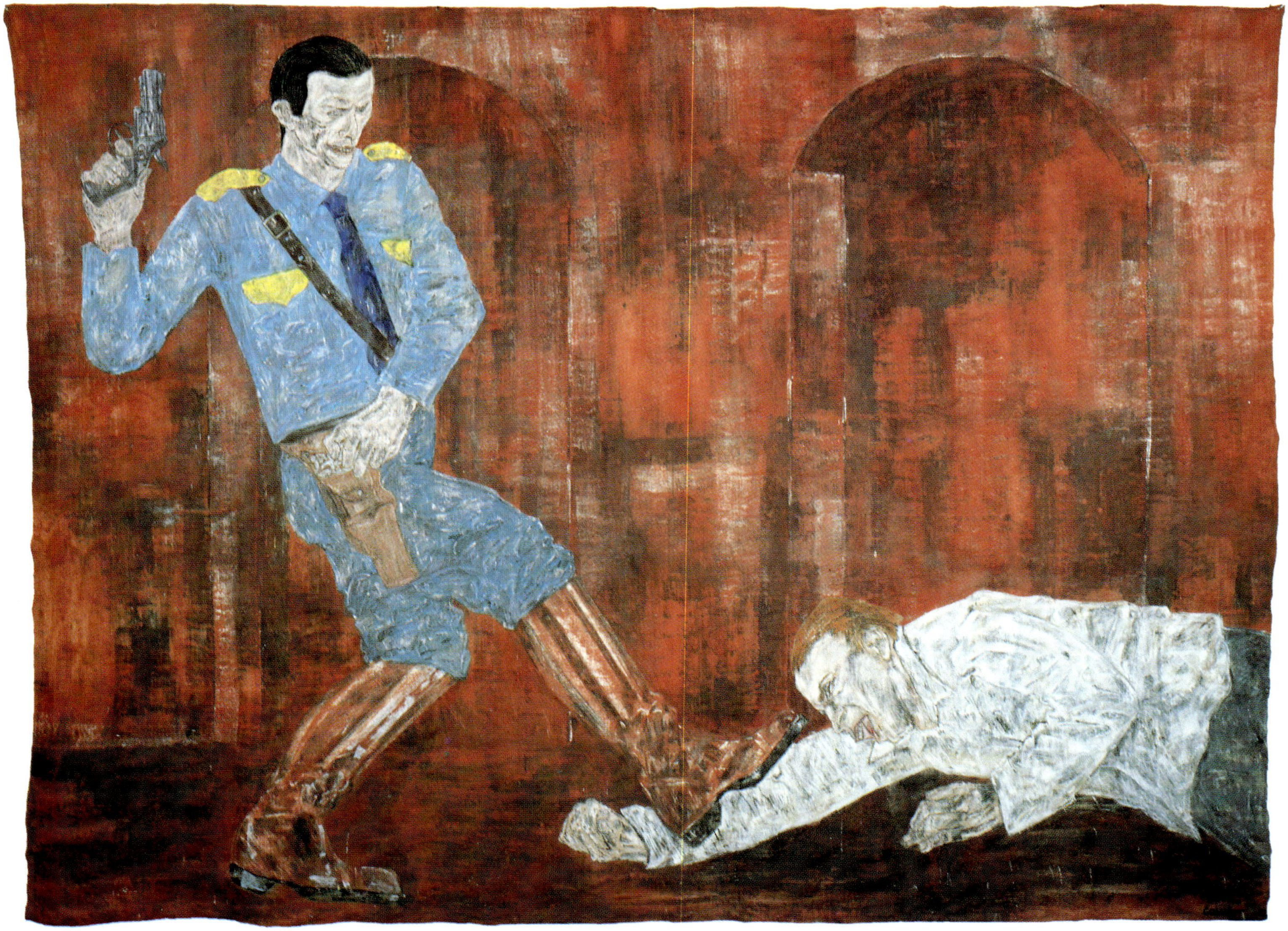

Susan Rothenberg
Holding the Floor (*Al centro dell'attenzione*), 1985

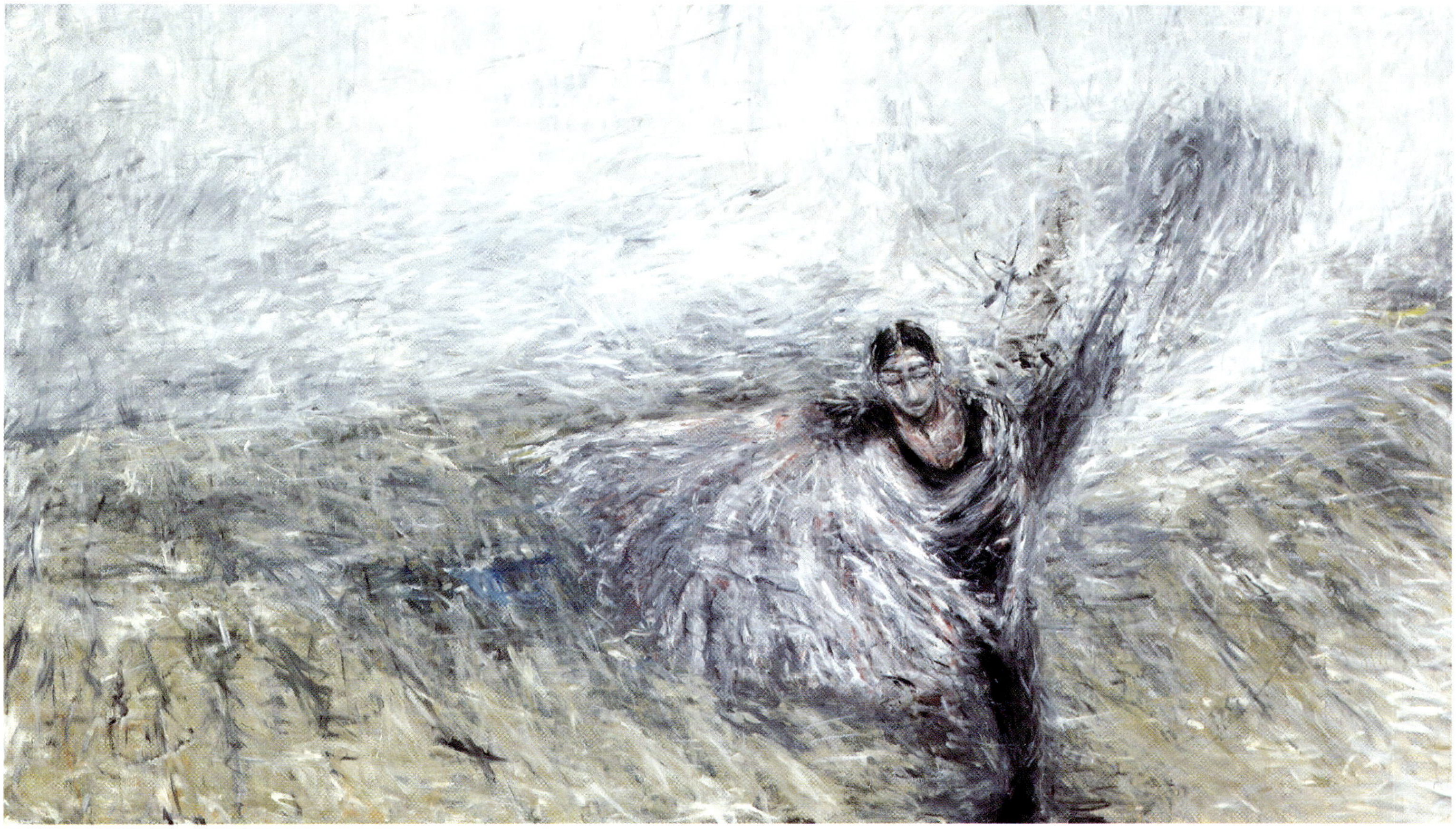

Carroll Dunham
Pine Gap (*Fenditura nel tronco di un pino*),
1985-86

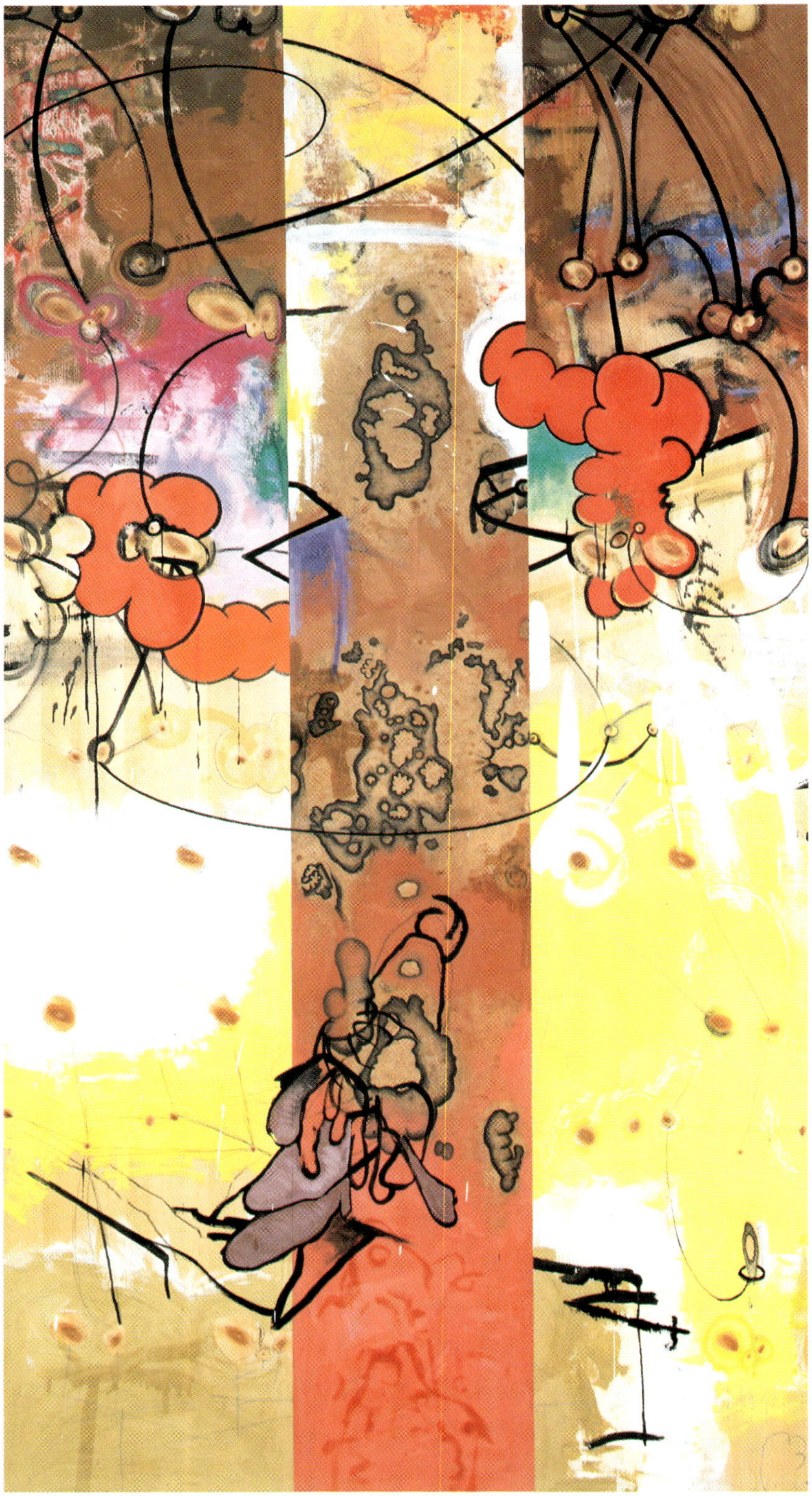

Jimmie Durham
Self-Portrait (*Autoritratto*), 1986

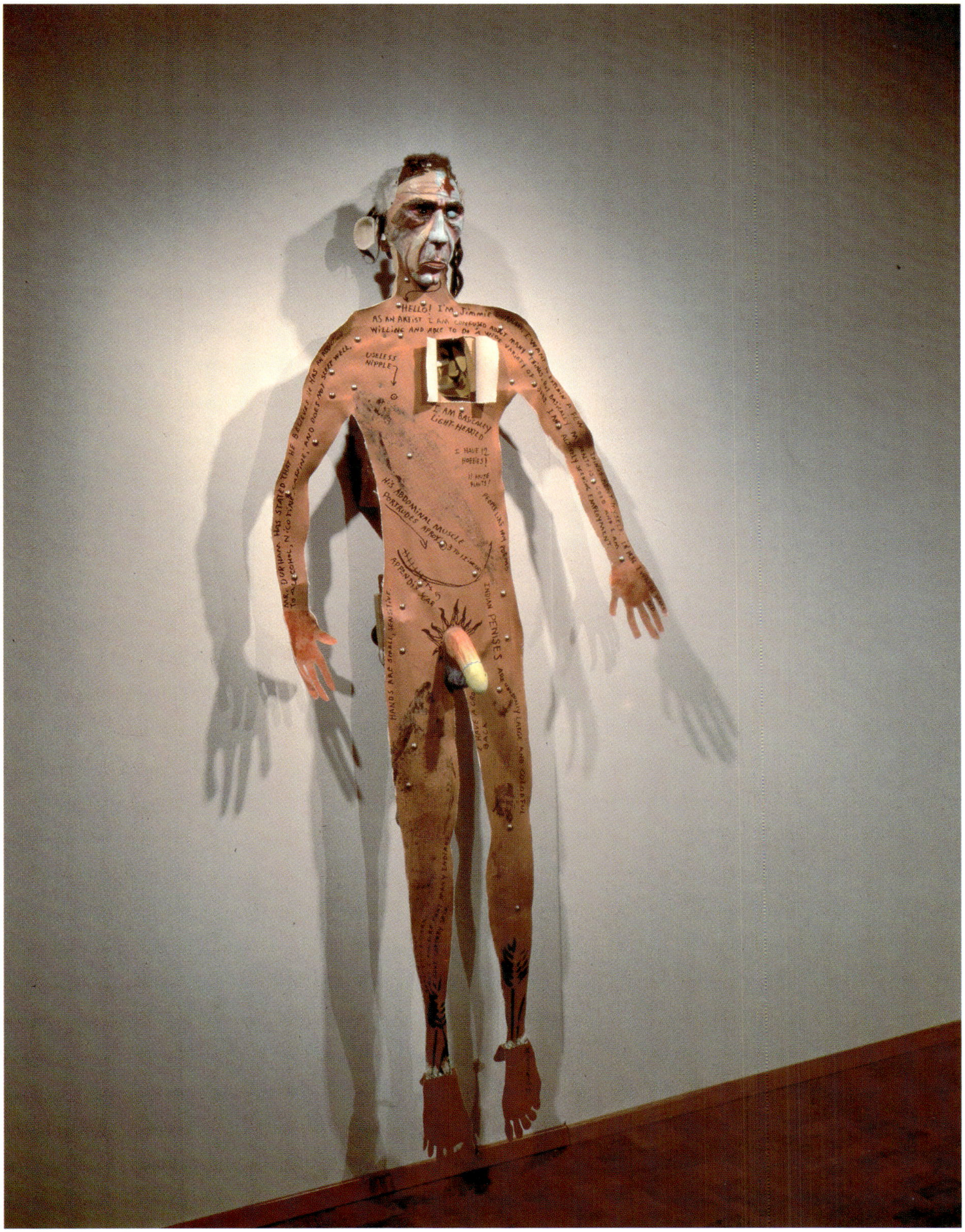

Robert Lobe
Facial Structure (*Struttura facciale*), 1986

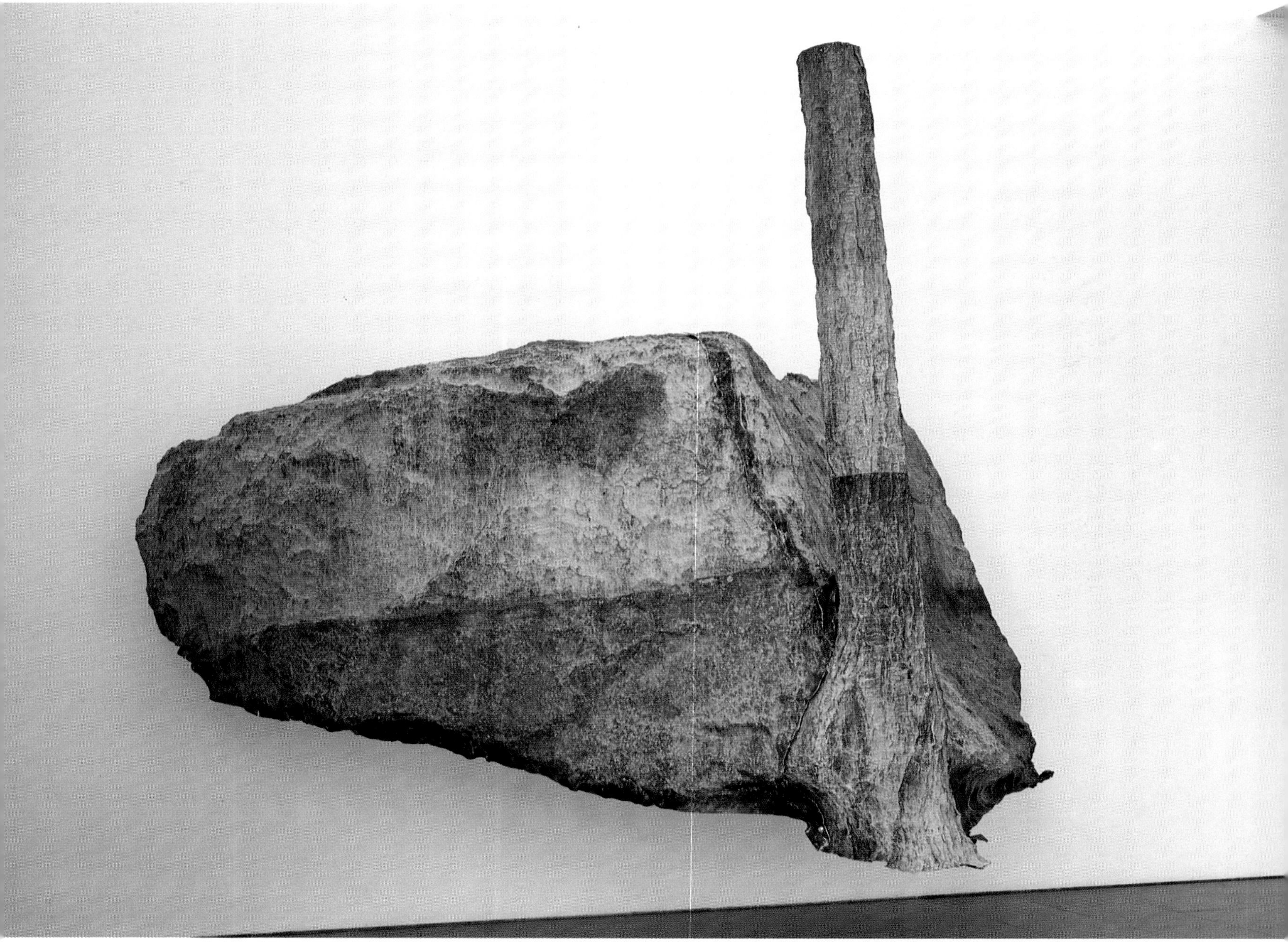

David Ireland
Northwest Version #2 (*Versione Nord-ovest n. 2*),
1987

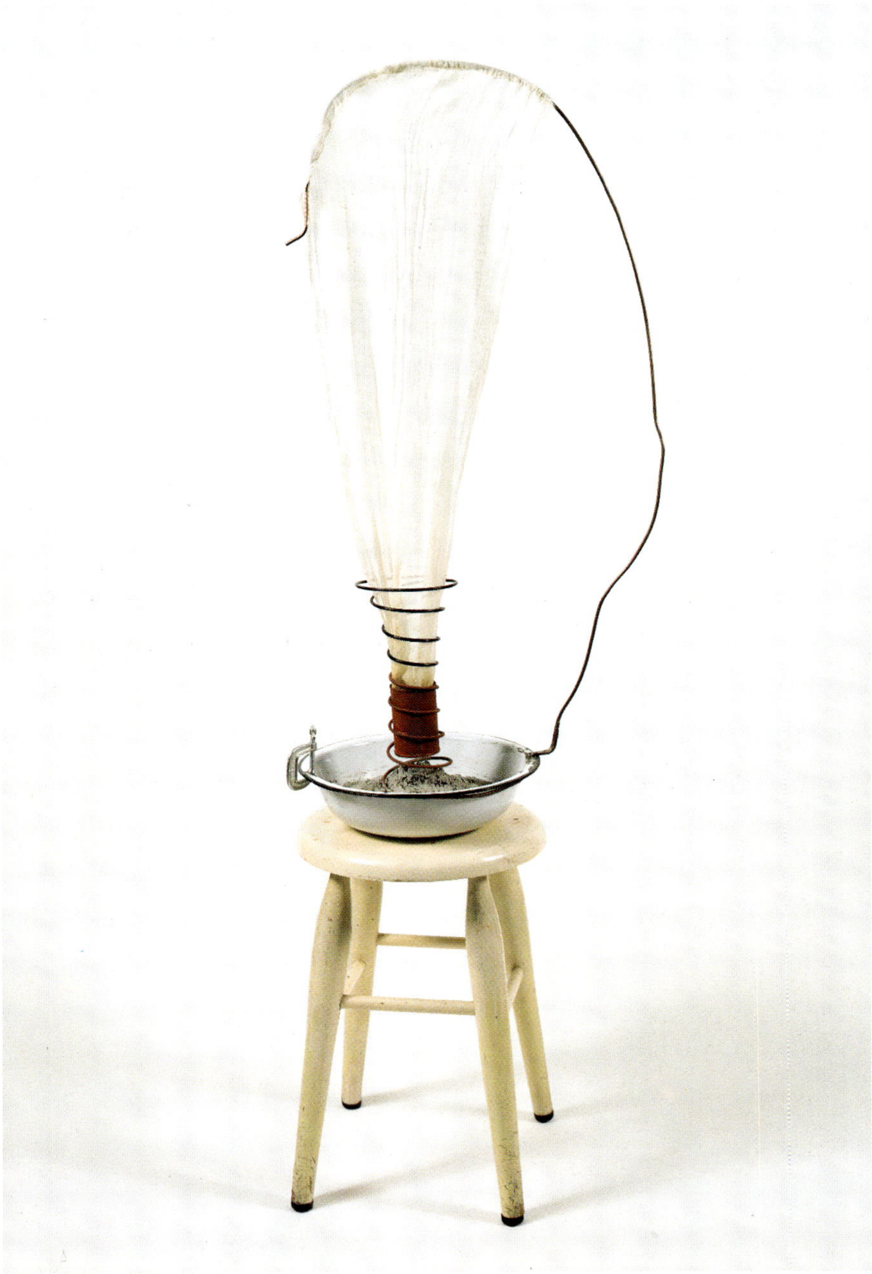

John Miller
Untitled (*Senza titolo*), 1988

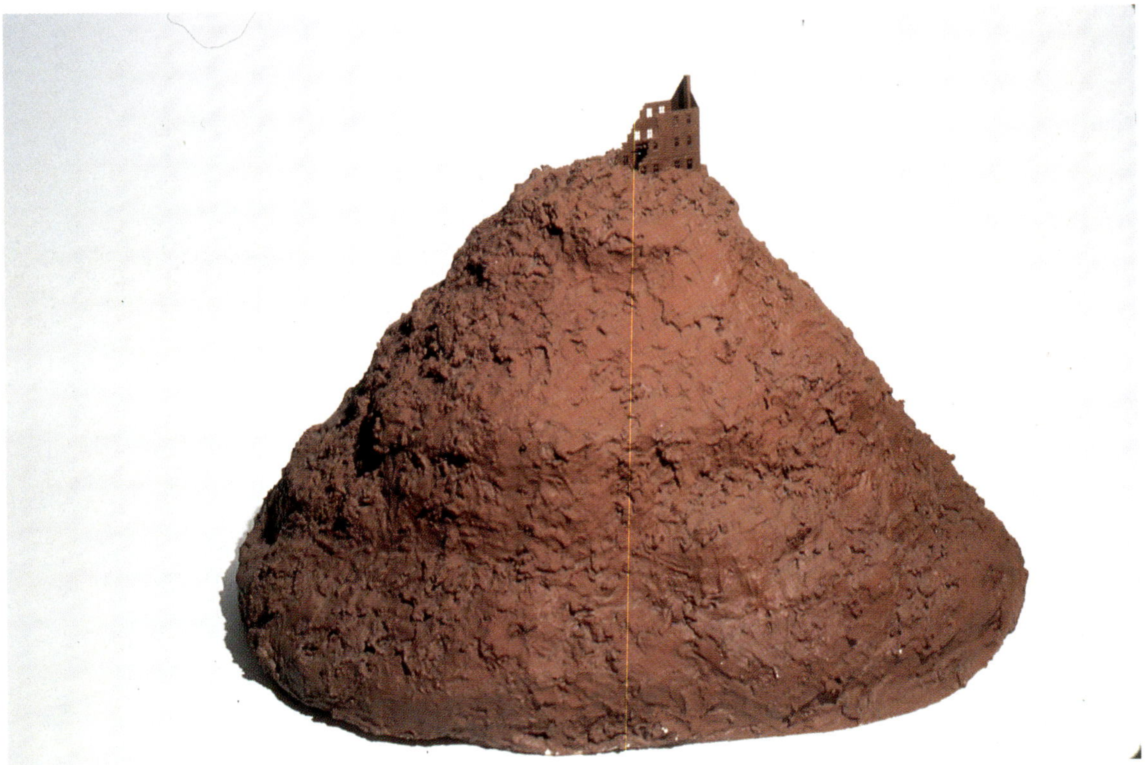

Mike Kelley
More Love Hours Than Can Ever Be Repaid and *The Wages of Sin (Più ore d'amore di quante possano mai essere ricambiate* e *La retribuzione del peccato*), 1987

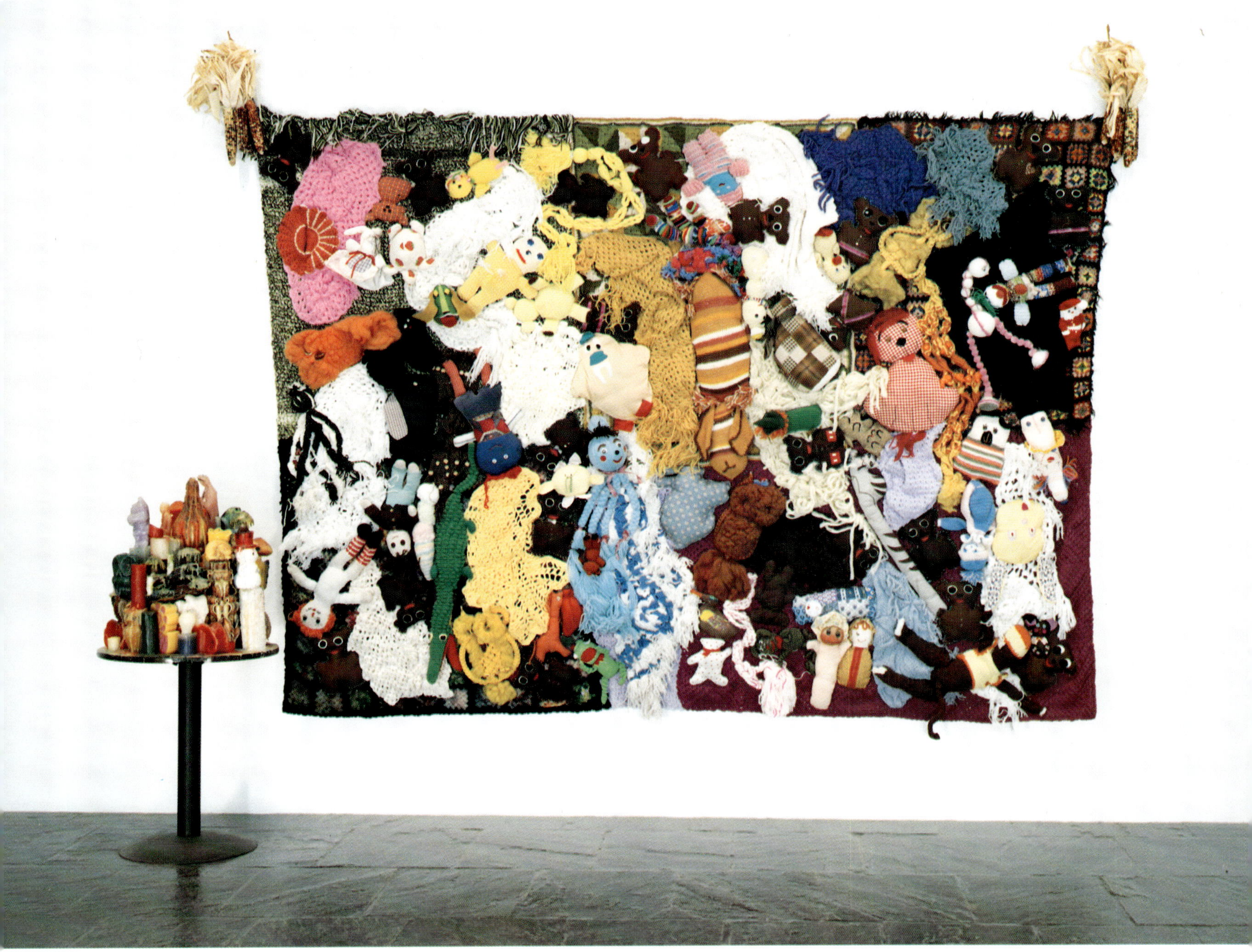

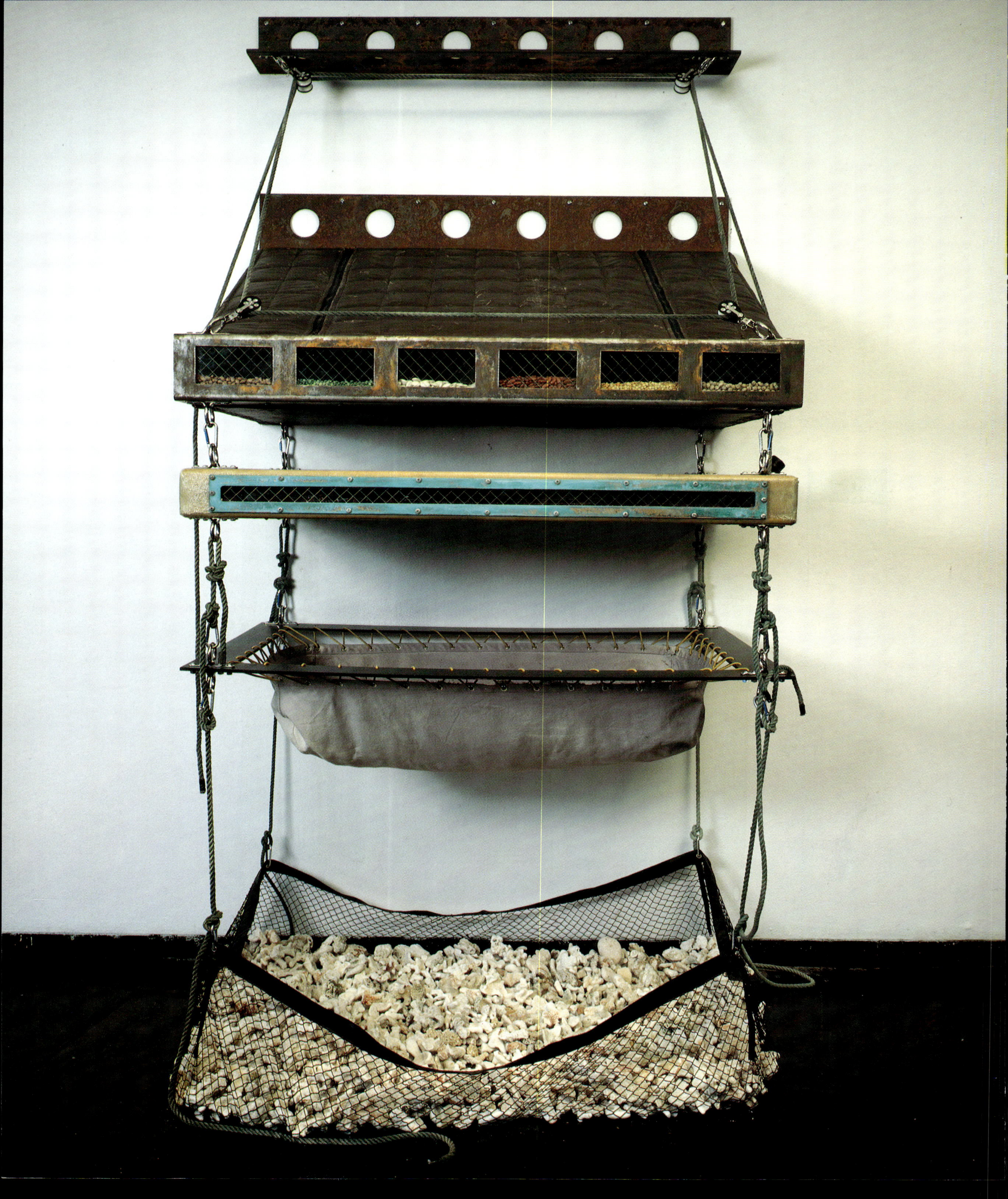

Ashley Bickerton
Stratified Landscape #1 (*Paesaggio stratificato n. 1*),
1989

Sherrie Levine
"La Fortune" (After Man Ray: 4)
(*"La Fortuna" - da Man Ray: 4*), 1990

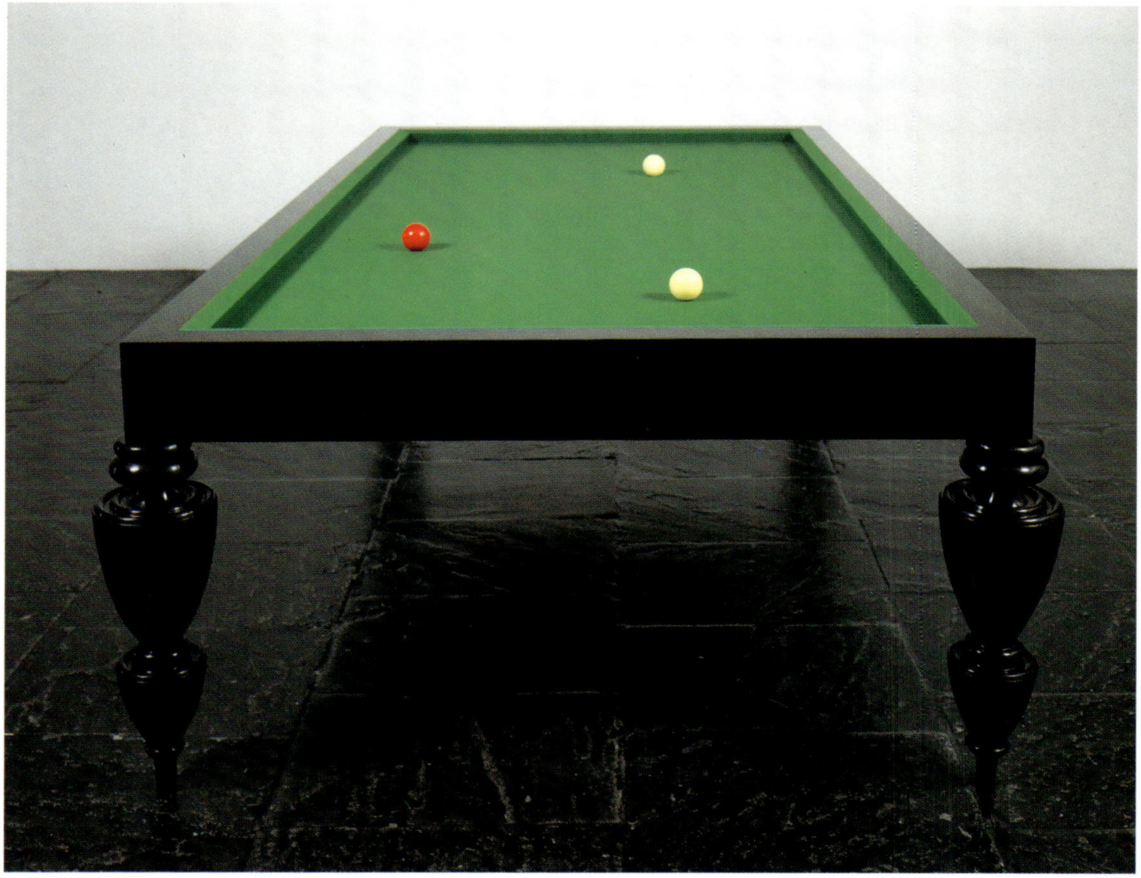

Glenn Ligon
Untitled (I Am Not Tragically Colored)
(*Senza titolo - Non sono tragicamente di colore*), 1990

Untitled (I Do Not Always Feel Colored)
(*Senza titolo - Non sempre mi sento di colore*), 1990

Roger Brown
XXX Exxon, 1989

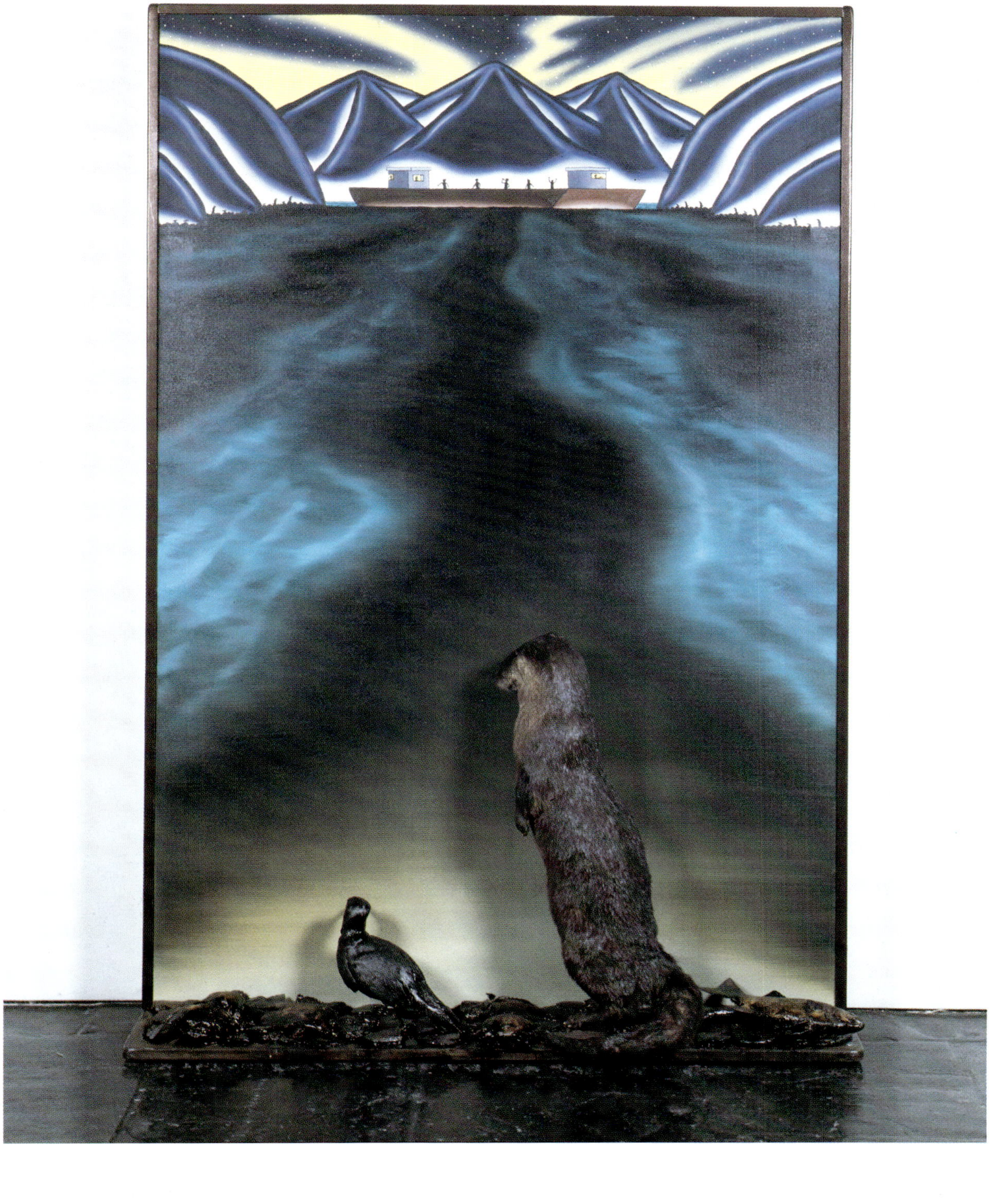

Nayland Blake
Shiny #1 (*Lucido n.1*), 1990

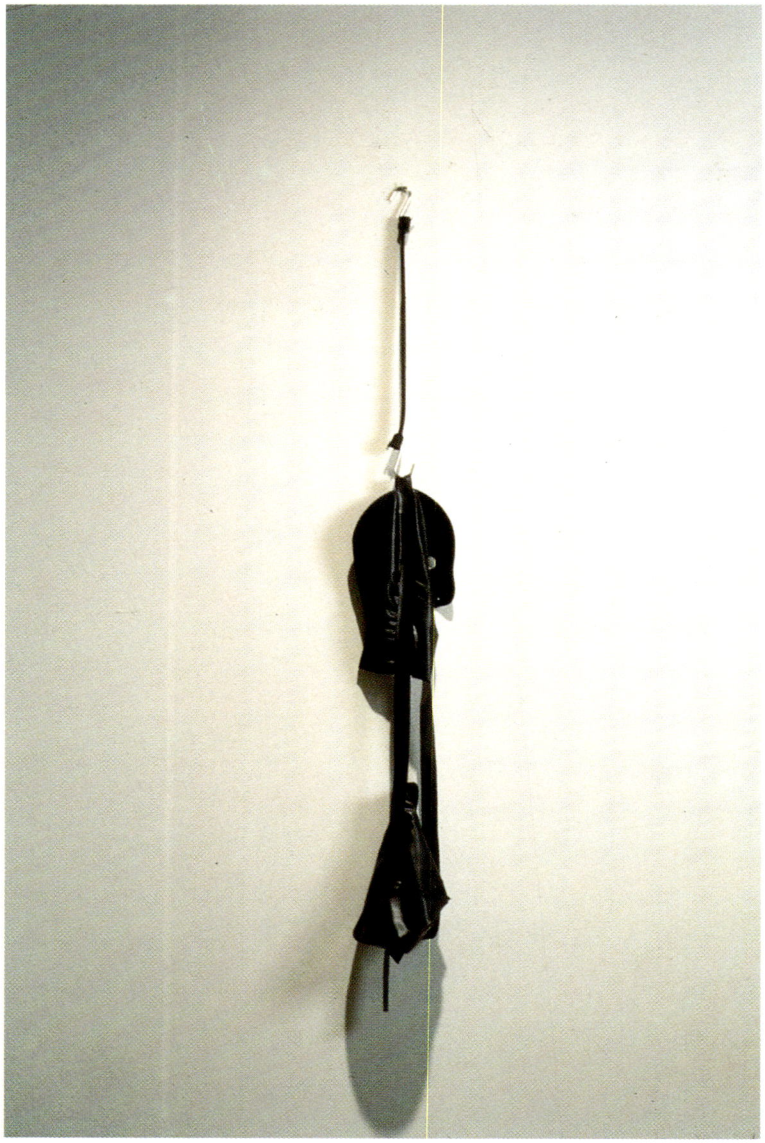

Allen Ruppersberg
Remainders: Novel, Sculpture, Film
(Rimanenze: romanzo, scultura, cinema), 1991

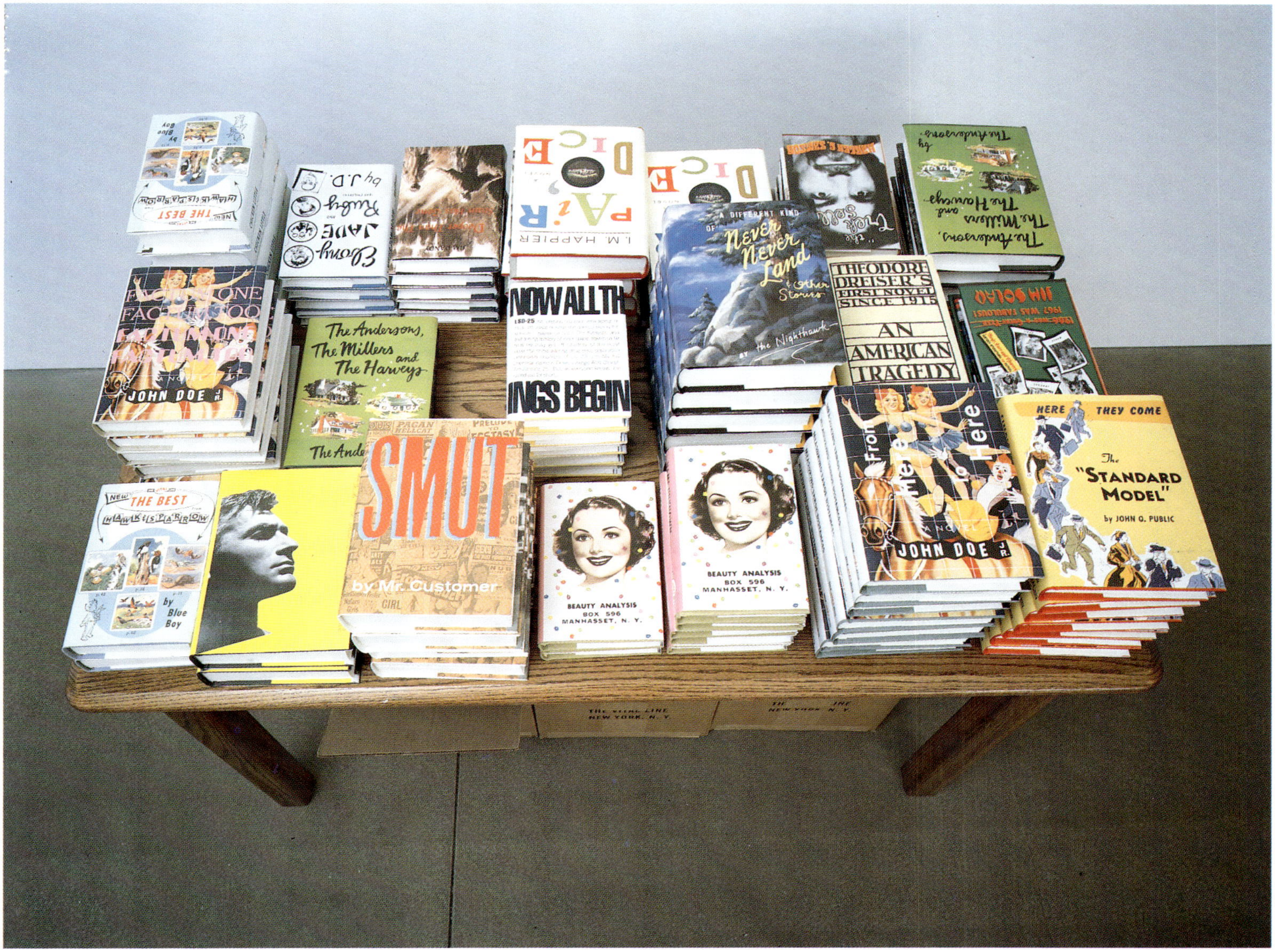

Peter Halley
The Acid Test (*Prova dell'acido*), 1991-92

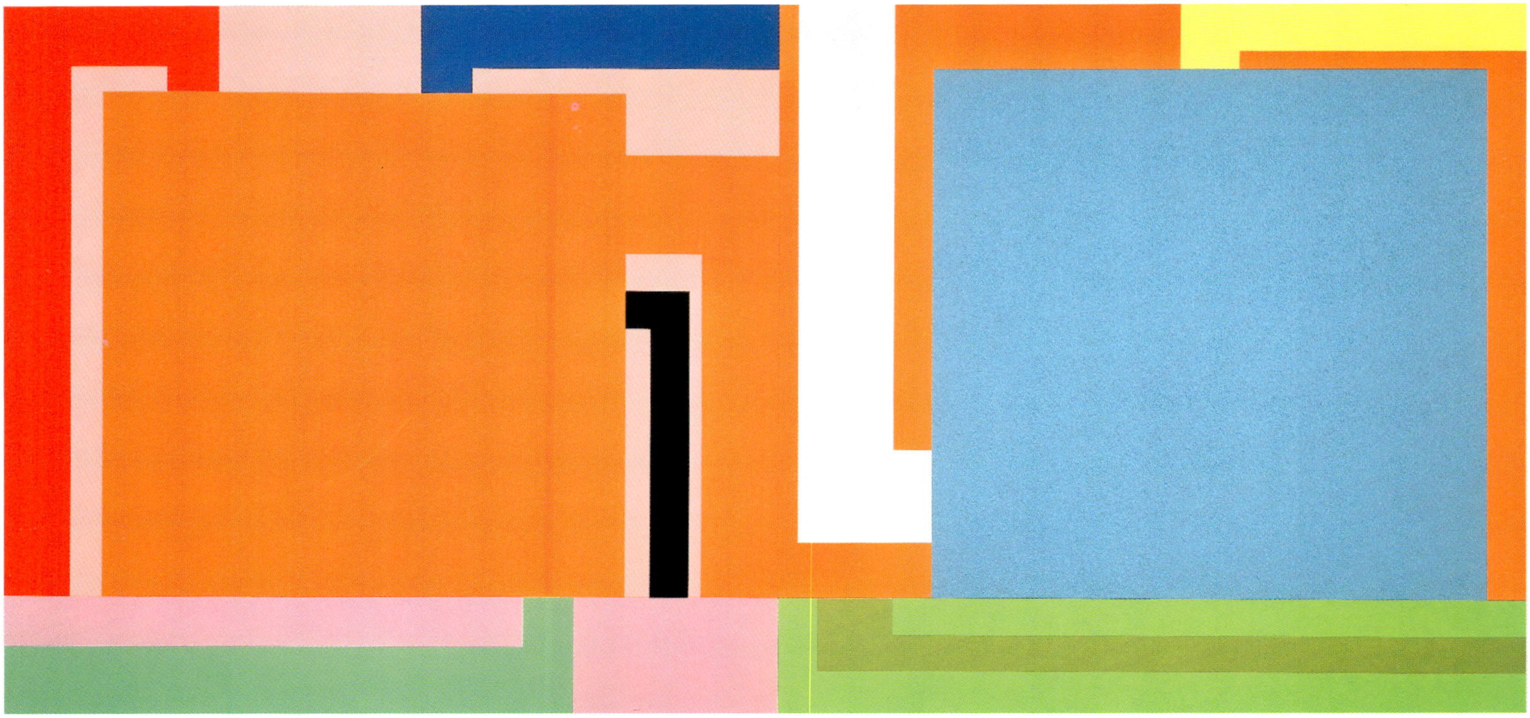

David Hammons
Untitled (*Senza titolo*), 1992

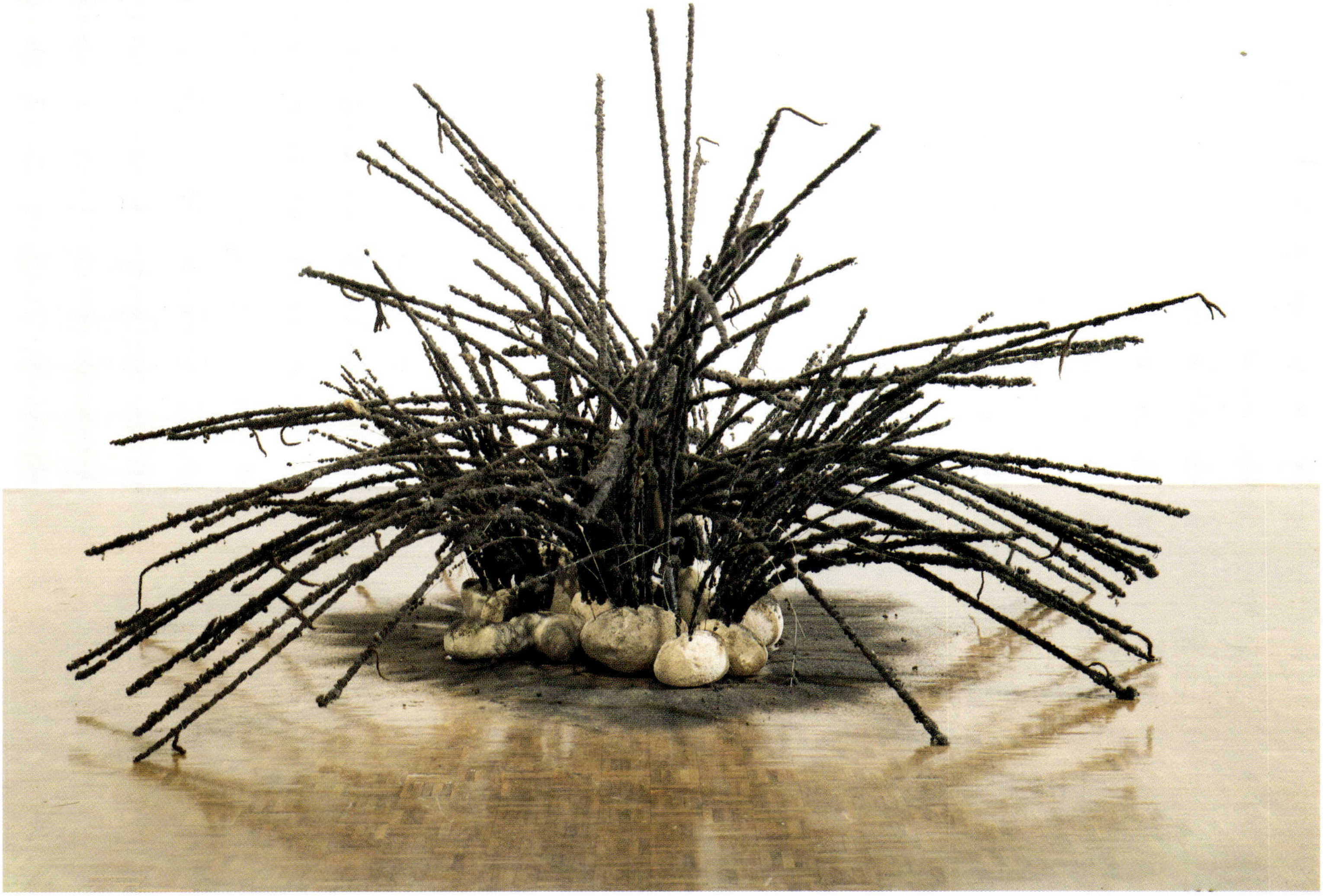

Peter Cain
Z, 1989

Catherine Opie
Ron Athey, 1994

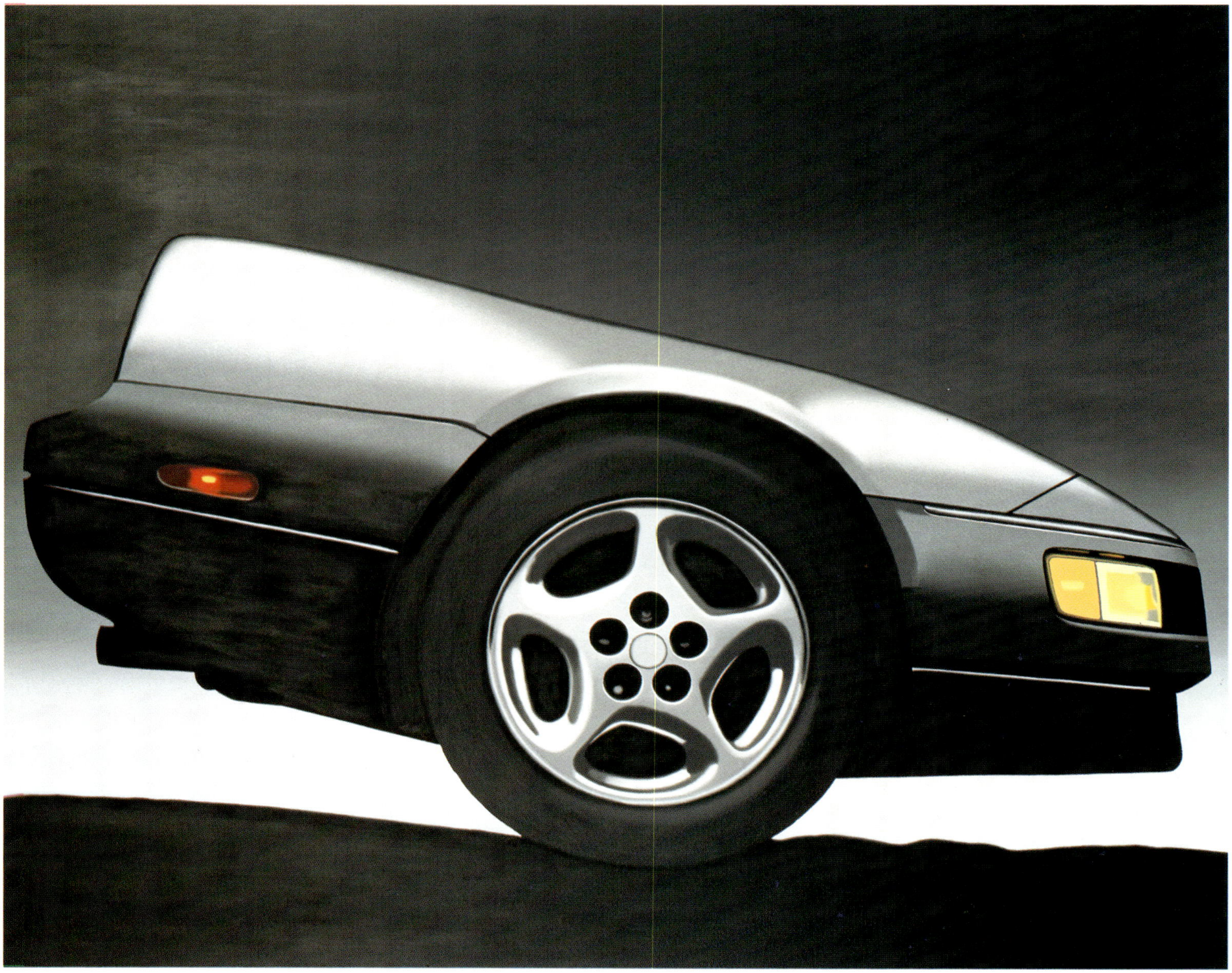

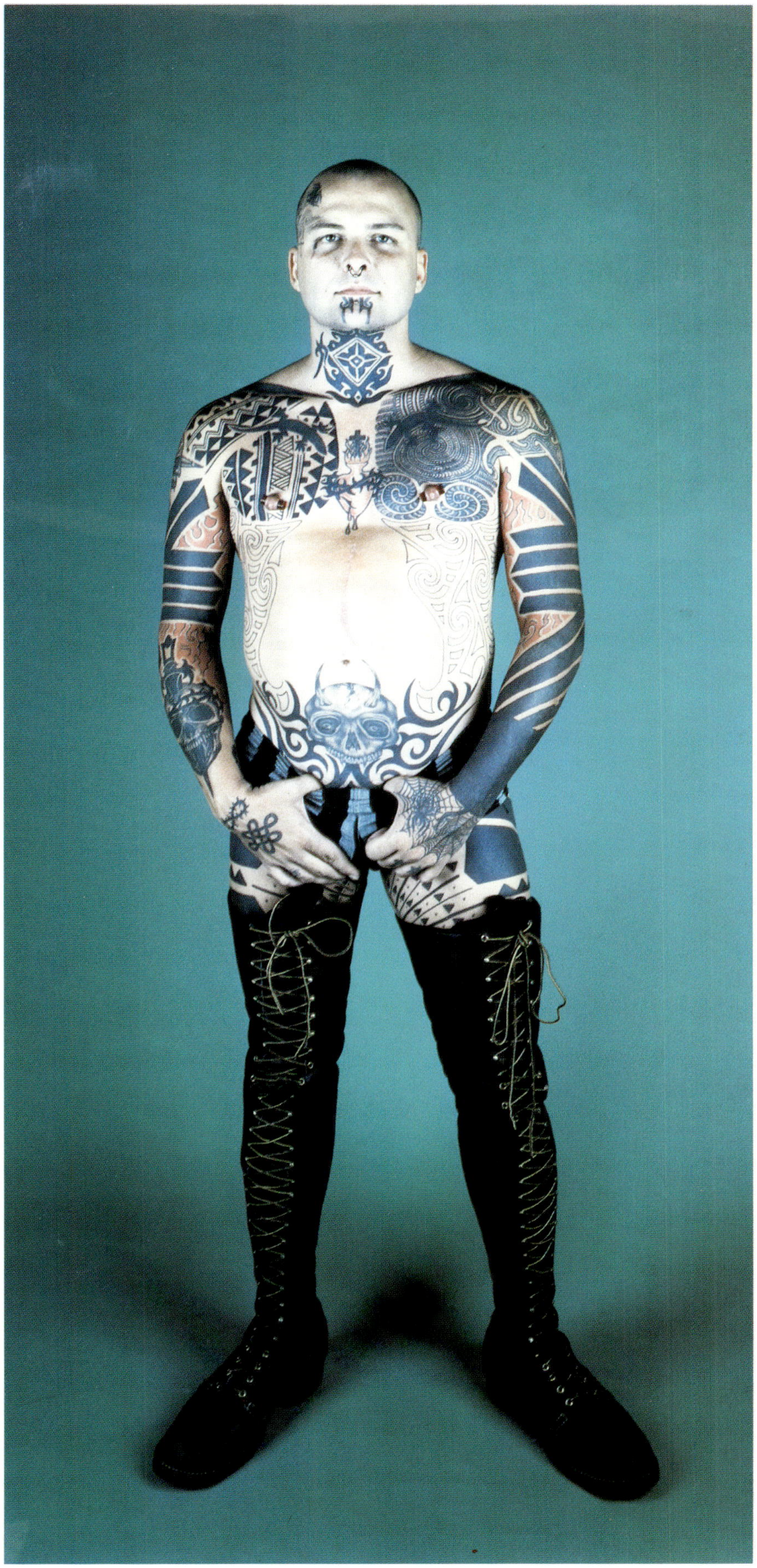

Catherine Opie
Mike and Sky (*Mike e Sky*), 1992

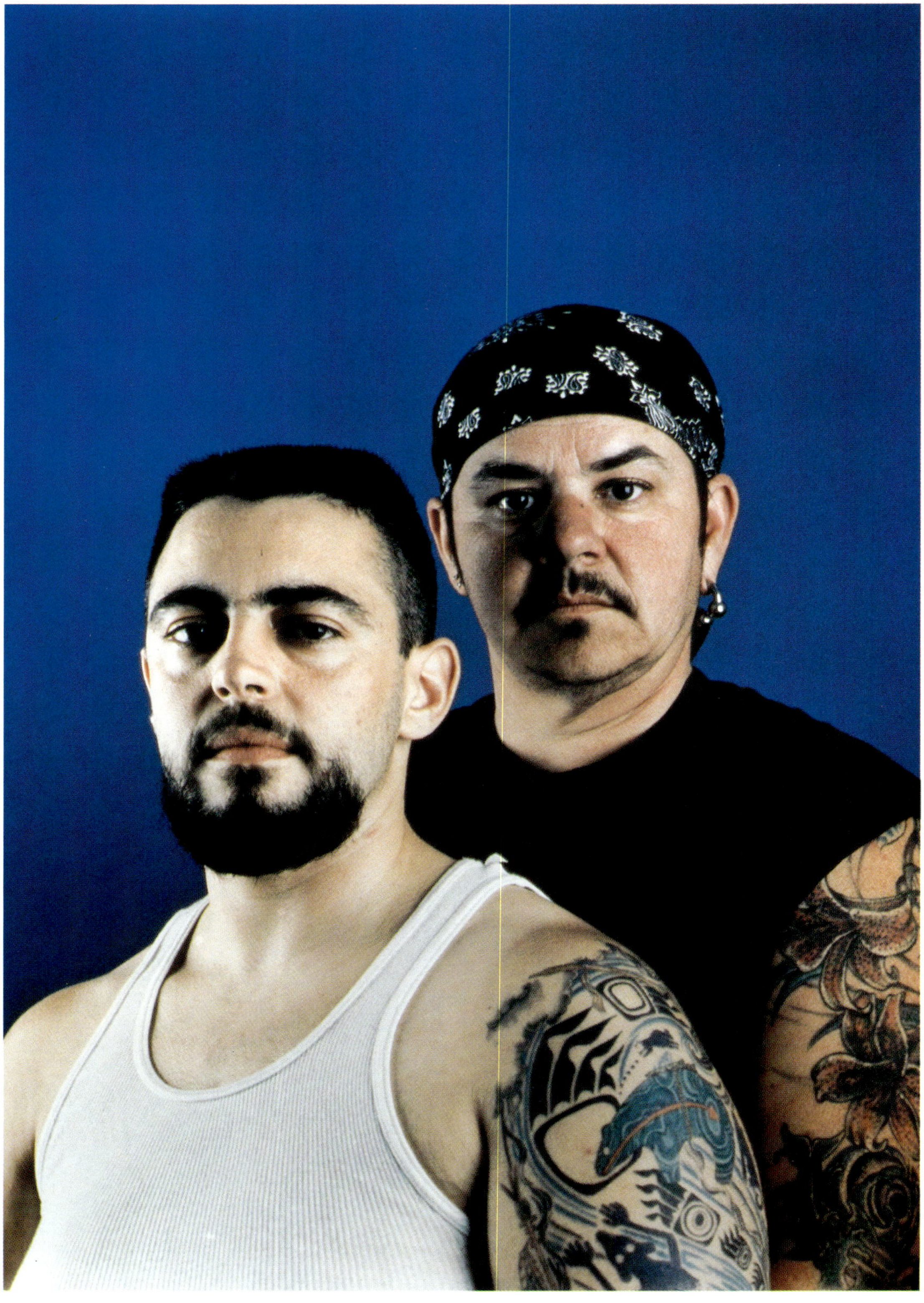

Catherine Opie
Self-Portrait (Autoritratto), 1993

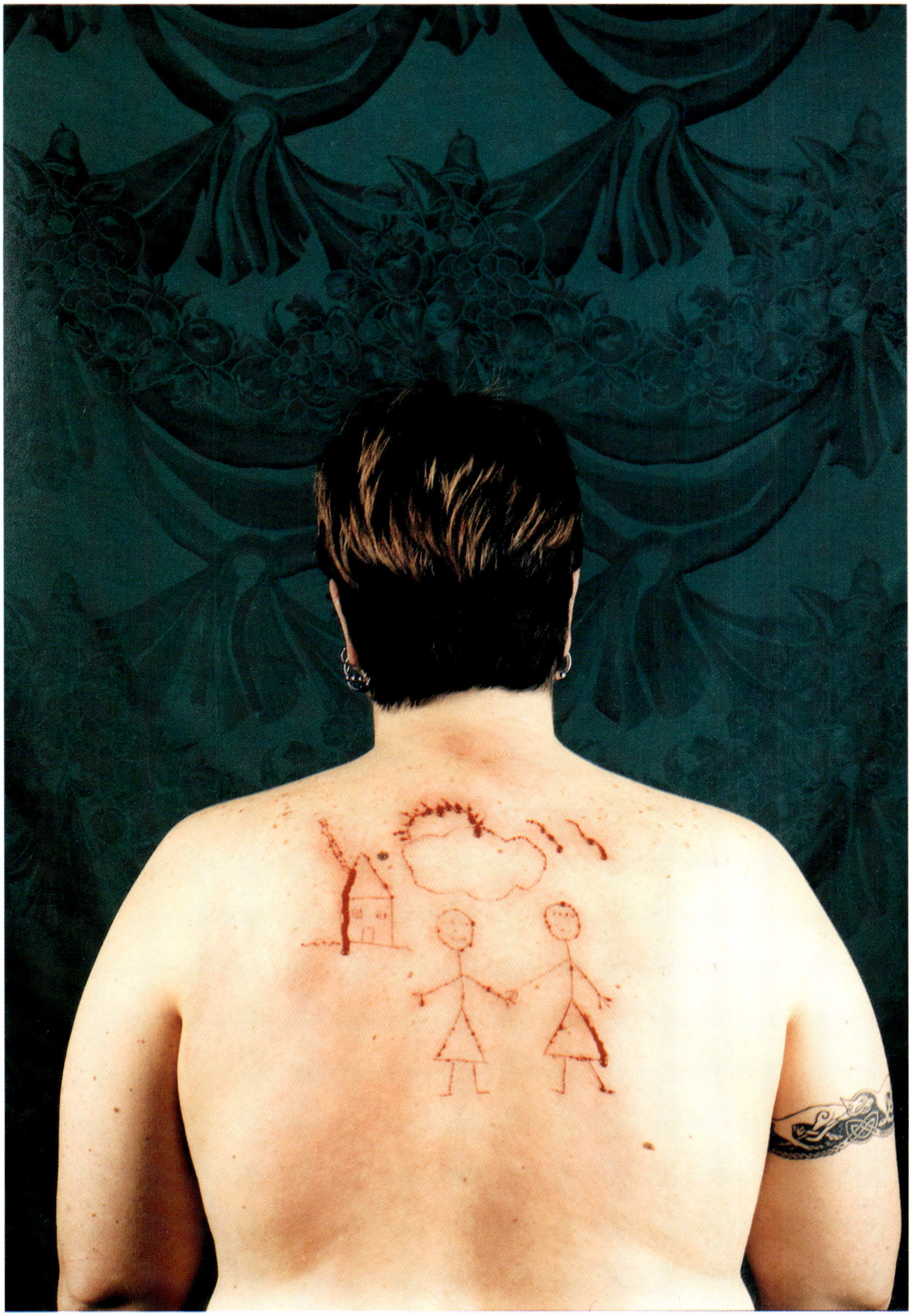

Komar and Melamid
A Suite in Chrome Yellow. A Suicide in Bayonne
(*Sequenza giallo cromo. Suicidio a Bayonne*), 1993

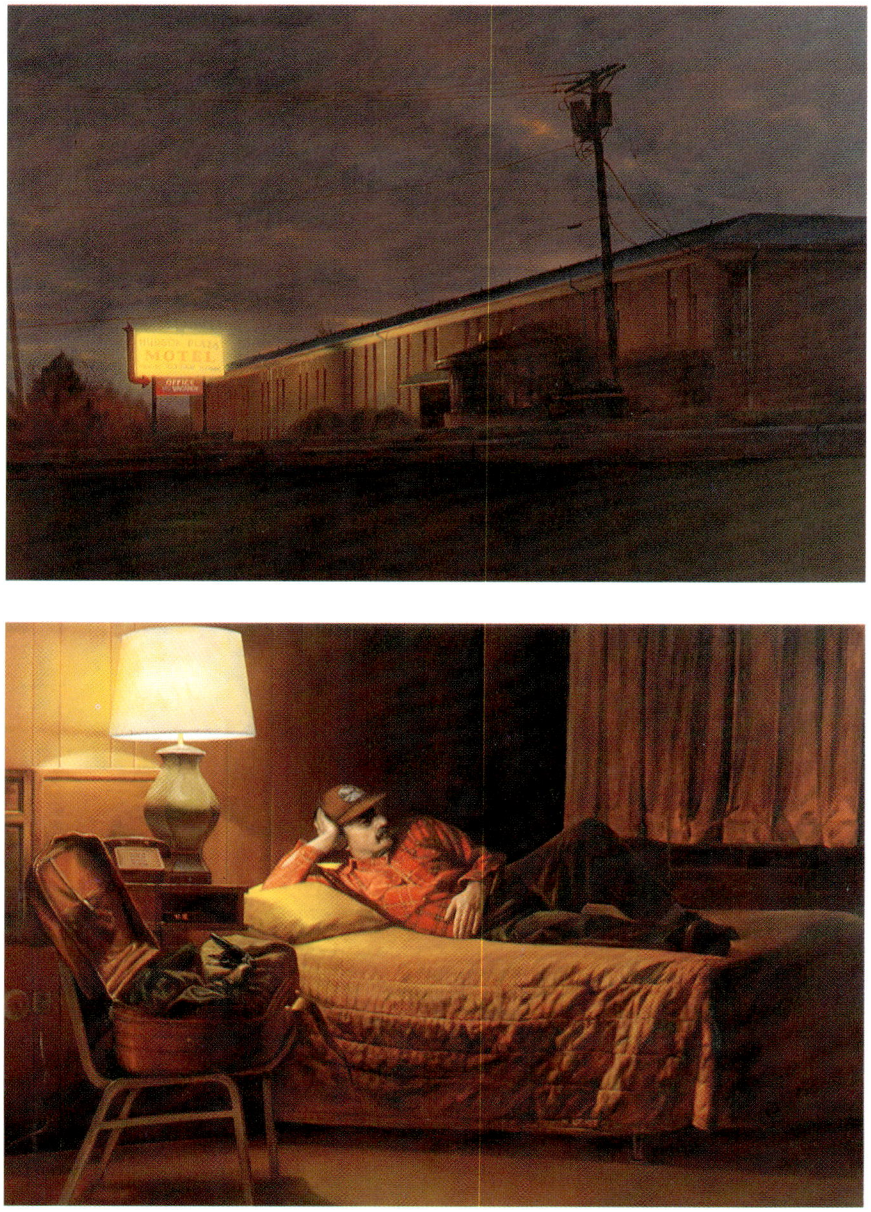

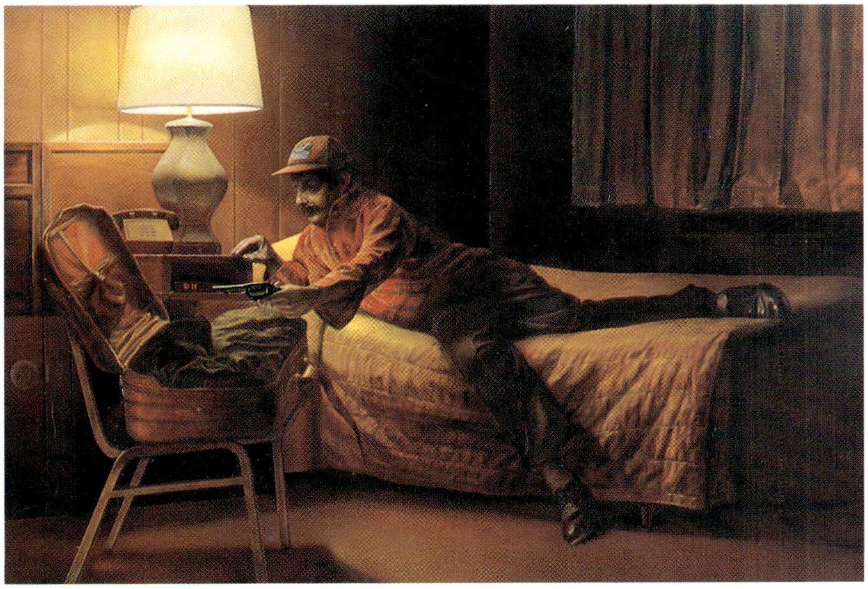

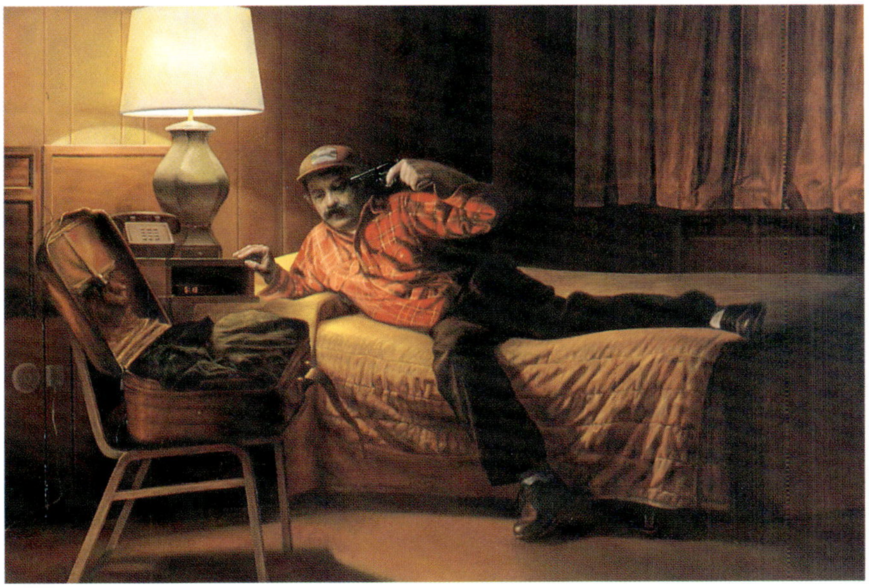

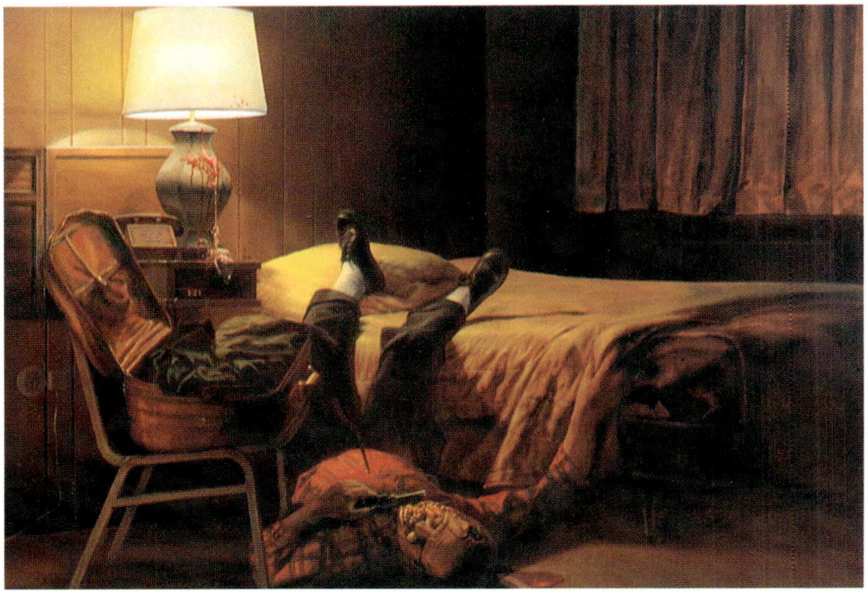

Fred Tomaselli
Ocotillo Nocturne (*Ocotillo notturno*), 1993

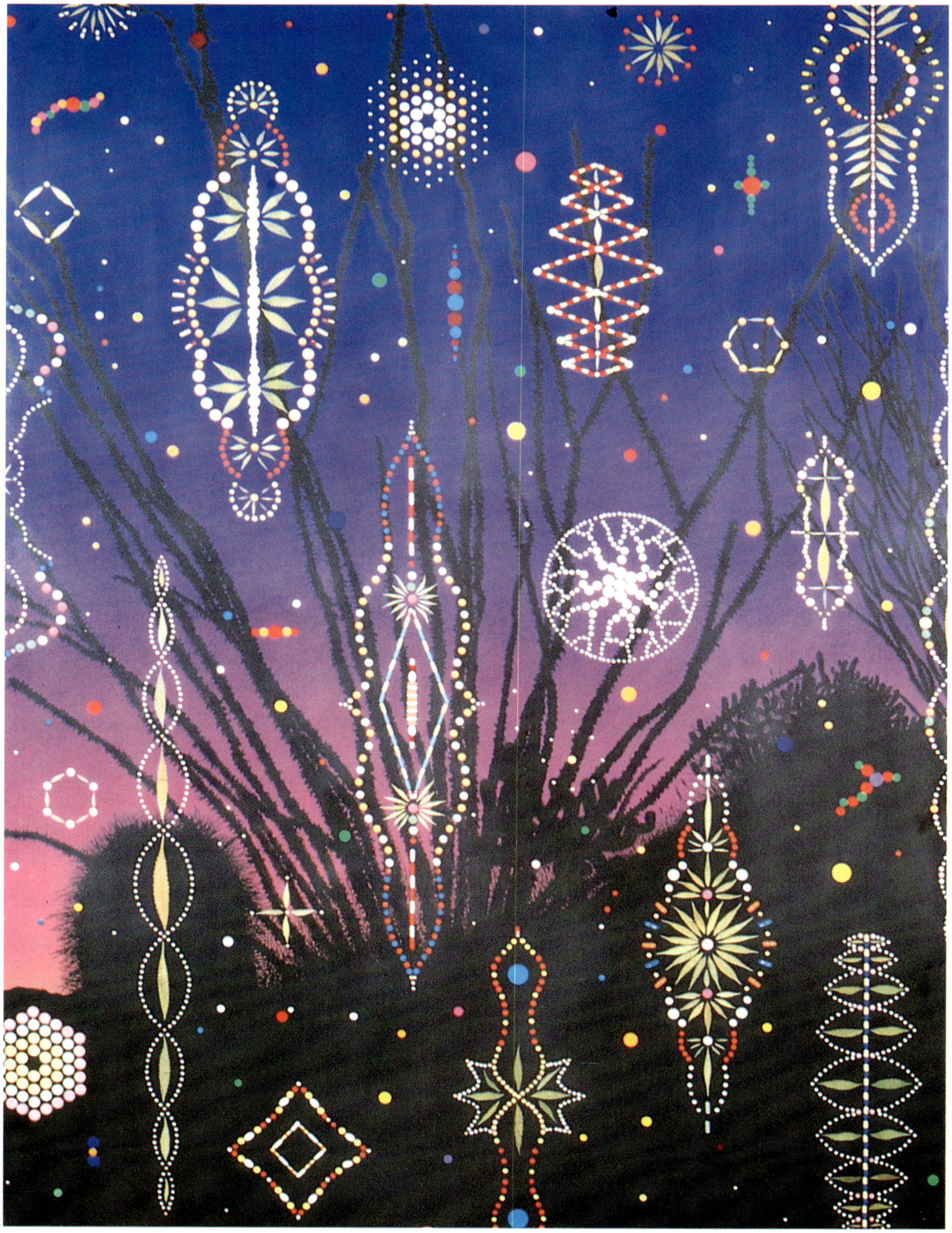

Alison Saar
Skin/Deep (A fior di pelle), 1993

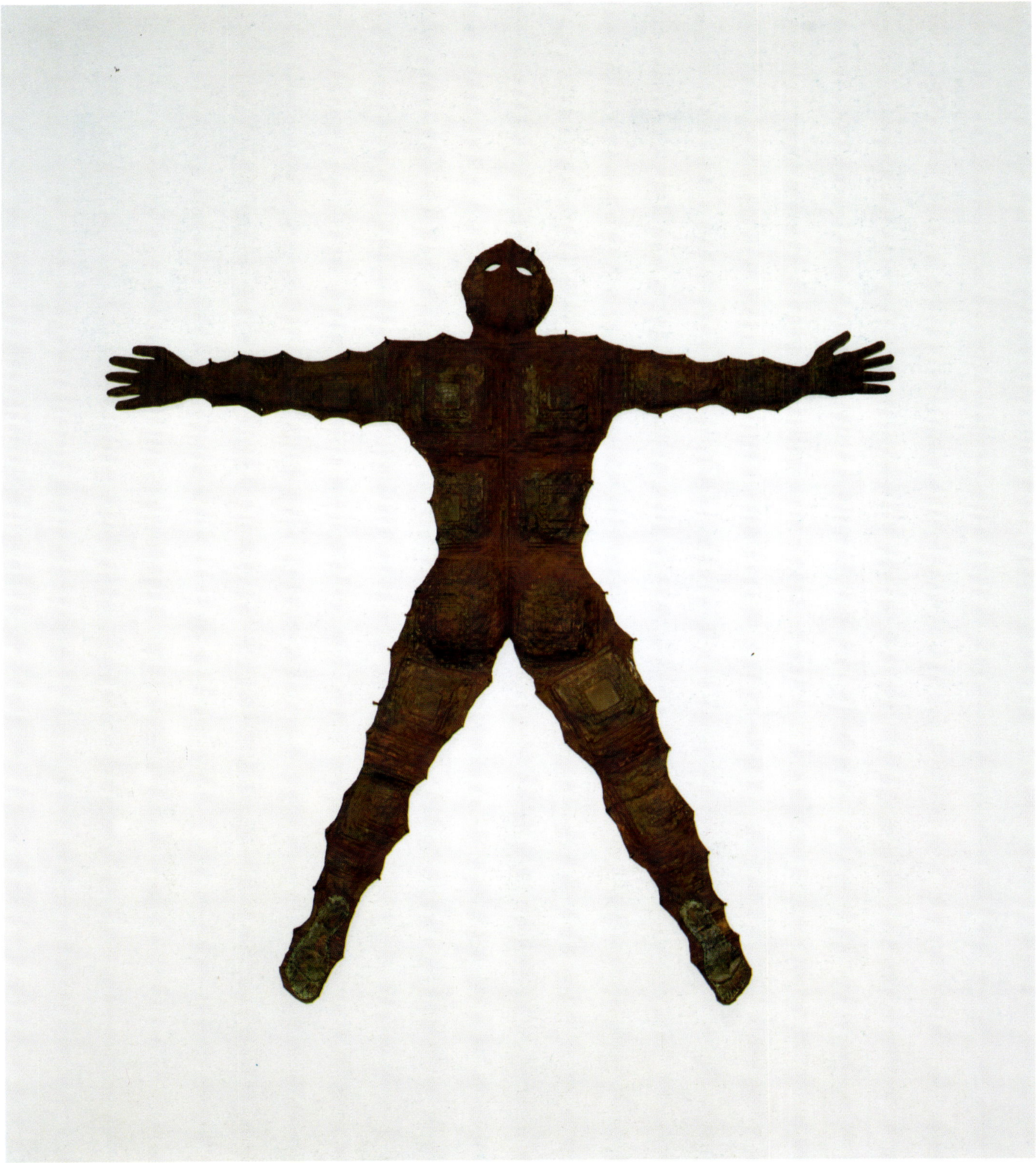

Lari Pittman
Untitled #16 (A Decorated Chronology of Insistence and Resignation) (Senza titolo n. 16 - Cronologia decorata di insistenza e rassegnazione), 1993

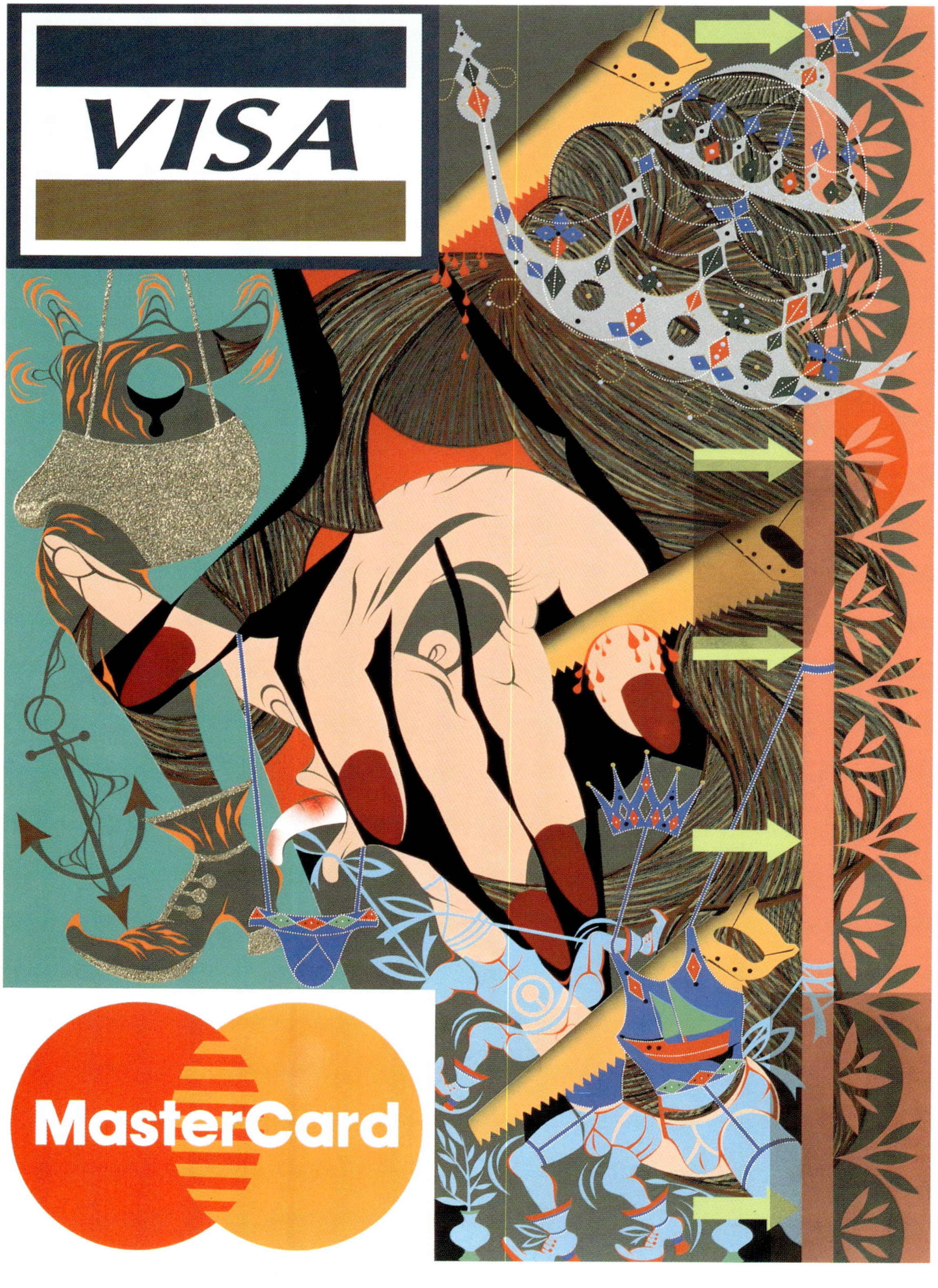

Cindy Sherman
Untitled #311 (*Senza titolo n. 311*), 1994

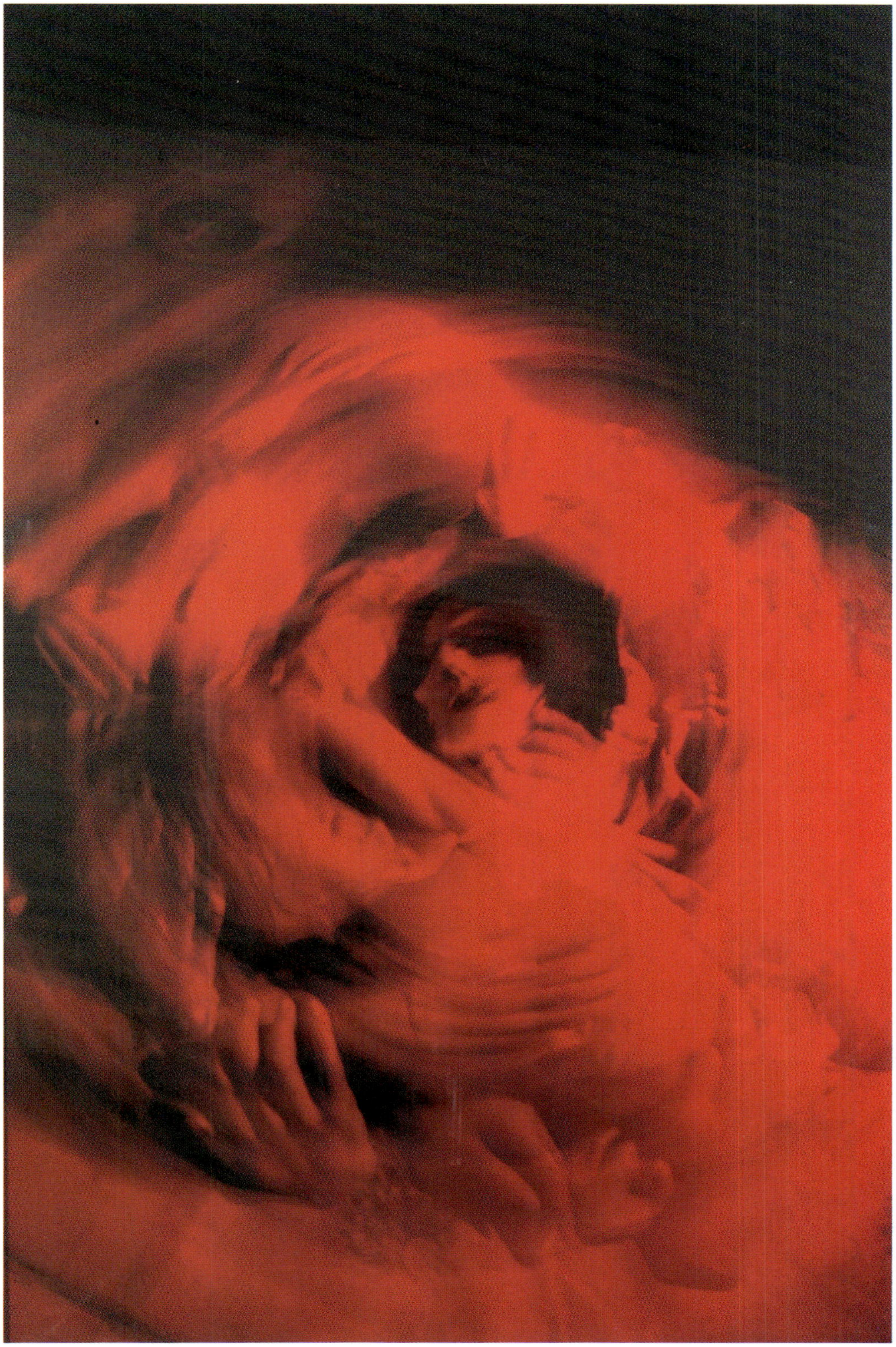

Sue Williams
The Hose (*Il tubo*), 1994

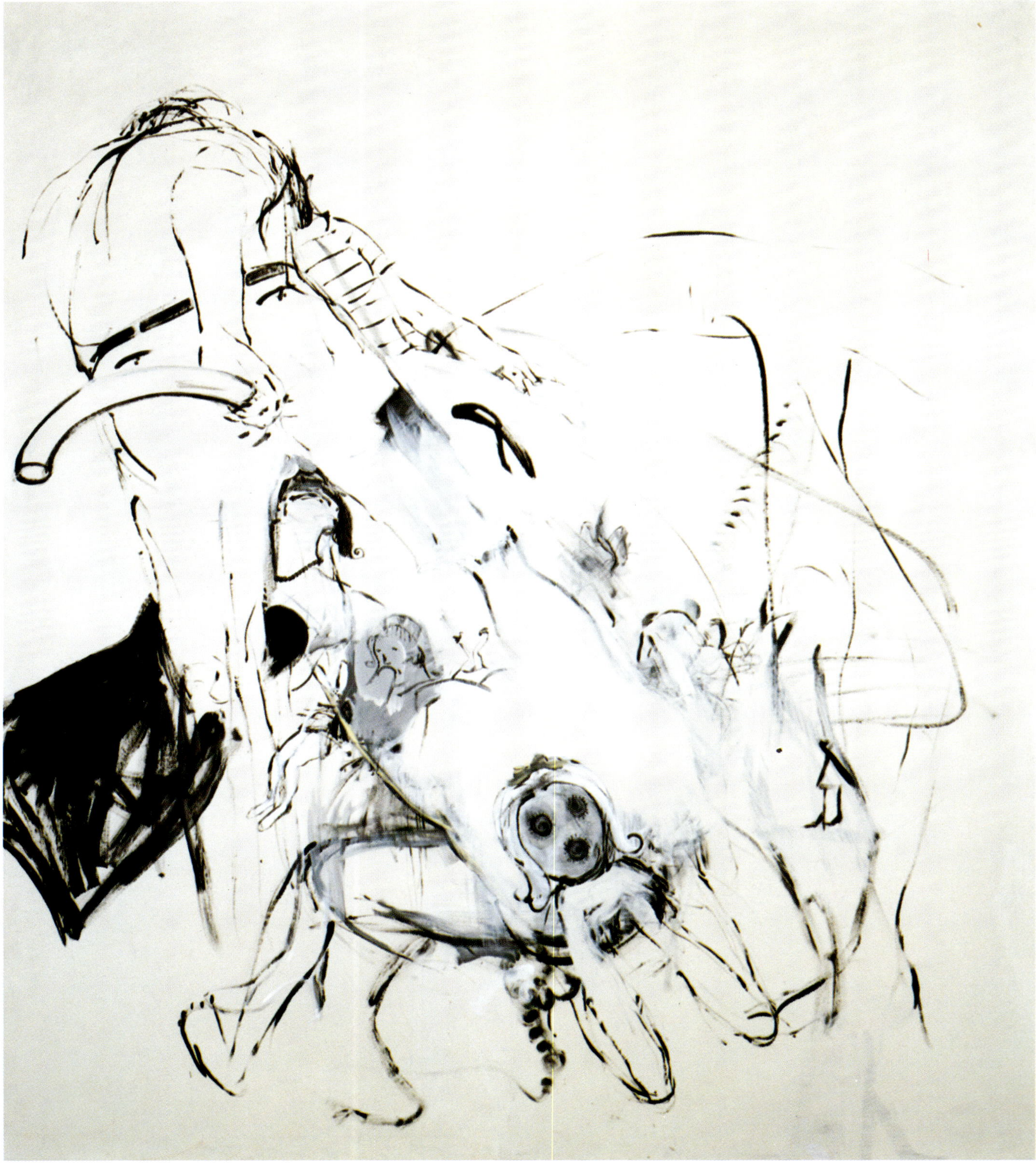

Mel Chin
HOMEySEW 9, 1994

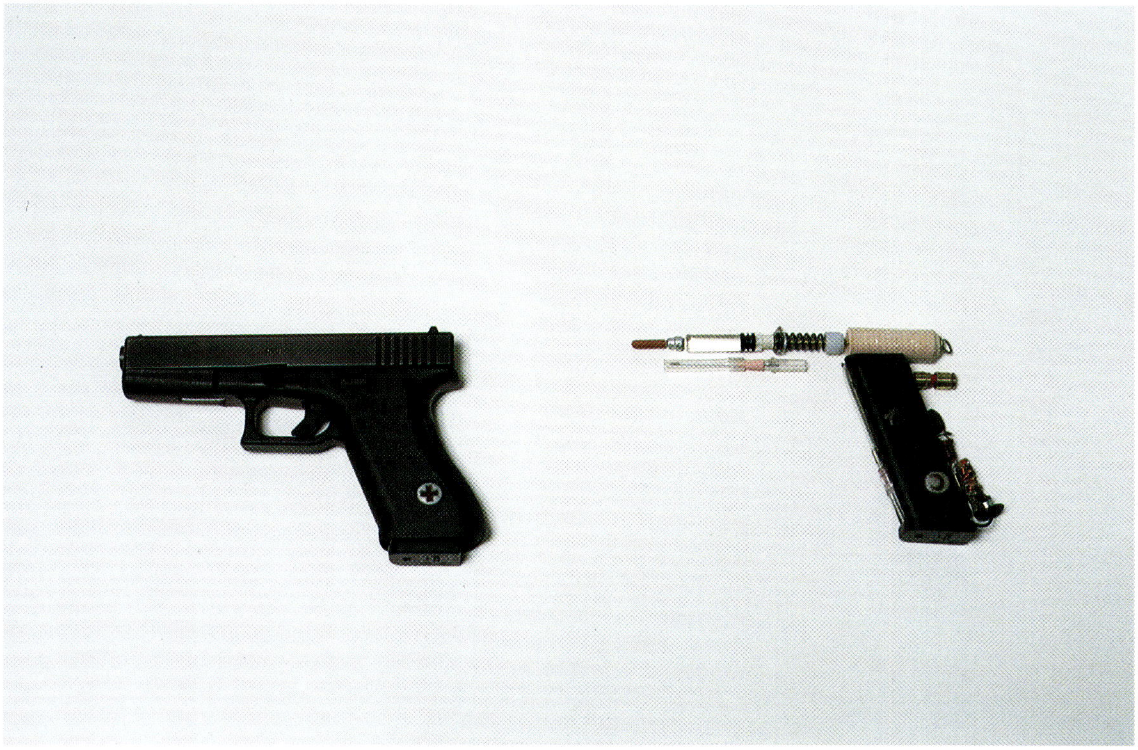

Ellen Gallagher
Afro Mountain (*Montagna africana*), 1994

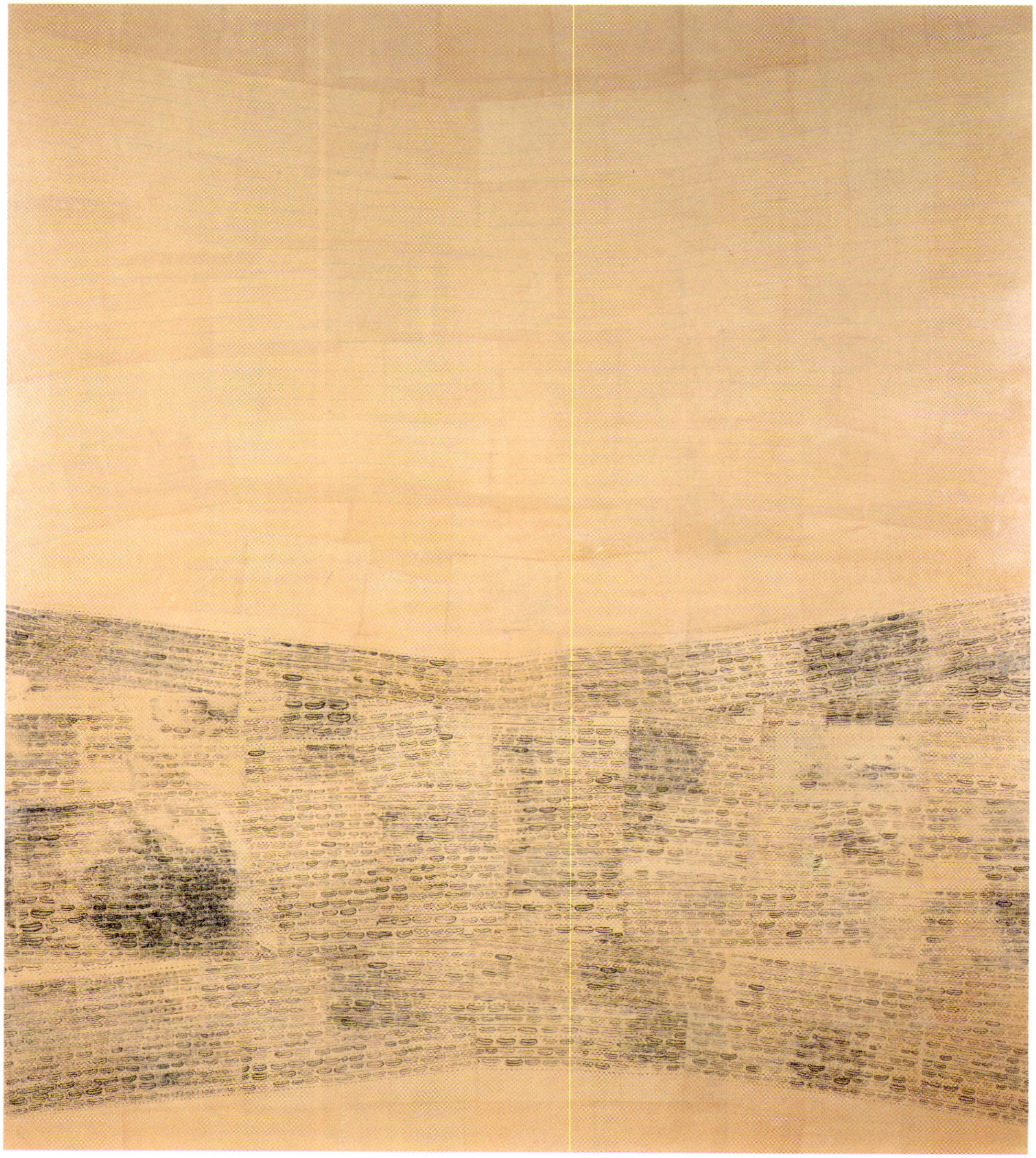

Jason Rhoades
Swedish Erotica and Fiero Parts (*Erotica svedese e parti di un "Fiero"*), 1994

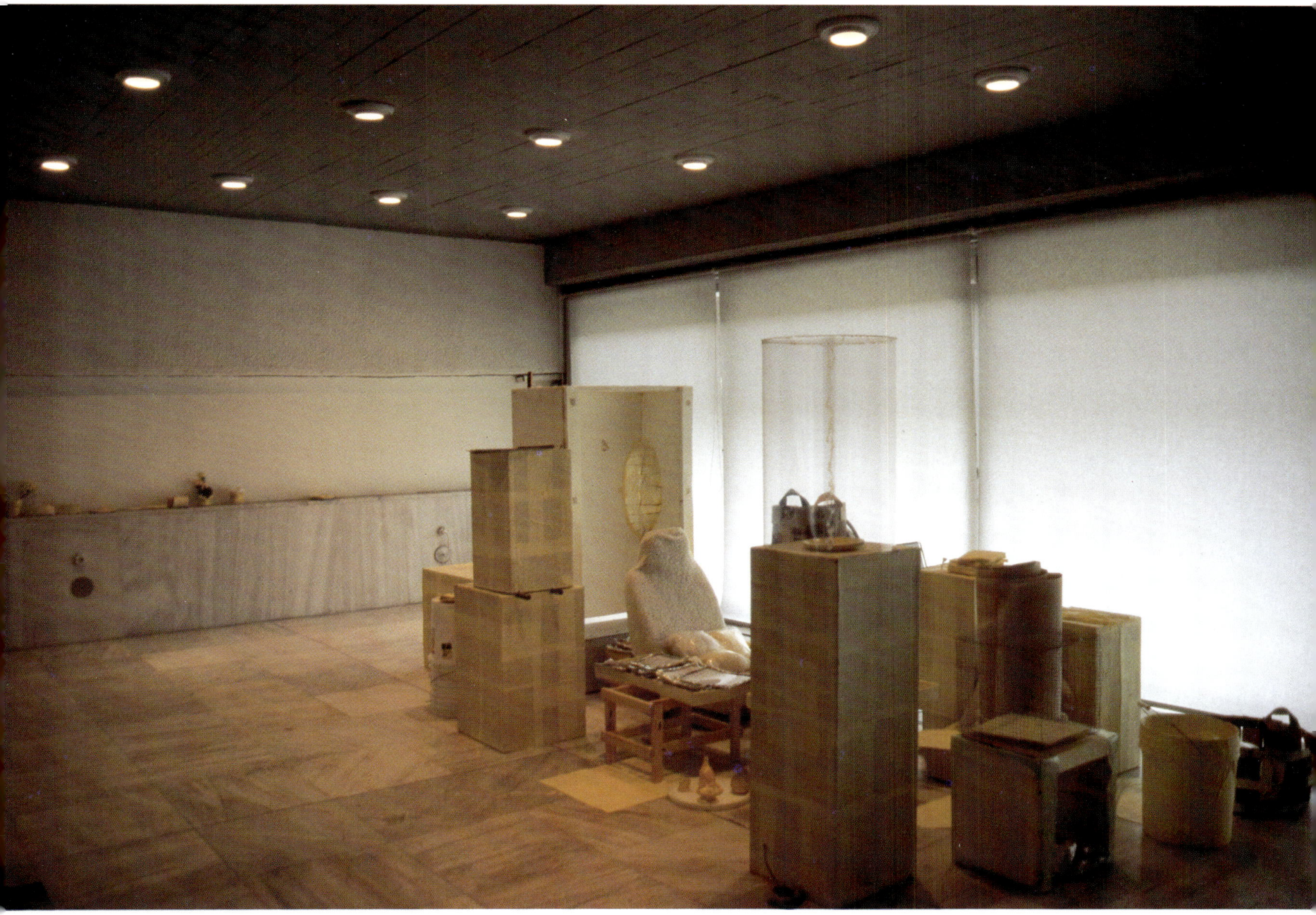

Chris Burden
America's Darker Moments
(*I momenti più bui d'America*), 1994

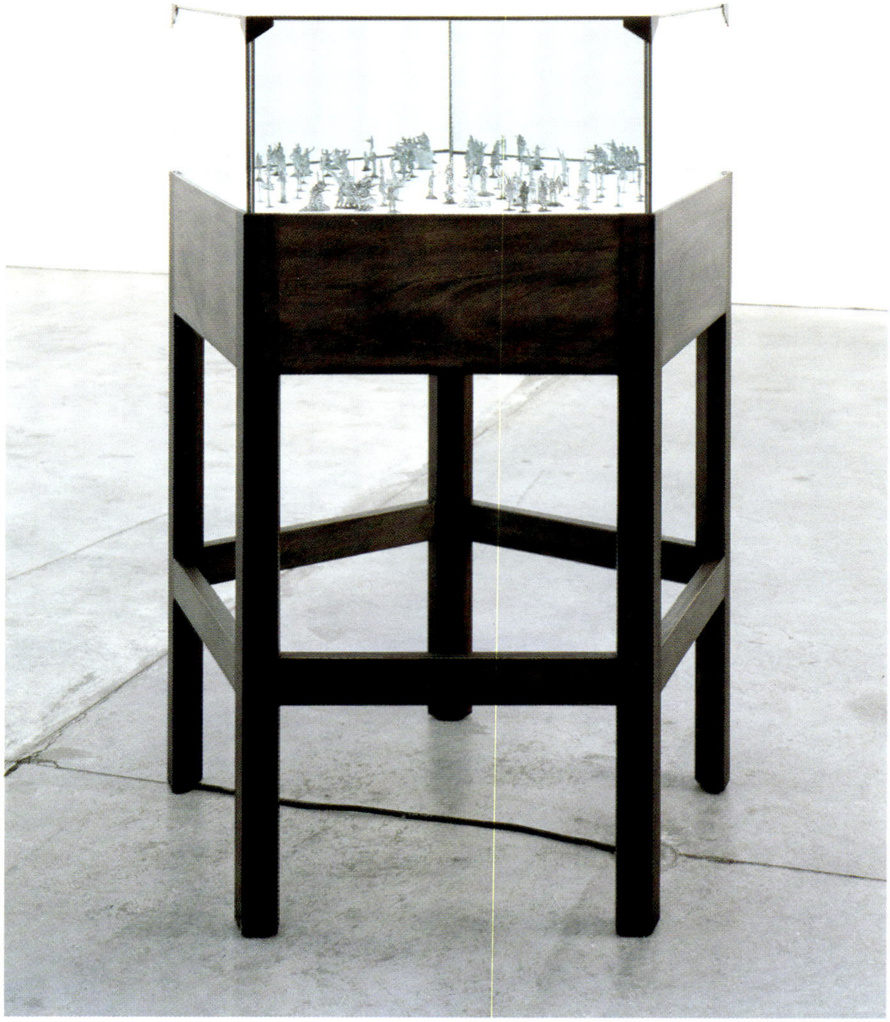

Tony Oursler
Getaway #2 (*Fuga n. 2*), 1994

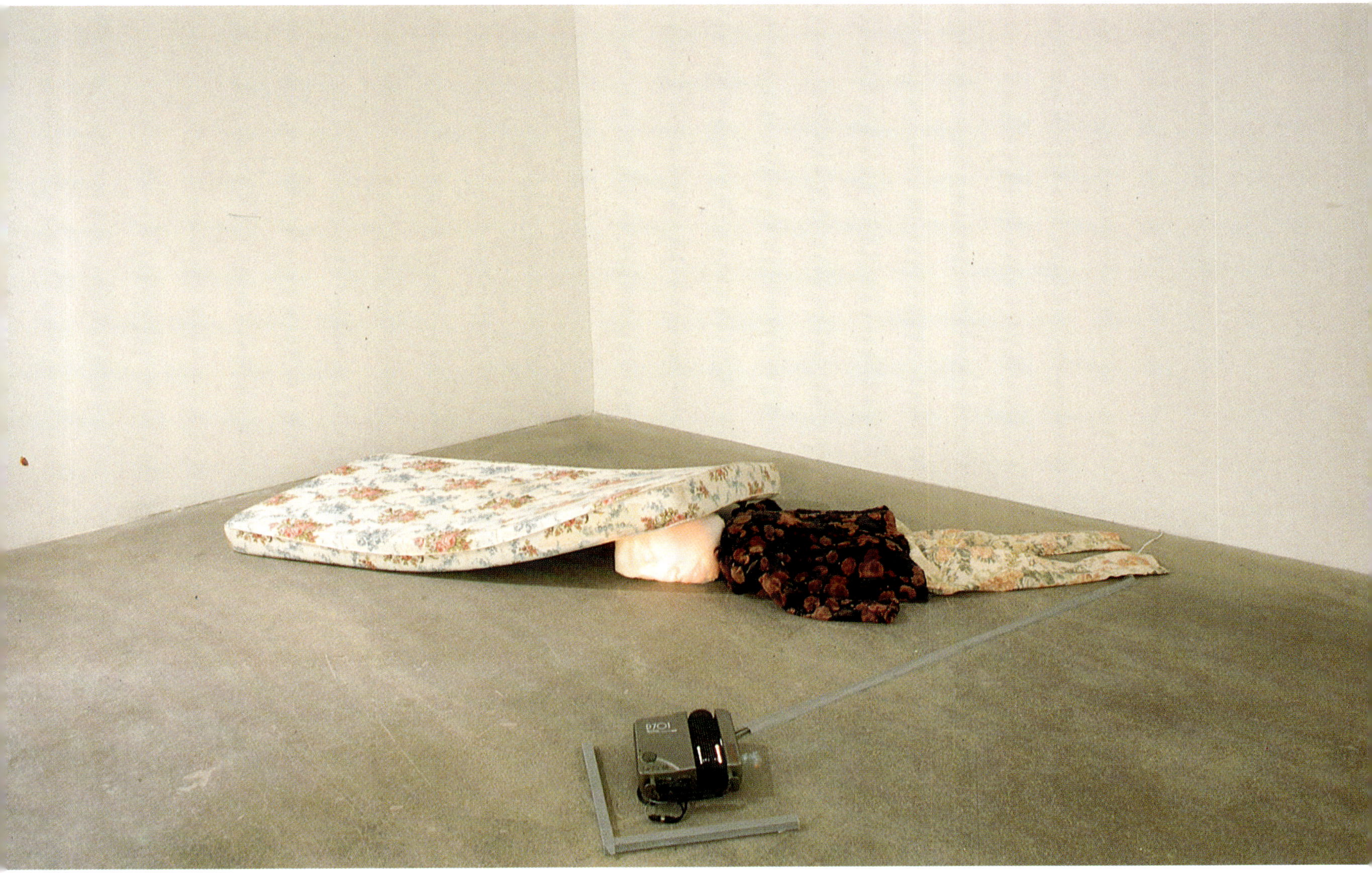

Christian Schumann
Hoot (*Grido*), 1995

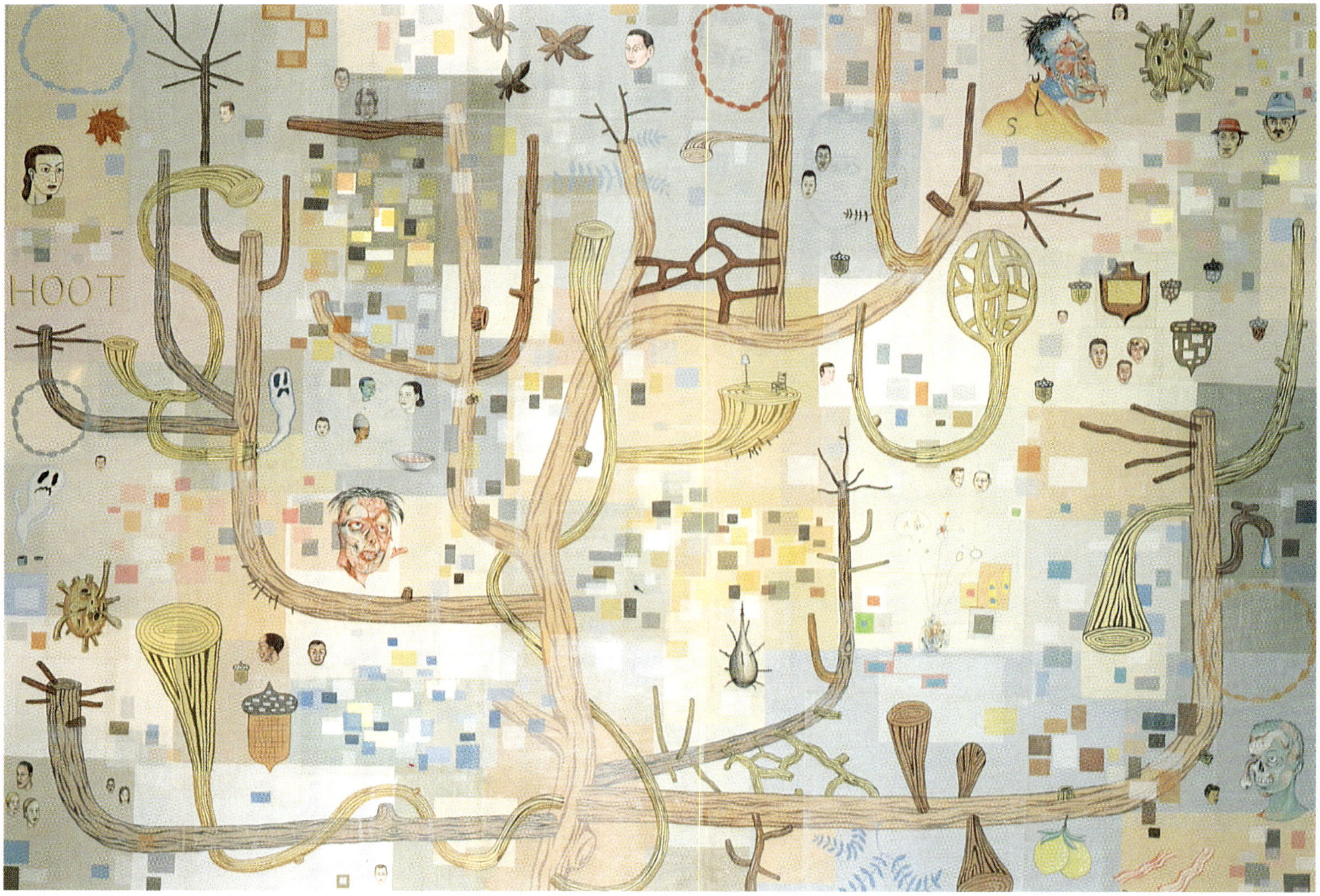

Jack Pierson
Will You Still Love Me Tomorrow?
(*Domani mi amerai ancora?*), 1994

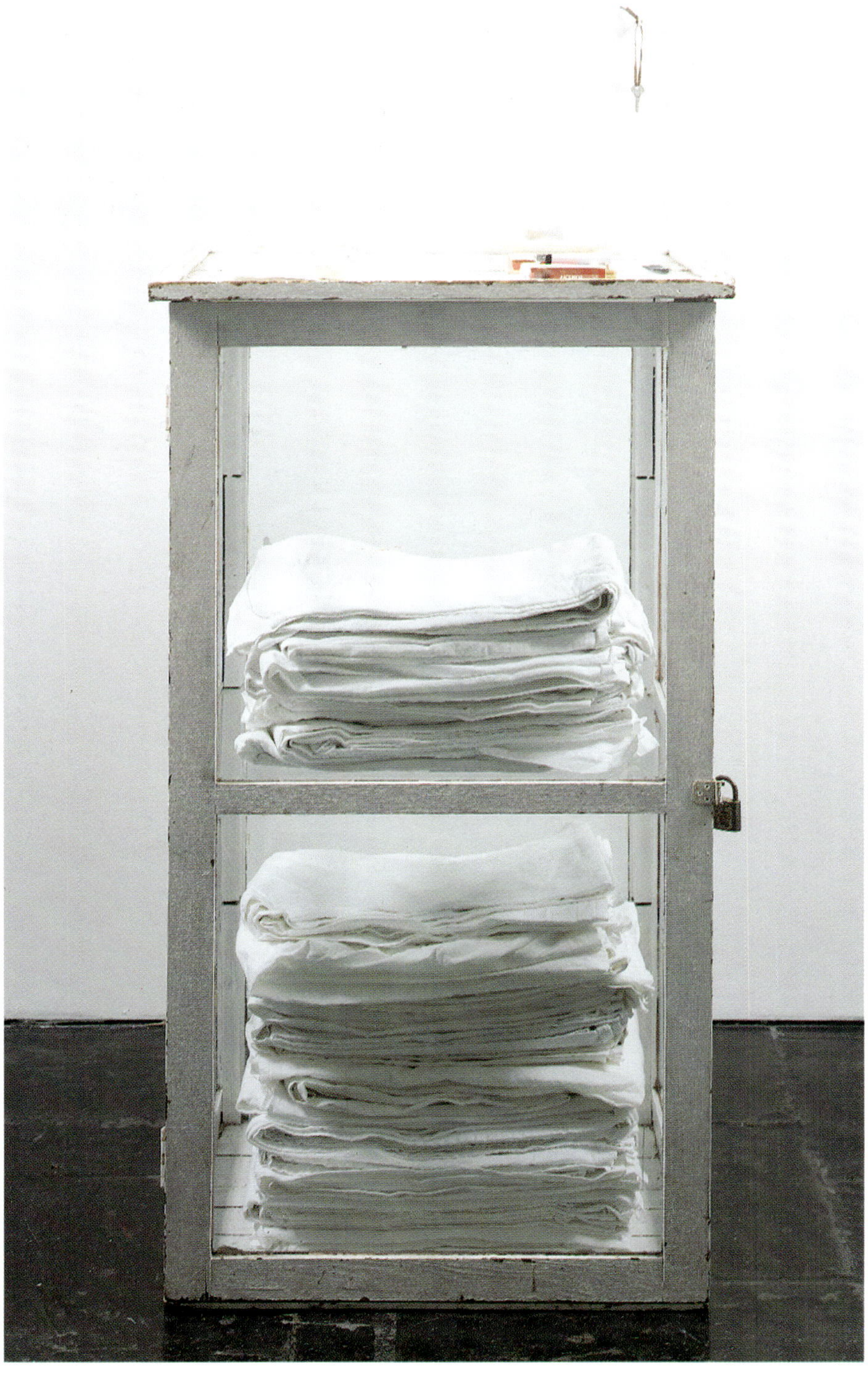

Nicole Eisenman
Lemonade Stand (*Chiosco della limonata*), 1994

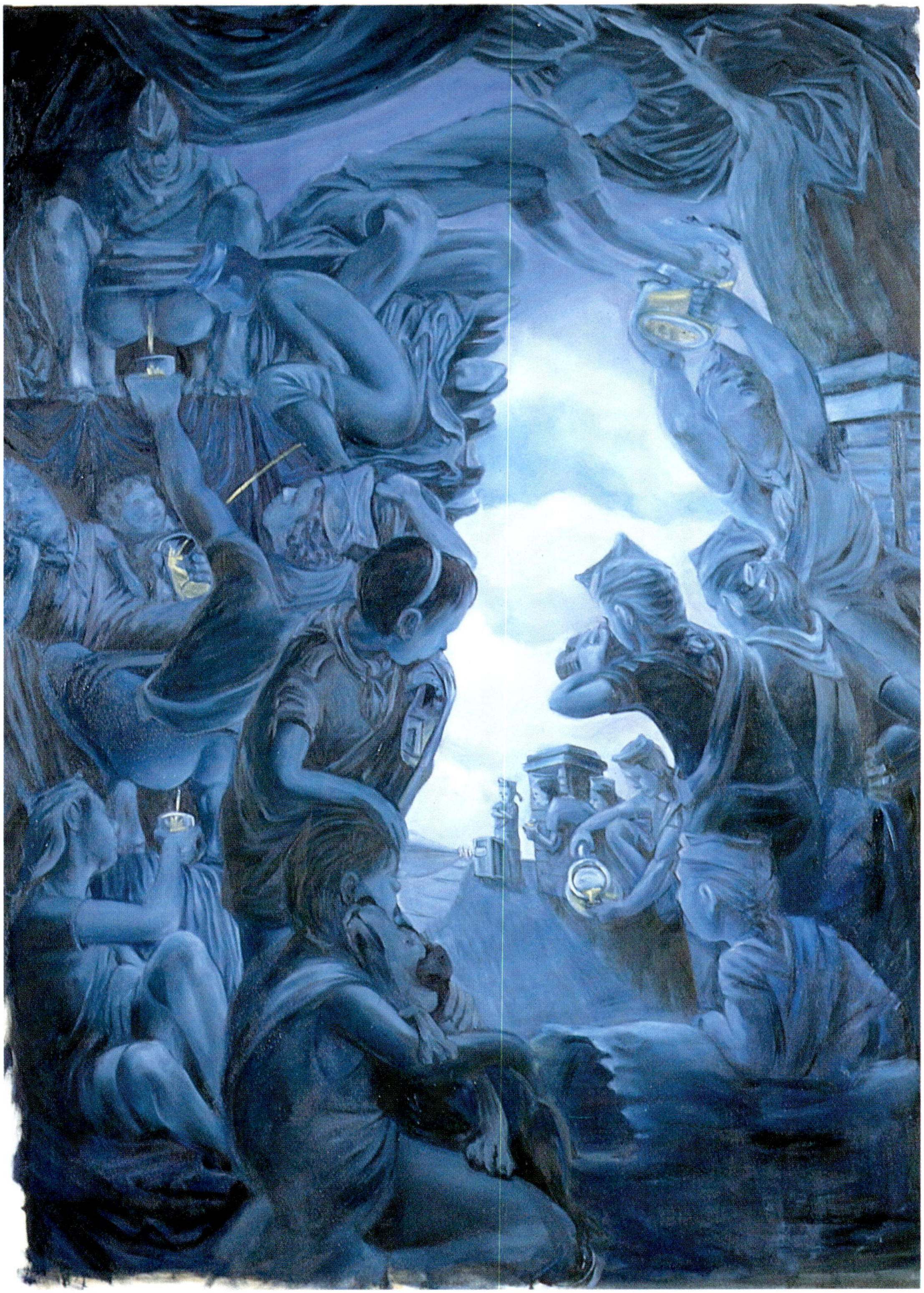

Diana Thater
Scarlet McCaw Crayons (*Pastelli scarlatti McCaw*),
1995

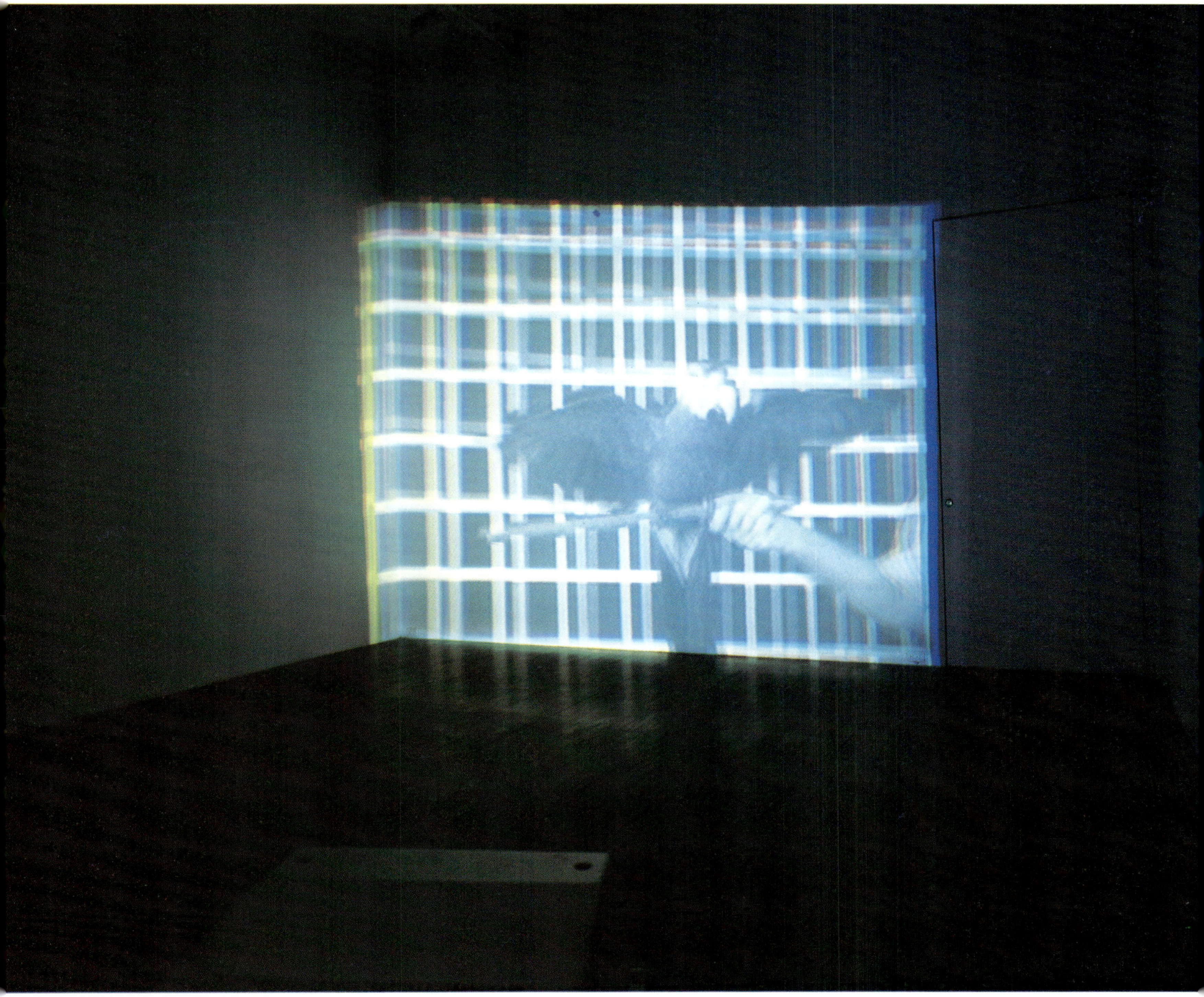

Charles Ray
Puzzle Bottle (*Enigma della bottiglia*), 1995

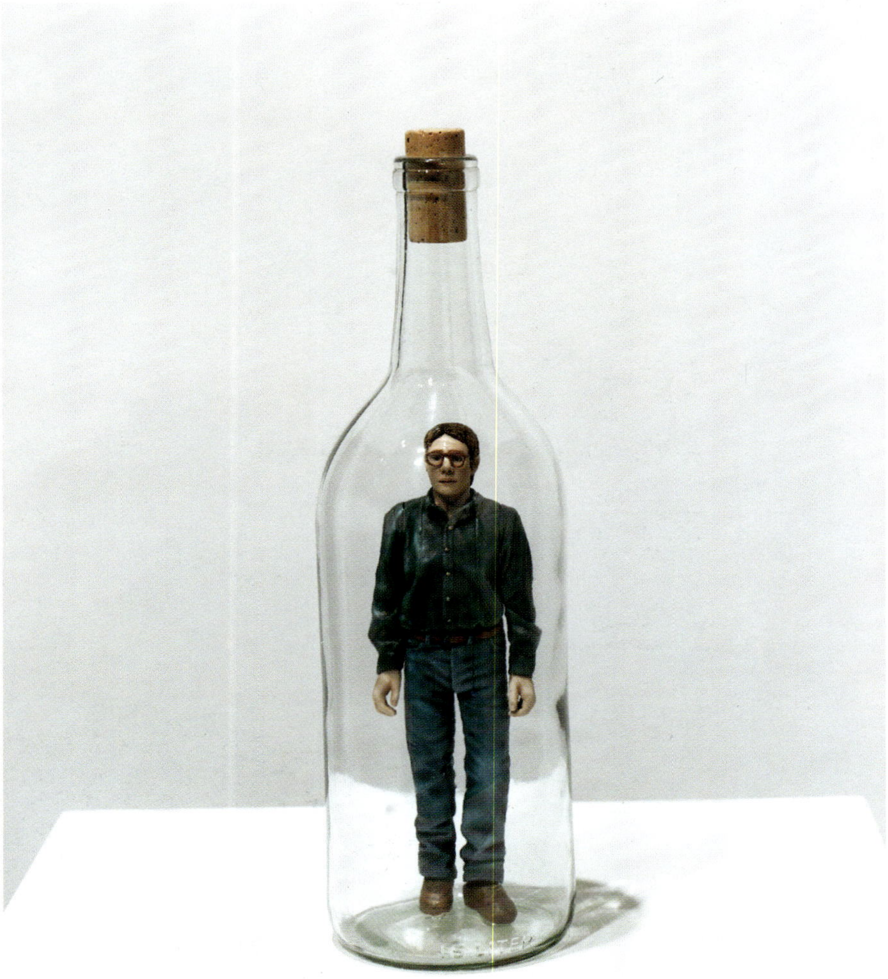

Elenco delle opere

Helen Frankenthaler
Flood (*Inondazione*), 1967
polimero sintetico su tela
315 x 355,6 cm
Whitney Museum of American Art, New York
Acquisito con il contributo degli Amici del Whitney Museum of American Art
pag. 53

Ellsworth Kelly
Atlantic (*Atlantico*), 1956
olio su tela
due elementi, 203,2 x 289,6 cm
Whitney Museum of American Art, New York
pag. 51

Franz Kline
Dahlia (*Dalia*), 1959
olio su tela
208,3 x 170,2 cm
Whitney Museum of American Art, New York
Acquisito con il contributo di un gruppo anonimo di amici del Whitney Museum of American Art
pag. 47

Barnett Newman
Day One (*Il primo giorno*), 1951-52
olio su tela
355 x 127,6 cm
Whitney Museum of American Art, New York
Dono degli Amici del Whitney Museum of American Art
pag. 49

Ad Reinhardt
Number 17 (*Numero 17*), 1953
olio, tempera su tela
197,5 x 197,5 cm
Whitney Museum of American Art, New York
pag. 45

Frank Stella
Gran Cairo, 1962
polimero sintetico su tela
217,2 x 217,2 cm
Whitney Museum of American Art, New York
Acquisito con il contributo degli Amici del Whitney Museum of American Art
pag. 55

Nicholas Africano
Sprained Ankle (*Caviglia slogata*), 1977
linoleum, olio, acrilico, cera, filo metallico, legno
figura femminile, 17,3 x 5,1 x 0,6 cm;
figura maschile, 14,6 x 14,6 x 0,6 cm;
base, 4,4 x 54 x 20,3 cm
Whitney Museum of American Art, New York
Dono di Holly e Horace Solomon
pag. 66

Carl Andre
Twenty-Ninth Copper Cardinal (*Il ventinovesimo numero cardinale in rame*), 1975
rame, ventinove elementi
5 x 1473,2 cm
Whitney Museum of American Art, New York
Acquisito con il contributo di Gilman Foundation, Inc. e del National Endowment for the Arts
pag. 58

Alice Aycock
Untitled (Shanty) (*Senza titolo - Capanna*), 1978
legno
137,2 x 76,2 x 76,2 cm
Whitney Museum of American Art, New York
Dono di Raymond J. Learsy
pag. 71

Jennifer Bartlett
Falcon Avenue, Seaside Walk, Dwight Street, Jarvis Street, Greene Street (*Falcon Avenue, Passeggiata a mare, Dwight Street, Jarvis Street, Greene Street*), 1976
smalto, serigrafia su acciaio
129,5 x 657,9 cm
Whitney Museum of American Art, New York
Acquisito con il contributo di Louis and Bessie Adler Foundation, Inc., del presidente Seymour M. Klein e del National Endowment for the Arts
pag. 63

Jean-Michel Basquiat
"LNAPRK", 1982
polimero sintetico, pastello a olio su tela
186,7 x 183,5 cm
Whitney Museum of American Art, New York
Dono di June e Paul Schorr per il sessantesimo anniversario del Whitney Museum of American Art
pag. 77

Lynda Benglis
Bravo 2, 1975-76
rame, acciaio, stagno, zinco su intonaco,

cotone, supporto in alluminio
132 x 53,3 x 76,2 cm
Whitney Museum of American Art, New York
Acquisito con il contributo di Burroughs Wellcome Purchase Fund e di Neysa McMein Purchase Award
pag. 62

Ashley Bickerton
Stratified Landscape #1 (*Paesaggio stratificato n. 1*), 1989
acciaio corroso, rame corroso, alluminio anodizzato, lana di vetro, cuoio, tela, legno, rete, corde, semi, resina, alghe decomposte, corallo 259 x 134 x 77,5 cm
Whitney Museum of American Art, New York
Acquisito con il contributo del Painting and Sculpture Committee
pag. 88

Nayland Blake
Shiny #1 (*Lucido n.1*), 1990
lattice, acciaio
142,2 x 22,9 x 14 cm
Whitney Museum of American Art, New York
Dono di Barbara e Eugene Schwartz
pag. 92

Jonathan Borofsky
Running People at 2,616,216 (*Gente che corre a 2,616,216*), 1979
lattice su parete
dimensioni determinate dall'ambiente
Whitney Museum of American Art, New York
Acquisito con il contributo del Painting and Sculpture Committee
pag. 70

Roger Brown
XXX Exxon, 1989
olio su tela con animali tassidermizzati, pietre, asfalto liquido
187,3 x 125,7 x 33 cm
Whitney Museum of American Art, New York
Dono di Laila Twigg-Smith
pag. 91

Chris Burden
America's Darker Moments (*I momenti più bui d'America*), 1994
latta dipinta, legno, specchi, plexiglass, vetro, lampade fluorescenti
142,7 x 99 x 94 cm
Whitney Museum of American Art, New York
Acquisito con il contributo del Painting and Sculpture Committee
pag. 110

Peter Cain
Z, 1989
olio su tela
148 x 178 cm
Whitney Museum of American Art, New York
Acquisito con il contributo del Painting and Sculpture Committee
pag. 96

Mel Chin
HOMEySEW 9, 1994
pistola Glock da 9mm, kit per ferite da arma da fuoco
4,8 x 41,3 x 15,2 cm
Whitney Museum of American Art, New York
Acquisito con il contributo del Contemporary Painting and Sculpture Committee
pag. 107

Study for HOMEySEW 9 (*Studio per HOMEySEW 9*), 1994
inchiostro su metallo smaltato deteriorato
43,2 x 43,2 cm
Whitney Museum of American Art, New York
Dono di Ken Chin
Non riprodotto

Robert Colescott
The Three Graces: Art, Sex and Death (*Le tre Grazie: Arte, Sesso e Morte*), 1981
polimero sintetico su tela
213,4 x 182,6 cm
Whitney Museum of American Art, New York
Dono di Raymond J. Learsy
pag. 72

Carroll Dunham
Pine Gap (*Fenditura nel tronco di un pino*), 1985-86
tecnica mista su legno impiallacciato
195,6 x 104 cm
Whitney Museum of American Art, New York
Acquisito con il contributo di Mnuchin Foundation
pag. 82

Jimmie Durham
Self-Portrait (*Autoritratto*), 1986
tela, legno, pittura, metallo, capelli sintetici, pelo, penne, conchiglia, filo
198 x 76,2 x 22,9 cm
Whitney Museum of American Art, New York
Acquisito con il contributo del Contemporary Painting and Sculpture Committee
pag. 83

Nicole Eisenman
Lemonade Stand (*Chiosco della limonata*), 1994
olio su tela
231,5 x 162,6 cm
Whitney Museum of American Art, New York
Acquisito con il contributo di Joanne Leonhardt Cassullo
pag. 114

R.M. Fischer
Desk Set (*Completo da scrivania*), 1987-88
alluminio, ghisa, acciaio, ottone, luce elettrica
152 x 122,2 x 83,5 cm
Whitney Museum of American Art, New York
Acquisito con il contributo di Mrs. Percy Uris Purchase Fund
Non riprodotto

Ellen Gallagher
Afro Mountain (*Montagna africana*), 1994

inchiostro e carta su tela
213 x 183,5 cm
Whitney Museum of American Art, New York
Donazione anonima
pag. 108

Leon Golub
White Squad V (*Squadrone bianco V*), 1984
acrilico su tela
304,8 x 408,9 cm
Whitney Museum of American Art, New York
The Eli Broad Family Foundation, Santa Monica
pag. 80

Nancy Graves
Cantileve, 1983
bronzo con patina policroma
248,9 x 172,7 x 137,2 cm
Whitney Museum of American Art, New York
Acquisito con il contributo del Painting and Sculpture Committee
pag. 76

Peter Halley
The Acid Test (*Prova dell'acido*), 1991-92
Day-Glo, Roll-a-Tex, polimero sintetico su tela
quattro elementi, 228,9 x 463 cm
Whitney Museum of American Art, New York
Acquisito con il contributo di Louis and Bessie Adler Foundation, Inc. e del Painting and Sculpture Committee
pag. 94

David Hammons
Untitled (*Senza titolo*), 1992
rame, filo di rame, capelli, pietra, tessuto, filo
h. 152,4 cm
Whitney Museum of American Art, New York
Acquisito con il contributo di Mrs. Percy Uris Bequest e del Painting and Sculpture Committee
pag. 95

Keith Haring
Untitled (*Senza titolo*), 1983-84
pennarello su pelle
222,3 x 217,5 cm
Whitney Museum of American Art, New York
Acquisito con il contributo del Drawing Committee
pag. 73

David Ireland
Northwest Version #2 (*Versione Nord-ovest n. 2*), 1987
vaschetta in metallo, olio di cedro, latta d'olio dipinta, cemento, filo di rame, pinza in metallo, tessuto su tronco dipinto
134,9 x 45 x 30,5 cm
Whitney Museum of American Art, New York
Dono di Kelli e Allen Questrom
pag. 85

Neil Jenney
North America Abstracted (*Nord America astratto*), 1978-80
olio su legno
96,5 x 216,5 x 13,3 cm
Whitney Museum of American Art, New York
Acquisito con il contributo di Burroughs Wellcome Purchase Fund, di Wilfred P. and Rose J. Cohen Purchase Fund e del Painting and Sculpture Committee
pag. 69

Mike Kelley
More Love Hours Than Can Ever Be Repaid and *The Wages of Sin* (*Più ore d'amore di quante possano mai essere ricambiate* e *La retribuzione del peccato*), 1987
pupazzi in stoffa, tappeti, lana, granoturco; candele in cera, legno, metallo
228,6 x 302,9 x 12,7 cm
Whitney Museum of American Art, New York
Acquisito con il contributo del Painting and Sculpture Committee
pag. 87

Komar and Melamid
A Suite in Chrome Yellow. A Suicide in Bayonne (*Sequenza giallo cromo. Suicidio a Bayonne*), 1993
olio su tela, cinque elementi
137,2 x 198,4 cm; 137,5 x 198,4 cm; 137,5 x 198 cm; 137,5 x 198,4 cm; 137,5 x 198 cm
Whitney Museum of American Art, New York
Donazione promessa da Mr. and Mrs. Jean Deliagre
pag. 100-101

Jeff Koons
New Hoover Convertibles, Green, Blue; New Hoover Convertibles, Green, Blue; Double-decker (*Nuovi aspirapolvere convertibili, verde, blu; Nuovi aspirapolvere convertibili, verde, blu; due livelli*), 1981-87
aspirapolvere, plexiglass, lampade fluorescenti, ventidue elementi
294,6 x 104 x 71 cm
Whitney Museum of American Art, New York
Acquisito con il contributo di The Sondra and Charles Gilman, Jr. Foundation, Inc. e del Painting and Sculpture Committee
pag. 74

Sol LeWitt
A six-inch (15cm) grid covering each of the four black walls. White lines to points on the grids. 1st wall: 24 lines from the center; 2nd wall: 12 lines from the midpoint of each of the sides; 3rd wall: 12 lines from each corner; 4th wall: 24 lines from the center, 12 lines from the midpoint of each of the sides, 12 lines from each corner (*Reticolato di sei pollici (15 cm) che ricopre ciascuna delle quattro pareti nere. Linee bianche per segnare il reticolato. Prima parete, ventiquattro linee dal centro; seconda parete, dodici linee dal centro di ciascun lato; terza parete, dodici linee da ciascun angolo; quarta parete, ventiquattro linee dal centro, dodici linee dal centro di ciascun lato, dodici linee da ciascun angolo*), 1976
pastello bianco e grafite nera su pareti dipinte di nero
dimensioni determinate dall'ambiente
Whitney Museum of American Art, New York
Acquisito con il contributo di Gilman Foundation, Inc.
pag. 61

Sherrie Levine
"La Fortune" (After Man Ray: 4) (*"La Fortuna"- da Man Ray: 4*), 1990
feltro, mogano, palle da biliardo
83,8 x 279,4 x 152,4 cm
Whitney Museum of American Art, New York
Acquisito con il contributo di Joanne Leonhardt Cassullo, Beth Rudin DeWoody, Eugene Schwartz e Robert Sosnick
pag. 89

Glenn Ligon
Untitled (I Am Not Tragically Colored) (*Senza titolo - Non sono tragicamente di colore*), 1990
pastello a olio, gesso su pannello
203,2 x 76,4 x 3,8 cm
Whitney Museum of American Art, New York
Donazione promessa da The Bohen Foundation in onore di Tom Armstrong
pag. 90

Untitled (I Do Not Always Feel Colored) (*Senza titolo - Non sempre mi sento di colore*), 1990
pastello a olio, gesso su pannello
203,2 x 76,4 x 3,8 cm
Whitney Museum of American Art, New York
Donazione promessa da The Bohen Foundation in onore di Tom Armstrong
pag. 90

Robert Lobe
Facial Structure (*Struttura facciale*), 1986
alluminio anodizzato battuto, otto elementi
299,7 x 385,4 x 276,9 cm
Whitney Museum of American Art, New York
Acquisito con il contributo di Louis and Bessie Adler Foundation, Inc., presidente Seymour M. Klein
pag. 84

Agnes Martin
Untitled #11 (*Senza titolo n.11*), 1977
grafite, gesso su tela
182,9 x 182,9 cm
Whitney Museum of American Art, New York
Dono dell'American Art Foundation
pag. 60

Ana Mendieta
Untitled, from the series *Fetish* (*Senza titolo*, dalla serie *Feticcio*), 1977
stampa cromogenica montata su cartone
50,8 x 33,7 cm
Whitney Museum of American Art, New York
Acquisito con il contributo del Photography Committee
pag. 68

Untitled (*Senza titolo*), 1979
stampa cromogenica montata su cartone
51 x 33,2 cm

Whitney Museum of American Art, New York
Acquisito con il contributo del Photography Committee
Non riprodotto

John Miller
Untitled (*Senza titolo*), 1988
polimero sintetico, impasto per modellare, plastica, poliuretano espanso, cartapesta
85 x 123,2 x 112 cm
Whitney Museum of American Art, New York
Acquisito con il contributo del Painting and Sculpture Committee
pag. 86

Frank Moore
Study for Yosemite (*Studio per Yosemite*), 1993-94
gouache, inchiostro, grafite, acquerello su carta in cornice di legno, pigna, tappo di bottiglia, plastica
52,4 x 67,3 cm
Whitney Museum of American Art, New York
Acquisito con il contributo del Drawing Committee
Non riprodotto

Mark Morrisroe
Jack with Parakeet and Watching Cats (*Ragazzo con pappagallo e gatti che osservano*), 1980 ca.
stampa cromogenica
50,6 x 40,5 cm
Whitney Museum of American Art, New York
Dono di Barbara e Eugene Schwartz
Non riprodotto

Untitled (Self-Portrait Standing in the Shower) (*Senza titolo - Autoritratto sotto la doccia*), 1981
cibachrome
50,8 x 40,6 cm
Whitney Museum of American Art, New York
Acquisito con il contributo del Photography Committee
pag. 79

I Dream of Jeannie (Stephen Tashjian's Head) (*Io sogno Jeannie. Testa di Stephen Tashjian*), 1983
cibachrome
50,8 x 40,6 cm
Whitney Museum of American Art, New York
Acquisito con il contributo del Photography Committee
pag. 78

Figure Study: Artist at Home (*Studio di figura: artista a casa*), 1985
stampa cromogenica
46,7 x 39,4 cm
Whitney Museum of American Art, New York
Dono di Barbara e Eugene Schwartz
Non riprodotto

Untitled (Self-Portrait with Broken Arm) (*Senza titolo - Autoritratto con braccio rotto*), 1985
stampa cromogenica
50,6 x 40,6 cm
Whitney Museum of American Art, New York
Acquisito con il contributo del Photography Committee
pag. 79

Sweet Raspberry/Spanish Madonna (Self-Portrait) (*Lampone dolce/Madonna spagnola - autoritratto*), 1986
stampa cromogenica
50,6 x 40,6 cm
Whitney Museum of American Art, New York
Acquisito con il contributo del Photography Committee
Non riprodotto

Elizabeth Murray
Children Meeting (*Riunione di bambini*), 1978
olio su tela
256,5 x 322,6 cm
Whitney Museum of American Art, New York
Acquisito con il contributo di Louis and Bessie Adler Foundation, Inc., presidente Seymour M. Klein
pag. 67

Catherine Opie
Mike and Sky (*Mike e Sky*), 1992
stampa cromogenica Ilfocolor
50,8 x 40,6 cm
Whitney Museum of American Art, New York
Acquisito con il contributo del Photography Committee
pag. 98

Self-Portrait (*Autoritratto*), 1993
stampa cromogenica Fujicolor montata su cartone
100 x 76 cm
Whitney Museum of American Art, New York
Acquisito con il contributo del Photography Committee
pag. 99

Ron Athey, 1994
stampa cromogenica montata su cartone
144,8 x 71,6 cm
Whitney Museum of American Art, New York
Dono di Norman Dubrow
pag. 97

Dennis Oppenheim
Lecture #1 (*Conferenza n.1*), 1976-83
manichino in legno e alluminio, feltro, leggio in acciaio, lampada in ottone, quarantotto sedie in legno, registrazione stereo
manichino, 74,9 x 33 x 33 cm; leggio, 59,7 x 38,1 x 53,3 cm; sedia, 44,5 x 19,7 x 19,7 cm
Whitney Museum of American Art, New York
Dono del Professor Donald Wall
pag. 64

Tony Oursler
Getaway #2 (*Fuga n. 2*), 1994
materasso, tessuto, video proiettore, lettore, disco laser
40,6 x 298,5 x 218,4 cm
Whitney Museum of American Art, New York

Acquisito con il contributo del Contemporary Painting and Sculpture Committee
pag. 111

Jack Pierson
Will You Still Love Me Tomorrow? (Domani mi amerai ancora?), 1994
vetro, legno, lenzuola in lino, grafite su carta, brossure, pietre, conchiglia, sigarette, accendino, pettine, gancio per tazze, lucchetto con chiave
mobiletto, 109,9 x 60,8 x 59,4 cm;
disegno, 33 x 24,6 cm;
lenzuolo di lino piegato, 43,2 x 38,1 cm
Whitney Museum of American Art, New York
Acquisito con il contributo di Barbara e Eugene Schwartz
pag. 113

Lari Pittman
Untitled #16 (A Decorated Chronology of Insistence and Resignation) (Senza titolo n.16 - Cronologia decorata di insistenza e rassegnazione), 1993
polimero sintetico, smalto, paillettes su legno
213,4 x 152,6 cm
Whitney Museum of American Art, New York
Dono di Peter Norton
pag. 104

Charles Ray
Puzzle Bottle (Enigma della bottiglia), 1995
vetro, legno dipinto, tappo
34 x 9,5 x 9,5 cm
Whitney Museum of American Art, New York
Acquisito con il contributo del Contemporary Painting and Sculpture Committee e di Barbara e Eugene Schwartz
pag. 116

Jason Rhoades
Swedish Erotica and Fiero Parts (Erotica svedese e parti di un "Fiero"), 1994
tecnica mista
dimensioni determinate dall'ambiente
Whitney Museum of American Art, New York
Donazione promessa da Thea Westreich e Ethan J. Wagner
pag. 109

Martha Rosler
The Bowery in Two Inadequate Descriptive Systems (La Bowery in due sistemi descrittivi inadeguati), 1974-75
stampa gelatino bromuro d'argento, tavole di supporto
tavole di supporto, 30 x 60 cm ciascuna
Whitney Museum of American Art, New York
Acquisito con il contributo di John L. Steffens
pag. 57

Susan Rothenberg
Holding the Floor (Al centro dell'attenzione), 1985
olio su tela
221 x 373,5 cm
Whitney Museum of American Art, New York
Acquisito con il contributo del Painting and Sculpture Committee
pag. 81

Allen Ruppersberg
Remainders: Novel, Sculpture, Film (Rimanenze: romanzo, scultura, cinema), 1991
centoventotto libri, cinque scatole di cartone, tavolo, segnalibro
tavolo, 74,9 x 121,3 x 76,2 cm;
libri, 21,6 x 15,9 x 2,5 cm;
libri, 21,6 x 15,9 x 4,4 cm;
libri, 19,1 x 12,7 x 3,8 cm;
libri, 19,1 x 12,7 x 1,9 cm;
scatole, 29,2 x 45,1 x 29,5 cm;
segnalibro, 5,1 x 20,3 cm
Whitney Museum of American Art, New York
Acquisito con il contributo di Barbara e Eugene Schwartz
pag. 93

Alison Saar
Skin/Deep (A fior di pelle), 1993
latta, chiodi, rame
208,3 x 213,4 x 6,4 cm
Whitney Museum of American Art, New York
Acquisito con il contributo del Painting and Sculpture Committee
pag. 103

David Salle
Splinter Man (Uomo-scheggia), 1982
olio e acrilico su tela, due elementi
248,9 x 497,8 cm
Whitney Museum of American Art, New York
Acquisito con il contributo di Mr. and Mrs. Charles M. Diker
pag. 75

Christian Schumann
Hoot (Grido), 1995
polimero sintetico, matita colorata, carta su tela
152,6 x 213,7 cm
Whitney Museum of American Art, New York
Donazione promessa da Norman Dubrow
pag. 112

Joel Shapiro
Untitled (House on Field) (Senza titolo - Casa sul campo), 1975-76
bronzo su base in legno
53 x 73,3 x 54,8 cm
Whitney Museum of American Art, New York
Acquisito con il contributo di Mrs. Oscar Kolin
pag. 59

Cindy Sherman
Untitled #311 (Senza titolo n.311), 1994
cibachrome
188 x 125 cm
Whitney Museum of American Art, New York
Dono di The Eli Broad Family Foundation
pag. 105

Gary Simmons
Step in the Arena (The Essentialist Trap) (Passo nell'arena - Trappola essenzialista), 1994
legno, metallo, tela, scamosciato sintetico, pigmento, corde, scarpe
215,9 x 304,8 x 304,8 cm
Whitney Museum of American Art, New York
Dono di Peter Norton Family Foundation
Non riprodotto

Diana Thater
Scarlet McCaw Crayons (Pastelli scarlatti McCaw), 1995
video proiettore con lettore di disco laser
Whitney Museum of American Art, New York
Collezione privata
pag. 115

Fred Tomaselli
Ocotillo Nocturne (Ocotillo notturno), 1993
polimero sintetico, resina, compresse, foglie di canapa su legno
182,9 x 137,5 cm
Whitney Museum of American Art, New York
Acquisito con il contributo del Painting and Sculpture Committee
pag. 102

Lawrence Weiner
Here, There, & Everywhere (Qui, là, & dovunque), 1989
installazione a parete
dimensioni determinate dall'ambiente
Whitney Museum of American Art, New York
Acquisito con il contributo del Contemporary Painting and Sculpture Committee
pag. 65

Jack Whitten
Beta Group Number One (Gruppo Beta numero uno), 1975
olio su tela
102,2 x 173 cm
Whitney Museum of American Art, New York
Dono di Flora Miller Biddle
Non riprodotto

Sue Williams
The Hose (Il tubo), 1994
polimero sintetico, olio su tela
213,4 x 182,9 cm
Whitney Museum of American Art, New York
Acquisito con il contributo del Contemporary Painting and Sculpture Committee
pag. 106

List of Works

Helen Frankenthaler
Flood, 1967
synthetic polymer on canvas
124 x 140"
Whitney Museum of American Art, New York
Purchase, with funds from the Friends of the Whitney Museum of American Art
p. 53

Ellsworth Kelly
Atlantic, 1956
oil on canvas
two panels, 80 x 114" overall
Whitney Museum of American Art, New York
Purchase
p. 51

Franz Kline
Dahlia, 1959
oil on canvas
82 x 67"
Whitney Museum of American Art, New York
Purchase, with funds from an anonymous group of friends of the Whitney Museum of American Art
p. 47

Barnett Newman
Day One, 1951-52
oil on canvas
132 x 50 $^{1}/_{4}$"
Whitney Museum of American Art, New York
Gift of the Friends of the Whitney Museum of American Art
p. 49

Ad Reinhardt
Number 17 - 1953, 1953
oil and tempera on canvas
77 $^{3}/_{4}$ x 77 $^{3}/_{4}$ "
Whitney Museum of American Art, New York
Purchase
p. 45

Frank Stella
Gran Cairo, 1962
synthetic polymer on canvas
85 $^{1}/_{2}$ x 85 $^{1}/_{2}$"
Whitney Museum of American Art, New York
Purchase, with funds from the Friends of the Whitney Museum of American Art
p. 55

Nicholas Africano
Sprained Ankle, 1977
linoleum, oil, acrylic, wax, metal wire, and wood
woman: 6 $^{13}/_{16}$ x 2 $^{1}/_{4}$; man: 5 $^{3}/_{4}$ x 5 $^{3}/_{4}$ x $^{1}/_{4}$; base: 1 $^{3}/_{4}$ x 21 $^{1}/_{4}$ x 8"
Whitney Museum of American Art, New York
Gift of Holly and Horace Solomon
p. 66

Carl Andre
Twenty-Ninth Copper Cardinal, 1975
copper, 29 units
$^{3}/_{16}$ x 580" overall
Whitney Museum of American Art, New York
Purchase, with funds from the Gilman Foundation, Inc., and the National Endowment for the Arts
p. 58

Alice Aycoc
Untitled (Shanty), 1978
wood
54 x 30 x 30"
Whitney Museum of American Art, New York
Gift of Raymond J. Learsy
p. 71

Jennifer Bartlett
Falcon Avenue, Seaside Walk, Dwight Street, Jarvis Street, Greene Street, 1976
enamel on steel, baked enamel, and silk-screen grid
51 x 259"
Whitney Museum of American Art, New York
Purchase, with funds from the Louis and Bessie Adler Foundation, Inc., Seymour M. Klein, President, and the National Endowment for the Arts
p. 63

Jean-Michel Basquiat
"LNAPRK," 1982
synthetic polymer and oil stick on canvas
73$^{1}/_{2}$ x 72 $^{1}/_{2}$"
Whitney Museum of American Art, New York
Gift of June and Paul Schorr in honor of the 60th Anniversary of the Whitney Museum of American Art
p. 77

Lynda Benglis
Bravo 2, 1975-76
copper, steel, tin, and zinc on plaster, cotton bunting, and aluminum screen
52 x 21 x 30"

Whitney Museum of American Art, New York
Purchase, with funds from the Burroughs Wellcome Purchase Fund and the Neysa McMein Purchase Award
p. 62

Ashley Bickerton
Stratified Landscape #1, 1989
corroded steel, corroded copper, anodized aluminum, fiberglass, leather, canvas, wood, netting, ropes, beans, resin, decomposed seaweed, and coral
102 x 52 3/4 x 30 1/2"
Whitney Museum of American Art, New York
Purchase, with funds from the Painting and Sculpture Committee
p. 88

Nayland Blake
Shiny #1, 1990
latex and steel; 56 x 9 x 5 1/2" overall
Whitney Museum of American Art, New York
Gift of Barbara and Eugene Schwartz
p. 92

Jonathan Borofsky
Running People at 2,616,216, 1979
latex paint on wall and/or ceiling, dimensions variable
Whitney Museum of American Art, New York
Purchase, with funds from the Painting and Sculpture Committee
p. 70

Roger Brown
XXX Exxon, 1989
oil on canvas with taxidermed animals, stones, and liquid asphalt
73 3/4 x 49 1/2 x 13" overall
Whitney Museum of American Art, New York
Gift of Laila Twigg-Smith
p. 91

Chris Burden
America's Darker Moments, 1994
painted tin, wood, mirrors, plexiglass, glass and fluorescent lights
56 3/16 x 39 x 37"
Whitney Museum of American Art, New York
Purchase, with funds from the Painting and Sculpture Committee
p. 110

Peter Cain
Z, 1989
oil on canvas
58 1/4 x 70 1/8"
Whitney Museum of American Art, New York
Purchase, with funds from the Painting and Sculpture Committee
p. 96

Mel Chin
HOMEySEW 9, 1994
9mm Glock gun and emergency gunshot-trauma treatment kit
1 7/8 x 16 1/4 x 6" overall
Whitney Museum of American Art, New York
Purchase, with funds from the Contemporary Painting and Sculpture Committee
p. 107

Study for HOMEySEW 9, 1994
ink on distressed enameled metal
17 x 17"
Whitney Museum of American Art, New York
Gift of Ken Chin
Not reproduced

Robert Colescott
The Three Graces: Art, Sex and Death, 1981
synthetic polymer on canvas
84 x 71 1/8"
Whitney Museum of American Art, New York
Gift of Raymond J. Learsy
p. 72

Carroll Dunham
Pine Gap, 1985-86
mixed media on wood veneers
77 x 41"
Whitney Museum of American Art, New York
Purchase, with funds from The Mnuchin Foundation
p. 82

Jimmie Durham
Self-Portrait, 1986
canvas, wood, paint, metal, synthetic hair, fur, feathers, shell, and thread
78 x 30 x 9"
Whitney Museum of American Art, New York
Purchase, with funds from the Contemporary Painting and Sculpture Committee
p. 83

Nicole Eisenman
Lemonade Stand, 1994
oil on canvas
91 1/8 x 64"
Whitney Museum of American Art, New York
Purchase, with funds from Joanne Leonhardt Cassullo
p. 114

R.M. Fischer
Desk Set, 1987-88
aluminum, cast iron, steel, brass, and electric lights
59 7/8 x 48 1/8 x 32 7/8"
Whitney Museum of American Art, New York
Purchase, with funds from the Mrs. Percy Uris Purchase Fund
Not reproduced

Ellen Gallagher
Afro Mountain, 1994
ink and paper on canvas
83 7/8 x 72 1/4"
Whitney Museum of American Art, New York
Gift of an anonymous donor
p. 108

Leon Golub
White Squad V, 1984
acrylic on canvas
120 x 161"
Whitney Museum of American Art, New York
The Eli Broad Family Foundation, Santa Monica
p. 80

Nancy Graves
Cantileve, 1983
bronze with polychrome patina
98 x 68 x 54"
Whitney Museum of American Art, New York
Purchase, with funds from the Painting and Sculpture Committee
p. 76

Peter Halley
The Acid Test, 1991-92
Day-Glo acrylic, Roll-a-Tex, and synthetic polymer on canvas, 4 panels
90 1/8 x 182 5/16" overall
Whitney Museum of American Art, New York
Purchase, with funds from the Louis and Bessie Adler Foundation, Inc., and the Painting and Sculpture Committee
p. 94

David Hammons
Untitled, 1992
copper, wire, hair, stone, fabric, and thread
60" high
Whitney Museum of American Art, New York
Purchase, with funds from the Mrs. Percy Uris Bequest and the Painting and Sculpture Committee
p. 95

Keith Haring
Untitled, 1983-84
felt-tip pen on leather
87 1/2 x 85 5/8"
Whitney Museum of American Art, New York
Purchase, with funds from the Drawing Committee
p. 73

David Ireland
Northwest Version #2, 1987
metal pan, cedar oil, painted oil can, concrete, copper wire, metal clamp, and fabric on painted wood stool
53 1/8 x 17 3/4 x 12" overall
Whitney Museum of American Art, New York
Gift of Kelli and Allen Questrom
p. 85

Neil Jenney
North America Abstracted, 1978-80
oil on wood
38 x 85 1/4 x 5 1/4"
Whitney Museum of American Art, New York
Purchase, with funds from the Burroughs Wellcome Purchase Fund, the Wilfred P. and Rose J. Cohen Purchase Fund, and the

Painting and Sculpture Committee
p. 69

Mike Kelley
More Love Hours Than Can Ever Be Repaid and *The Wages of Sin*, 1987
stuffed fabric toys and afghans on canvas with dried corn; wax candles on wood and metal base
90 x 119 1/4 x 5"
Whitney Museum of American Art, New York
Purchase, with funds from the Painting and Sculpture Committee
p. 87

Komar and Melamid
A Suite in Chrome Yellow, 1993
oil on canvas, 5 paintings
54 x 78 1/8", 54 1/8 x 78 1/8 ", 54 1/8 x 78 ", 54 1/8 x 78 1/8", 54 1/8 x 78"
Whitney Museum of American Art, New York
Promised gift of Mr. and Mrs. Jean Deliagre
p. 100-101

Jeff Koons
New Hoover Convertibles, Green, Blue; New Hoover Convertibles, Green, Blue; Double-decker, 1981-87
vacuum cleaners, plexiglass, and fluorescent lights, 22 units
116 x 41 x 28" overall
Whitney Museum of American Art, New York
Purchase, with funds from The Sondra and Charles Gilman, Jr. Foundation, Inc., and the Painting and Sculpture Committee
p. 74

Sol LeWitt
A six-inch (15 cm) grid covering each of the four black walls. White lines to points on the grids. 1st wall: 24 lines from the center; 2nd wall: 12 lines from the midpoint of each of the sides; 3rd wall: 12 lines from each corner; 4th wall: 24 lines from the center, 12 lines from the midpoint of each of the sides,12 lines from each corner, 1976
white crayon lines and black graphite grid on black walls, dimensions variable
Whitney Museum of American Art, New York
Purchase, with funds from the Gilman Foundation, Inc.
p. 61

Sherrie Levine
"La Fortune "(After Man Ray: 4), 1990
felt, mahogany and billiard-balls
33 x 110 x 60"
Whitney Museum of American Art, New York
Purchase, with funds from Joanne Leonhardt Cassullo, Beth Rudin DeWoody, Eugene Schwartz, and Robert Sosnick
p. 89

Glenn Ligon
Untitled (I Am Not Tragically Colored), 1990
oil stick and gesso on panel
80 x 30 1/16 x 1 1/2"
Whitney Museum of American Art, New York
Promised gift of The Bohen Foundation in honor of Tom Armstrong
p. 90

Untitled (I Do Not Always Feel Colored), 1990
oil stick and gesso on panel
80 x 30 1/16 x 1 1/2"
Whitney Museum of American Art, New York
Promised gift of The Bohen Foundation in honor of Tom Armstrong
p. 90

Robert Lobe
Facial Structure, 1986
hammered anodized aluminum, 8 units
118 x 151 3/4 x 109" overall
Whitney Museum of American Art, New York
Purchase, with funds from the Louis and Bessie Adler Foundation, Inc., Seymour M. Klein, President
p. 84

Agnes Martin
Untitled #11, 1977
graphite and gesso on canvas
72 x 72"
Whitney Museum of American Art, New York
Gift of The American Art Foundation
p. 60

Ana Mendieta
Untitled, from the series *Fetish*, 1977
chromogenic print mounted on paperboard
20 x 13 1/4"
Whitney Museum of American Art, New York
Purchase, with funds from the Photography Committee
p. 68

Untitled, 1979
chromogenic print mounted on paperboard
20 1/16 x 13 1/16"
Whitney Museum of American Art, New York
Purchase, with funds from the Photography Committee
Not reproduced

John Miller
Untitled, 1988
synthetic polymer, modeling paste, and plastic model on styrofoam, plastic screen, and papier mâché
33 1/2 x 48 1/2 x 44 1/8"
Whitney Museum of American Art, New York
Purchase, with funds from the Painting and Sculpture Committee
p. 86

Frank Moore
Study for Yosemite, 1993-94
gouache, ink, graphite, and watercolor on paper in wood frame with pine cone, bottle cap, and plastic additions
20 5/8 x 26 1/2" overall
Whitney Museum of American Art, New York
Purchase, with funds from the Drawing Committee
Not reproduced

Mark Morrisroe
Jack with Parakeet and Watching Cats, 1980s
chromogenic print
19 15/16 x 15 15/16"
Whitney Museum of American Art, New York
Gift of Barbara and Eugene Schwartz
Not reproduced

Untitled (Self-Portrait Standing in the Shower), 1981
cibachrome print
20 x 16"
Whitney Museum of American Art, New York
Purchase, with funds from the Photography Committee
p. 79

I Dream of Jeannie (Stephen Tashjian's Head), 1983
cibachrome print
20 x 16"
Whitney Museum of American Art, New York
Purchase, with funds from the Photography Committee
p. 78

Figure Study: Artist at Home, 1985
chromogenic print
18 3/8 x 15 1/2"
Whitney Museum of American Art, New York
Gift of Barbara and Eugene Schwartz
Not reproduced

Untitled (Self-Portrait with Broken Arm), 1985
chromogenic print
19 15/16 x 16"
Whitney Museum of American Art, New York
Purchase, with funds from the Photography Committee
p. 79

Sweet Raspberry/Spanish Madonna (Self-Portrait), 1986
chromogenic print
19 15/16 x 16"
Whitney Museum of American Art, New York
Purchase, with funds from the Photography Committee
Not reproduced

Elizabeth Murray
Children Meeting, 1978
oil on canvas
101 x 127"
Whitney Museum of American Art, New York
Purchase, with funds from the Louis and Bessie Adler Foundation, Inc., Seymour M. Klein, President
p. 67

Catherine Opie
Mike and Sky, 1992
Ilfocolor chromogenic print
20 x 16"
Whitney Museum of American Art, New York
Purchase, with funds from the Photography Committee
p. 98

Self-Portrait, 1993
Fujicolor chromogenic print mounted on paperboard
39 5/8 x 29 15/16"
Whitney Museum of American Art, New York
Purchase, with funds from the Photography Committee
p. 99

Ron Athey, 1994
chromogenic print mounted on paperboard
57 x 28 3/16" sight
Whitney Museum of American Art, New York
Gift of Norman Dubrow
p. 97

Dennis Oppenheim
Lecture #1, 1976-83
wood and aluminum mannequin with felt suit; steel lectern with brass lamp; 48 wood chairs; and stereo recording
mannequin: 29 1/2 x 13 x 13"; lectern: 23 1/2 x 15 x 21"; each chair: 17 1/2 x 7 3/4 x 7 3/4"
Whitney Museum of American Art, New York
Gift of Professor Donald Wall
p. 64

Tony Oursler
Getaway #2, 1994
mattress, cloth, video projector, laserdisc player, and laserdisc
16 x 117 1/2 x 86" overall
Whitney Museum of American Art, New York
Purchase, with funds from the Contemporary Painting and Sculpture Committee
p. 111

Jack Pierson
Will You Still Love Me Tomorrow?, 1994
glass, wood, linen sheets, graphite on paper, paperback books, stones, shell, cigarettes, cigarette lighter, comb, cup hook, and padlock with key
cabinet: 43 1/4 x 23 15/16 x 23 3/8"; drawing: 13 x 9 11/16"; linen sheet, folded: 17 x 15" each
Whitney Museum of American Art, New York
Purchase, with funds from Barbara and Eugene Schwartz
p. 113

Lari Pittman
Untitled #16 (A Decorated Chronology of Insistence and Resignation), 1993
synthetic polymer, enamel, and glitter on wood
84 x 60 1/16"
Whitney Museum of American Art, New York
Gift of Peter Norton
p. 104

Charles Ray
Puzzle Bottle, 1995
glass, painted wood, and cork
13 3/8 x 3 3/4 x 3 3/4"
Whitney Museum of American Art, New York
Purchase, with funds from the Contemporary Painting and Sculpture Committee and Barbara and Eugene Schwartz
p. 116

Jason Rhoades
Swedish Erotica and Fiero Parts, 1994
mixed media, dimensions variable
Whitney Museum of American Art, New York
Promised gift of Thea Westreich and Ethan J. Wagner
p. 109

Martha Rosler
The Bowery in Two Inadequate Descriptive, 1974-75
gelatin silver print
backing board: 11 13/16 x 23 5/8 " each
Whitney Museum of American Art, New York
Purchase, with funds from John L. Steffens
p. 57

Susan Rothenberg
Holding the Floor, 1985
oil on canvas
87 x 147 1/16"
Whitney Museum of American Art, New York
Purchase, with funds from the Painting and Sculpture Committee
p. 81

Allen Ruppersberg
Remainders: Novel, Sculpture, Film, 1991
multiple consisting of 128 books, 5 packing cartons, 1 table, and 1 signed bookmark
wood, paper, and cardboard;
table: 29 1/2 x 47 3/4 x 30";
books: 8 1/2 x 6 1/4 x 1";
books: 8 1/2 x 6 1/4 x 1 3/4";
books: 7 1/2 x 5 x 1 1/2"; books: 7 1/2 x 5 x 3/4";
cartons: 11 1/2 x 17 3/4 x 11 5/8";
bookmark: 2 x 8"
Whitney Museum of American Art, New York
Purchase, with funds from Barbara and Eugene Schwartz
p. 93

Alison Saar
Skin/Deep, 1993
ceiling tin, nails, and copper
82 x 84 x 2 1/2"
Whitney Museum of American Art, New York
Purchase, with funds from the Painting and Sculpture Committee
p. 103

David Salle
Splinter Man, 1982
Oil and acrylic on canvas, 2 panels
98 x 196" overall
Whitney Museum of American Art, New York
Purchase, with funds from Mr. and Mrs. Charles M. Diker
p. 75

Christian Schumann
Hoot, 1995
synthetic polymer, colored pencil, and paper on canvas

60 1/16 x 84 1/8"
Whitney Museum of American Art, New York
Promised gift of Norman Dubrow
p. 112

Joel Shapiro
Untitled (House on Field), 1975-76
bronze on wood base
20 7/8 x 28 7/8 x 21 9/16" overall
Whitney Museum of American Art, New York
Purchase, with funds from Mrs. Oscar Kolin
p. 59

Cindy Sherman
Untitled #311, 1994
cibachrome print
74 x 49 1/4"
Whitney Museum of American Art, New York
Gift of The Eli Broad Family Foundation
p. 105

Gary Simmons
Step in the Arena (The Essentialist Trap), 1994
wood, metal, canvas, ultrasuede, pigment, ropes, and shoes
85 x 120 x 120"
Whitney Museum of American Art, New York
Gift of the Peter Norton Family Foundation
Not reproduced

Diana Thater
Scarlet McCaw Crayons, 1995
video projector with laserdisc player
Whitney Museum of American Art, New York
Private collection
p. 115

Fred Tomaselli
Ocotillo Nocturne, 1993
synthetic polymer, resin, drugs, and hemp leaves on wood
72 x 54 1/8"
Whitney Museum of American Art, New York
Purchase, with funds from the Painting and Sculpture Committee
p. 102

Lawrence Weiner
Here, There, & Everywhere, 1989
wall installation, dimensions variable
Whitney Museum of American Art, New York
Purchase, with funds from the Contemporary Painting and Sculpture Committee
p. 65

Jack Whitten
Beta Group Number One, 1975
oil on canvas
40 1/4 x 68 1/8"
Whitney Museum of American Art, New York
Gift of Flora Miller Biddle
Not reproduced

Sue Williams
The Hose, 1994
synthetic polymer and oil on canvas
84 x 72"
Whitney Museum of American Art, New York
Purchase, with funds from the Contemporary Painting and Sculpture Committee
p. 106

Biografie / Biographies

Frankenthaler, Helen
(New York, 1928)
Studia pittura dal 1946 al 1949 al Bennington College, in Vermont, e alla Art Students League di New York. I suoi lavori della fine degli anni Quaranta rivelano la conoscenza del cubismo di Picasso, acquisita grazie a Paul Feeley, insegnante al Bennington College. Nelle linee fluide e nelle forme organiche e sgargianti dei primi paesaggi astratti è altrettanto evidente l'influenza di Gorky e Kandinsky.
Nel 1950 instaura rapporti di amicizia con il critico Clement Greenberg e con molti espressionisti astratti. La mostra di Pollock del 1951 alla Betty Parsons Gallery influenzò il suo stile astratto. Partendo dalla tecnica pollockiana del *dripping* e dal suo automatismo di ispirazione surrealista, la Frankenthaler sviluppa un metodo originale nel quale spruzza e sgocciola i pigmenti diluiti su tele grezze, lasciando assorbire direttamente il colore. Grazie a questa tecnica, detta *stained canvas*, la Frankenthaler ottiene un'inedita uniformità di figura, colore e sfondo, che avrà un'importante influenza su altri pittori del "Color Field", in particolare Morris Louis e Kenneth Noland. I suoi quadri della seconda metà degli anni Cinquanta sono caratterizzati da uno sfondo nero su cui compaiono tratti calligrafici, vivaci chiazze e spruzzi di colore mentre a partire dalla metà degli anni Sessanta le forme diventano più grandi, meno indefinite, i colori più sgargianti e densi. Negli anni Settanta un unico colore occupa talvolta l'intero campo.
Dopo le personali tenute in numerose gallerie durante gli anni Cinquanta, il Jewish Museum di New York allestisce nel 1960 la prima importante mostra dedicata da un museo alla Frankenthaler. Un'ampia retrospettiva è organizzata nel 1969 dal Whitney Museum of American Art e dal Museum of Modern Art di New York.

Bibliografia essenziale/Selected Bibliography:
F. O'Hara, *Helen Frankenthaler: Paintings*, The Jewish Museum, New York, 1960.
E. C. Goossen, *Helen Frankenthaler*, Whitney Museum of American Art, New York, 1969.

Between 1946 and 1949, Helen Frankenthaler studied painting at Bennington College, Vermont, and at the Art Students League in New York. Her work of the late 1940s reveals an understanding of Picasso's Cubism, learned from Bennington instructor Paul Feeley. The influence of Gorky and Kandinsky is evident as well as in the fluid lines and bright-colored organic shapes of her early abstract landscapes.
By 1950, Frankenthaler had developed friendships with the critic Clement Greenberg and many of the Abstract Expressionists. The most important influence on her mature abstract style was Pollock's 1951 exhibition at the Betty Parsons Gallery. Transforming his drip technique and Surrealist-based automatism into an original painting method, she poured and dripped thinned pigments onto unprimed canvas, allowing them to soak directly into the fabric. With this stain technique she achieved an unprecedented unity of figure, color, and ground, which had an important influence on other Color Field painters, particularly Morris Louis and Kenneth Noland. In her paintings of the mid- to late 1950s, calligraphic strokes, patches and splatters of bright color appear against blank grounds. Beginning in the mid-1960s, the forms in her paintings grew larger and less amorphous, and the colors, more brilliant and opaque. In the 1970s, single colors occasionally occupy the entire field.
After many gallery shows throughout the 1950s, Frankenthaler's first major museum exhibition took place in 1960 at the Jewish Museum, New York. In 1969 a major retrospective of her work was organized in New York by the Whitney Museum of American Art and the Museum of Modern Art.

Kelly, Ellsworth
(Newburgh, New York, 1923)
La formazione artistica di Ellsworth Kelly inizia al Pratt Institute di Brooklyn (1941-42). Nel 1946, dopo il servizio militare in Europa, riprende gli studi alla School of the Museum of Fine Arts di Boston. Tra il 1948 e il 1954 vive in Francia dove frequenta l'École des Beaux-Arts a Parigi e studia arte e architettura romanica. Durante il suo primo anno all'estero Kelly dipinge opere figurative in uno stile arcaico e privo di indicazioni prospettiche, affine a quello di Klee e Picasso. Nel 1949, tuttavia, adotta uno stile radicalmente astratto, influenzato dai movimenti costruttivista e neoplastico che dominavano la scena artistica parigina negli anni Quaranta. I suoi dipinti e le sue costruzioni in legno incorporano semplici composizioni basate su forme geometriche derivate da dettagli architettonici e naturali. Nel 1950 incontra Jean Arp, il cui metodo creativo basato sulla casualità spinge Kelly a produrre dipinti in cui la distribuzione a griglia degli elementi geometrici obbedisce alle leggi della probabilità. Lo stile riduttivo, a "margine netto" delle prime composizioni astratte di Kelly è rimasta la caratteristica saliente di tutta la sua produzione.
Nel 1951 tiene la sua prima personale a Parigi. Ritorna a New York nel 1954 dove si afferma

come uno dei principali astrattisti geometrici, esponendo frequentemente le sue opere in mostre personali sia in patria sia all'estero e partecipando a importanti collettive. A partire dalla fine degli anni Cinquanta affianca forme curve ad altre rettilinee, includendo nella sua tavolozza sia brillanti colori piatti sia più rare combinazioni di bianco e nero o sfumature di grigio. Alcune tra le sue composizioni più note sono formate da due o più elementi. Le sue numerose sculture, collage e stampe riecheggiano i suoi dipinti.
Tra le opere pubbliche commissionategli, ricordiamo un murale a Parigi per l'Unesco completato nel 1969 e una scultura per il Lincoln Park di Chicago nel 1981.
La prima personale dedicata a Kelly da un museo si è tenuta nel 1972 alla Albright-Knox Art Gallery di Buffalo, nello stato di New York, e l'anno seguente il Museum of Modern Art di New York ha allestito una retrospettiva. Nel 1979 il Metropolitan Museum of Art di New York ha esposto le sue opere recenti, mentre lo Stedelijk Museum di Amsterdam ha portato in tutta Europa una sua importante retrospettiva. Nel 1982 il Whitney Museum of American Art ha organizzato una mostra di sculture.

Bibliografia essenziale/Selected Bibliography:
J. Coplans, *Ellsworth Kelly*, Harry N. Abrams, New York, 1973.
E. C. Goossen, *Ellsworth Kelly*, The Museum of Modern Art, New York, 1973.
E. C. Baker, *Ellsworth Kelly: Recent Paintings and Sculptures*, The Metropolitan Museum of Art, New York, 1979.
B. Rose, *Ellsworth Kelly: Paintings and Sculptures, 1963-1979*, Stedelijk Museum, Amsterdam, 1979.
P. Sims-E. Rauh Pulitzer, *Ellsworth Kelly: Sculpture*, Whitney Museum of American Art, New York, 1982.
D. Waldman, *Ellsworth Kelly*, The Solomon R. Guggenheim Museum, New York, 1997.

Ellsworth Kelly began his art training at Pratt Institute in Brooklyn (1941-42). In 1946, after military service in Europe, he resumed his studies at the School of the Museum of Fine Arts, Boston. Between 1948 and 1954 he lived in France, attending the Ecole des Beaux-Arts in Paris, and studying Romanesque art and architecture. During his first year abroad Kelly painted figurative works in a flattened, archaic style related to that of Klee and Picasso. In 1949, however, he adopted a radically abstract style, influenced by the Constructivist and Neo-Plasticist movements dominating Parisian art in the 1940s. His paintings and wood relief constructions embody simple compositions based on geometric shapes derived from architectural and natural details. In 1950, he met Jean Arp, whose random approach to composition prompted Kelly to produce paintings in which the grid-like distribution of geometric elements obeyed the laws of chance. The reductive, hard-edge style of Kelly's early abstractions has remained the salient characteristic of his work throughout his career. Kelly had his first one-artist exhibition in Paris in 1951. Since his return to New York in 1954, he has established himself as a major geometric abstractionist, having frequent solo shows in galleries here and abroad and participating in important group exhibitions. From the late 1950s on, he has used both rectilinear and curved shapes, and his palette has ranged from bright, unmodulated colors to more limited schemes of black and white, or variations of gray. Some of his best-known compositions contain two or more panels. His numerous sculptures, collages, and prints echo his paintings. He has received several public commissions, including a mural for Unesco in Paris, completed in 1969, and a sculpture for Lincoln Park in Chicago, in 1981.
Kelly's first one-artist museum exhibition took place in 1972 at the Albright-Knox Art Gallery, Buffalo, New York. The following year the Museum of Modern Art, New York, organized a retrospective of his work. In 1979, the Metropolitan Museum of Art in New York mounted an exhibition of his recent work, and the Stedelijk Museum in Amsterdam circulated a major retrospective throughout Europe. The Whitney Museum of American Art presented a retrospective exhibition of Kelly's sculpture in 1982.

Kline, Franz
(Wilkes-Barre, Pennsylvania, 1910 - New York, 1962)
Tra il 1931 e il 1935, mentre frequenta l'Università di Boston, Franz Kline segue corsi d'arte alla Boston Art Students League. Nel 1935 si trasferisce a Londra, dove nel 1937-38 frequenta la Heatherley's Art School. Torna in America nel 1938 e si stabilisce a New York.
Kline tra il 1930 e il 1940 dipinge interni e paesaggi urbani e rurali della regione mineraria della Pennsylvania in cui era cresciuto. Queste prime opere pittoriche ed espressionistiche, rivelano l'influenza dei realisti americani Albert Pinkham Ryder e Reginald Marsh.
Nel 1949 ingrandisce con un proiettore alcuni suoi schizzi, producendo una congerie di motivi che lo induce a dedicarsi all'astrattismo. Usando pennelli da decoratore e smalti bianchi e neri a essicazione rapida, distribuisce sulla tela ampie e decise pennellate. L'attenzione per il gesto, la globalità della composizione e il primato del colore sono temi che Kline condivide con de Kooning, Pollock e altri pittori dell'emergente Scuola di New York. Dopo la sua prima personale all'Egan Gallery di New York nel 1950, in cui espone alcune tele astratte in bianco e nero, Kline è riconosciuto come uno dei principali espressionisti astratti. Malgrado la reintroduzione del colore, a metà degli anni Cinquanta, la struttura formale della sua opera è rimasta immutata, e sono le sue opere in bianco e nero ad attrarre maggiormente l'attenzione.
Durante gli anni Cinquanta Kline insegna al Black Mountain College, North Carolina, al Pratt Institute, New York, e alla Scuola d'Arte del Philadelphia Museum. Le sue opere appaiono in importanti mostre di gruppo, come la Biennale di San Paolo del Brasile nel 1957 e la Biennale di Venezia del 1956 e del 1960, oltre a numerose mostre annuali del Whitney Museum. Nel 1962 la Gallery of Modern Art di Washington allesti-

sce una mostra commemorativa della sua opera. Retrospettive itineranti sono state organizzate nel 1963 dal Museum of Modern Art di New York e nel 1968 dal Whitney Museum of American Art di New York. Kline non ha più avuto altre mostre di rilievo fino al 1979, quando la Phillips Collection di Washington ha esposto le sue astrazioni in colore.

Bibliografia essenziale/Selected Bibliography:
E. de Kooning, *Franz Kline Memorial Exhibition*, Washington Gallery of Modern Art, Washington, D.C., 1962.
J. Gordon, *Franz Kline, 1910-1962*, Whitney Museum of American Art, New York, 1968.
A. Boime, *Franz Kline: The Early Works as Signals*, University Art Gallery, State University of New York, Binghamton, New York, 1977.
H. F. Gaugh, *Franz Kline: The Color Abstractions*, The Phillips Collection, Washington, D.C., 1979.
A. Zevi, *Kline*, Electa, Milano, 1987.
Franz Kline. Arte y estructura de la identitad, Museo Nacional Centro de Arte Reina Sofia, Madrid, 1991.

Between 1931 and 1935, while attending Boston University, Franz Kline took art classes at the Boston Art Students League. In 1935, he went to London, where he attended Heatherley's Art School in 1937-38. In 1938 he returned to America and settled in New York. During the 1930s and 1940s, Kline painted interiors, cityscapes, and landscapes of the Pennsylvania coal-mining area in which he had grown up. Painterly and expressionistic, these early works reveal the influence of the American realists Albert Pinkham Ryder and Reginald Marsh.
In 1949, Kline enlarged some of his sketches with a projector, producing disparate patterns which prompted him to begin painting abstractly. Using house-painters' brushes and fast-drying black-and-white enamels, he made bold, sweeping strokes across the canvas. Kline's emphasis on gesture, overall composition, and the primacy of paint were concerns he shared with de Kooning, Pollock, and other painters of the emerging New York School. He was recognized as a major Abstract Expressionist painter soon after a group of black-and-white abstractions were exhibited at his first one-artist show in 1950 at the Egan Gallery, New York. Although he reintroduced color into his painting in the mid-1950s, the formal structure of his work remained unchanged, and his black-and-white paintings have received the greatest attention.
During the 1950s Kline taught at Black Mountain College, North Carolina, Pratt Institute, New York, and the Philadelphia Museum School of Art. His work was included in important group exhibitions, among them the 1957 São Paulo Bienal in Brazil, the 1956 and 1960 Venice Biennales, and many of the Whitney Museum's Annual Exhibitions. In 1962 a memorial exhibition of his work was presented by the Gallery of Modern Art in Washington, D.C. Traveling retrospectives were organized in 1963 by the Museum of Modern Art in New York, and in 1968 by the Whitney Museum of American Art in New York. The next major exhibition did not take place until 1979, when the Phillips Collection in Washington, D.C., presented a show of Kline's color abstractions.

Newman, Barnett
(New York, 1905 - 1970)
Tra il 1922 e il 1927, mentre studia filosofia al City College di New York, Barnett Newman frequenta la Art Students League. Dopo la laurea al City College lavora per due anni nella fabbrica di abbigliamento del padre, poi torna a studiare alla League. Negli anni Trenta insegna arte, come supplente, nelle scuole secondarie di New York. Nelle sue opere della metà degli anni Quaranta – disegni a pastello, acquerelli e dipinti a olio – forme fluide dai colori vivaci fungono da metafore per piante e animali, crescita e rigenerazione. Queste forme allungate e biomorfe anticipano il suo stile maturo nel quale, a partire dal 1948, la tela è divisa verticalmente in varie zone rettangolari di colore. Sottili fasce di colori nettamente contrastanti, poi definite "zips", dividono in modo caratteristico i blocchi cromatici o si attestano al bordo della tela. Gli interessi pittorici di Newman sono riecheggiati nelle sue sculture, a cui si dedica dal 1950, e nelle litografie, eseguite negli anni Sessanta.
Pur frequentando gli esponenti dell'Espressionismo Astratto e condividendone la ricerca di nuovi modi per esprimere temi universali e sublimi, Newman ha cercato di sviluppare una forma artistica indipendente dalle influenze europee, basata su principi razionali, intellettuali, che ha esposto in numerosi saggi e conferenze. Nelle sue tele ha respinto la modalità pittoricista dell'Espressionismo Astratto gestuale degli anni Cinquanta, producendo forme levigate, dai margini netti che anticipano l'arte minimalista degli anni Sessanta.
Le opere di Newman sono state esposte in numerose personali e in quasi tutte le mostre annuali del Whitney Museum durante gli anni Sessanta. La prima retrospettiva si è tenuta nel 1958 al Bennington College, nel Vermont. Nel 1965 Newman ha rappresentato gli Stati Uniti alla Biennale di San Paolo del Brasile. La sua famosa serie di *Stazioni della Via Crucis*, eseguita tra il 1958 e il 1966, è stata esposta l'anno seguente al Solomon R. Guggenheim Museum di New York. Un anno dopo la morte di Newman il Museum of Modern Art di New York ha allestito una retrospettiva, poi presentata in molti paesi europei.

Bibliografia essenziale/Selected Bibliography:
L. Alloway, *Barnett Newman: The Stations of the Cross: Lema Sabachthani*, The Solomon R. Guggenheim Museum, New York, 1966.
T. B. Hess, *Barnett Newman*, Walker and Company, New York, 1969.
T. B. Hess, *Barnett Newman*, The Museum of Modern Art, New York, 1971.
H. Rosenberg, *Barnett Newman*, Harry N. Abrams, New York, 1978.
B. Richardson, *Barnett Newman: The Complete Drawings, 1944-1969*, The Baltimore Museum of Art, Baltimora, 1979.
B. Newman, *Selected Writings and Interviews*, University of California Press, Berkeley-Los Angeles, 1990.

Between 1922 and 1927, while enrolled in City College, New York, as a philosophy major, Barnett Newman also attended the Art Students League. After graduating from City College, he worked for two years in his father's clothing manufacturing firm, then returned to study at the League. During the 1930s, he worked as a substitute art teacher in the city high schools.
In Newman's crayon drawings, watercolors, and oil paintings of the mid-1940s, bright-colored, fluid forms serve as metaphors for plants and animals, growth and regeneration. These elongated biomorphic shapes anticipate his mature style, beginning in 1948, in which the canvas is divided vertically into several rectangular areas of color. Narrow stripes of markedly contrasting color, later known as "zips," characteristically separate the color blocks or denote the canvas edge. Newman's painting concerns are echoed in his sculpture, begun in 1950, and in his lithographs, executed in the 1960s.
Although Newman associated with the Abstract Expressionists and shared their search for new ways to express universal and subliminal themes, he sought to evolve an art independent of European influences, based on rational, intellectual principles. Newman set forth these philosophical principles in numerous essays and lectures. In his canvases he rejected the painterly mode of the gestural Abstract Expressionists of the 1950s, producing smooth, hard-edge forms which anticipate the Minimalist art of the 1960s.
Newman's work has been shown frequently in one-artist gallery shows, and in almost all the Whitney Museum Annual Exhibitions held during the 1960s. In 1958, he had his first retrospective, at Bennington College, Vermont. In 1965, he represented the United States in the São Paulo Bienal in Brazil. His famous series of paintings—The Stations of the Cross, *executed between 1958 and 1966—was exhibited at the Solomon R. Guggenheim Museum in New York the following year. A year after Newman's death in 1970 the Museum of Modern Art in New York organized a retrospective that circulated throughout Europe.*

Reinhardt, Ad
(Buffalo, New York, 1913 - New York, 1967)
Laureatosi alla Columbia University nel 1935, Adolph Frederick Reinhardt frequenta la National Academy of Design e la American Artists' School a New York. Pittore astratto già nelle opere create a metà degli anni Trenta durante la sua formazione, nel 1937 comincia a esporre con gli American Abstract Artists. I dipinti e i collage della fine degli anni Trenta, con le loro forme intrecciate di colore omogeneo, dai margini netti e rettilinei, assomigliano a quelli di Carl Holty, suo insegnante alla American Artists' School. Tra il 1937 e il 1941, partecipando all'"Easel Project" nell'ambito del Works Progress Administration/ Federal Art Project, Reinhardt realizza piccole tele sintetico-cubiste. Durante gli anni Quaranta sostituì le incisive forme geometriche con tratti sciolti, calligrafici, distribuiti regolarmente sulla tela. Il suo stile, in apparenza simile a quello degli emergenti Espressionisti Astratti, deriva in realtà dall'arte orientale, una delle discipline studiate all'Istituto di Belle arti della New York University

tra il 1946 e il 1952. Alla fine degli anni Quaranta, stimolato dall'opera di Piet Mondrian e Josef Albers, Reinhardt reintroduce nella sua produzione una struttura a griglia composta di blocchi rettangolari di colore, da cui nei primi anni Cinquanta sviluppa lo stile severamente riduzionista per il quale è conosciuto. Nella sua opera matura compaiono rettangoli disposti simmetricamente, di un unico colore, con sottili variazioni di valore. Dopo il 1969 produce unicamente quadri neri, in cui le variazioni cromatiche si fanno quasi impercettibili. La sorprendente semplicità di questi quadri ha consacrato Reinhardt quale importante precursore del Minimalismo.
Nel 1947 Reinhardt comincia a insegnare al Brooklyn College, e nel 1961 all'Hunter College, sempre a New York. Saggista prolifico, è stato fra gli artisti più articolati e colti della sua generazione. La sua produzione annovera anche numerose vignette-collage, caricature incisive e talvolta caustiche del mondo dell'arte.
A partire dagli anni Quaranta Reinhardt espose alla Betty Parsons Gallery di New York, e partecipa a molte mostre annuali del Whitney Museum. Il Jewish Museum di New York è stato il primo museo a dedicargli una personale alla fine del 1966, circa un anno prima della sua morte. Nel 1972-73 la Städtische Kunsthalle di Düsseldorf ha portato una sua mostra in vari paesi europei, e nel 1980 il Solomon R. Guggenheim Museum di New York ha esposto opere della maturità di Reinhardt. Una rassegna di suoi dipinti e disegni è stata organizzata dalla Staatsgalerie di Stoccarda nel 1985.

Bibliografia essenziale/Selected Bibliography:
L. R. Lippard, *Ad Reinhardt*, The Jewish Museum, New York, 1966.
Ad Reinhardt, *Art-as-Art: The Selected Writings of Ad Reinhardt*, a cura di Barbara Rose, The Viking Press, New York, 1975.
M. Rowell, *Ad Reinhardt and Color*, The Solomon R. Guggenheim Museum, New York, 1980.
P. Sims, *Ad Reinhardt: A Concentration of Works from the Permanent Collection*, Whitney Museum of American Art, New York, 1980.
L. R. Lippard, *Ad Reinhardt*, Harry N. Abrams, New York, 1981.
Y.-A. Bois, *Ad Reinhardt*, The Museum of Contemporary Art, Los Angeles; The Museum of Modern Art, New York, 1991.

After graduating from Columbia University in 1935, Adolph Frederick Reinhardt attended both the National Academy of Design and the American Artists' School in New York. His art was always abstract, even in his student works of the mid-1930s, and in 1937 he began exhibiting with the American Abstract Artists. Reinhardt's paintings and collages of the late 1930s, with their interlocking, hard-edge, rectilinear shapes of solid color, resemble those of Carl Holty, his instructor at the American Artists' School and fellow member of the American Abstract Artists. While employed by the Easel Project of the Works Progress Administration/Federal Art Project from 1937 to 1941, Reinhardt produced small Synthetic Cubist canvases. During the 1940s, he replaced the crisp, geometric forms with loose, calligraphic strokes distributed evenly over the canvas. Although this style appeared similar to that of the emerging Abstract Expressionists, it derived from Oriental art, one of the subjects he studied at New York University's Institute of Fine Arts between 1946 and 1952.
By the end of the 1940s, stimulated by the work of Piet Mondrian and Josef Albers, Reinhardt reintroduced into his painting a grid structure of rectangular color blocks, from which he developed in the early 1950s the severely reductionist style for which he is best known. His mature works feature symmetrically placed rectangles of a single color with subtle variations in value. After 1960, he produced only black paintings, in which the shifts in color value became barely perceptible. The striking simplicity of these paintings established Reinhardt as an important precursor of Minimalism.
Reinhardt began teaching at Brooklyn College in 1947 and at Hunter College, New York, in 1961. He wrote extensively about art, and was one of the most articulate and scholarly artists of his generation. He also produced numerous incisive, occasionally caustic, collage-cartoons parodying the art world.
Beginning in the 1940s, Reinhardt exhibited at the Betty Parsons Gallery, New York, and in many Whitney Museum Annuals. The Jewish Museum in New York held the first one-artist museum exhibition of Reinhnadt's work in late 1966, less than a year before his death. In 1972-73, the Städtische Kunsthalle in Düsseldorf circulated an exhibition through Europe, and in 1980, the Solomon R. Guggenheim Museum, New York, presented an exhibition of Reinhardt's mature paintings. A survey of paintings and drawings was organized by the Staatsgalerie Stuttgart in 1985.

Stella, Frank
(Malden, Massachusetts, 1936)
Inizia a dipingere nei primi anni Cinquanta, mentre frequenta la Phillips Academy di Andover, in Massachusetts. Tra il 1954 e il 1958 studia pittura e storia alla Princeton University, producendo opere dapprima in uno stile espressionista astratto, influenzato da Willem de Kooning e successivamente caratterizzate da fasce piatte, orizzontali e cromaticamente omogenee che riflettono l'influenza di Mark Rothko. Alla fine del 1958, dopo essersi trasferito a New York, Stella inizia la sua prima serie importante, i "Black Paintings", ispirati dalla statica semplicità dell'opera matura di Rothko e Barnett Newman e dalle geometrie parallele delle prime bandiere e bersagli di Jasper Johns. Collocando l'una dentro l'altra strisce nere orizzontali e verticali prive di rilievo, Stella crea motivi simmetrici non illusionistici che replicano la forma della tela e tendono quindi a ridurre la distinzione tra forma e superficie. Tali quadri attraggono l'attenzione della critica e nell'estate del 1959 Stella entra a far parte della Leo Castelli Gallery di New York, dove l'anno successivo tiene la prima delle sue numerose mostre personali. Agli inizi degli anni Sessanta, sempre alla ricerca dell'unione di forma

e contenuto, modifica la forma della tela. Ai quadri con piccole tacche praticate nel telaio seguono tele di aperte forme rettilinee - somiglianti a una H, una T o una L - e poligoni concavi. Successivamente produce vivaci quadri multicolori di forma ancora più insolita. La sua fedeltà ai contorni netti predeterminati dalla forma della tela e alle superfici di colore levigato, quasi industriale, hanno dato importanti contributi allo sviluppo del Minimalismo. La prima mostra dedicata a Stella da un museo è stata quella del Museum of Modern Art di New York nel 1970. In seguito Stella costruisce rilievi in legno i cui elementi costitutivi richiamano le rigorose forme geometriche delle sue opere degli anni Sessanta. A metà degli anni Settanta incorpora nella sua produzione alcuni aspetti gestuali dell'Espressionismo Astratto, deliberatamente evitati nel decennio precedente. I suoi più recenti rilievi in metallo consistono di complesse forme arricciate, vivacemente colorate con energici tocchi di pennello, di tanto in tanto decorate da lustrini. Nel 1978 il Fort Worth Art Museum ha organizzato un'ampia mostra delle sue costruzioni in rilievo.

Bibliografia essenziale/Selected Bibliography:
W. Rubin, *Frank Stella*, The Museum of Modern Art, New York, 1970.
R. Rosenblum, *Frank Stella*, Penguin Books, Harmondsworth, Inghilterra - Baltimora, 1971.
B. Richardson, *Frank Stella: The Black Paintings*, The Baltimore Museum of Art, Baltimora, 1976.
P. Leider, *Stella Since 1970*, Fort Worth Art Museum, Fort Worth, Texas, 1978.
L. Rubin, *Frank Stella. Paintings 1958 to 1965. A Catalogue Raisonné*, Stewart, Tabori & Chang, New York, 1986.
W. Rubin, *Frank Stella 1970-1987*, The Museum of Modern Art, New York, 1987.
S. Guberman, *Frank Stella. An Illustrated Biography*, Rizzoli, New York, 1995.

Frank Stella began painting in the early 1950s, while attending Phillips Academy in Andover, Massachusetts. Between 1954 and 1958 he studied painting and history at Princeton University, where he first produced paintings in an Abstract Expressionist style influenced by Willem de Kooning, then paintings whose flat, horizontal bands of solid color reflected the influence of Mark Rothko. In late 1958, after moving to New York, Stella began his first important series, the Black Paintings, which were inspired by the static simplicity of the mature work of Rothko, Barnett Newman, and by the parallel geometries of Jasper Johns' flags and targets. Stella placed flatly painted, horizontal and vertical black stripes one within another, creating non-illusionistic, symmetrical patterns that reiterate the shape of the canvas and thus tend to reduce the distinction between image and surface. These paintings drew considerable critical attention and in the summer of 1959 Stella joined the Leo Castelli Gallery in New York, where the following year he had the first of his numerous one-artist exhibitions.
In the early 1960s, still seeking to unite form and content, Stella began altering the canvas shape. Paintings with small notches in the stretchers were followed by canvases with open rectilinear forms—resembling an H, T, or L—and hollow polygons. In the mid-1960s he produced bright, multi-colored, and even more eccentrically shaped paintings. His adherence to hard-edge designs predetermined by the canvas shape, and to smooth, quasi-industrial paint surfaces were important contributions to the development of Minimalism.
Stella had his first major museum exhibition in 1970 at the Museum of Modern Art, New York. After this, he began fabricating wood relief constructions whose components follow the strict geometric shapes of his 1960s work. By the mid-1970s, however, he was incorporating into his work some of the gestural aspects of Abstract Expressionism that he had deliberately avoided during the previous decade. His recent metal relief constructions consist of elaborate, curling shapes painted with energetic strokes of bright color and occasionally decorated with glitter. In 1978 the Fort Worth Art Museum organized a major exhibition of the relief constructions.

Africano, Nicolas
(Kankakee, Illinois, 1948)
Nel 1970 si laurea in Letteratura inglese alla Illinois State University, presso la quale consegue il Master of Fine Arts in pittura nel 1974. Tra le mostre personali di Africano ricordiamo: University of Illinois, Chicago, 1976; *The Man Who Lived in a Hat*, Walker Art Center, Minneapolis, Minnesota, 1978; *The Battered Woman*, Holly Solomon Gallery, New York, 1979; *Nicolas Africano Paintings: 1976-1983*, North Carolina Museum of Art, Raleigh, 1983; *Nicolas Africano: Small Scale Works*, Dart Gallery, Chicago, 1985; *Innocence and Experience: New Drawings and Figurines*, Linda Ferris Gallery, Seattle, Washington, 1989; *Nicolas Africano: Recent Paintings and Sculpture*, Holly Solomon Gallery, New York, 1991; *Nicolas Africano: Recent Paintings and Sculpture*, Michael Lord Gallery, Chicago, 1992; *Two Sisters: A Work in Progress*, Meyerson and Nowinski Art Associates, Seattle, Washington, 1996. Partecipa a varie mostre di gruppo, tra le quali: *Biennal Exhibition*, Whitney Museum of American Art, New York, 1977; *New Image Painting*, Whitney Museum of American Art, New York, 1978; *Chicago Connection*, E. B. Crocker Gallery, Sacramento, California, 1979; *Gallery Group Exhibition*, Holly Solomon Gallery, New York, 1981; *Language, Drama, Source and Vision*, The New Museum of Contemporary Art, New York, 1983; *An International Survey of Recent Painting and Sculpture*, The Museum of Modern Art, New York, 1984; *The 39th Biennial Exhibition of Contemporary American Painting*, Corcoran Gallery of Art, Washington, D.C., 1985; *Image and Likeness: Works from the Permanent Collection*, Whitney Museum of American Art at Champion, Stamford, Connecticut, 1991; *Eight American Artists: Africano, Byron, Katz, Longo, Mullican, Sherman, Salle, Warhol*, Galerie Bernd Klüser, Monaco, 1993; Artfair, Seattle, Washington, 1995. Nicolas Africano vive e lavora a Normal in Illinois.

Africano earned a Bachelor of Arts in English Literature from Illinois State University in 1970. In 1974, he graduated from Illinois State University with a Master of Fine Arts in Painting. Some of Africano's solo exhibitions include: University of Illinois, Chicago in 1976; The Man Who Lived in a Hat, *Walker Art Center, Minneapolis, Minnesota in 1978;* The Battered Woman, *Holly Solomon Gallery, New York City in 1979;* Nicolas Africano Paintings: 1976-1983, *North Carolina Museum of Art, Raleigh, North Carolina in 1983;* Nicolas Africano: Small Scale Works, *Dart Gallery, Chicago in 1985;* Innocence and Experience: New Drawings and Figurines, *Linda Ferris Gallery, Seattle, Washington in 1989;* Nicolas Africano: Recent Paintings and Sculpture, *Holly Solomon Gallery, New York City in 1991;* Nicolas Africano: Recent Paintings and Sculpture, *Michael Lord Gallery, Chicago in 1992;* Two Sisters: A Work in Progress, *Meyerson and Nowinski Art Associates, Seattle, Washington in 1996. Selected group exhibitions include: the* 1977 Biennial Exhibition, *Whitney Museum of American Art, New York City;* New Image Painting, *Whitney*

Museum of American Art, New York City in 1978; Chicago Connection, *E.B. Crocker Gallery, Sacramento, California in 1979;* Gallery Group Exhibition, *Holly Solomon Gallery, New York City in 1981;* Language, Drama, Source and Vision, *The New Museum of Contemporary Art, New York City in 1983;* An International Survey of Recent Painting and Sculpture, *The Museum of Modern Art, New York City in 1984;* The 39th Biennial Exhibition of Contemporary American Painting, *Corcoran Gallery of Art, Washington, D.C. in 1985;* Image and Likeness: Works from the Permanent Collection, *Whitney Museum of American Art at Champion, Stamford, Connecticut in 1991;* Eight American Artists: Africano, Byron, Katz, Longo, Mullican, Sherman, Salle, Warhol, *Galerie Bernd Klüser, Munich in 1993; Artfair Seattle, Seattle, Washington in 1995. Africano currently lives and works in Normal, Illinois.*

Andre, Carl
(Quincy, Massachusetts, 1935)
Studia arte con Patrick Morgan nel 1953 e nel 1958 con Frank Stella, nel cui *atelier* continua a lavorare per tutto il 1959. Tiene la prima mostra personale all'Hudson River Museum di Yonkers, New York nel 1964. Successivamente espone presso: Tibor de Nagy, New York, 1965; Galleria Gian Enzo Sperone, Torino, 1969; The Solomon R. Guggenheim Museum,New York, 1970; Institute of Contemporary Art, Boston, 1973; Albright-Knox Art Gallery, Buffalo, New York, 1978; Paula Cooper Gallery, New York, 1980; Westfalischer Kunstverein, Münster, 1984; *Roaring Forties*, Palacio de Cristal, Madrid, 1988; *Recent Sculpture*, Julian Pretto Gallery, New York, 1992; *WORDS, 1960-1980*, Paula Cooper Gallery, New York, 1993; *Sculptor: Works 1958-1995*, Haus Lange e Haus Esters, Krefeld e Kunstmuseum, Wolfsburg, 1996. Tra le principali mostre collettive ricordiamo: *Eight Young Artists*, The Hudson River Museum, Westchester, New York, 1964; *Art of the Real: USA 1948-1968*, The Museum of Modern Art, New York, 1968; *Annual Exhibition of Contemporary American Sculpture*, Whitney Museum of American Art, New York, 1970; *Contemporary American Painting and Sculpture Biennial*, Whitney Museum of American Art, New York, 1973; *Blam! The Explosion of Pop, Minimalism, and Performance 1958-1964*, Whitney Museum of American Art, New York, 1984. Carl Andre vive e lavora a New York.

In 1953 he studied art with Patrick Morgan. Andre studied with Frank Stella in 1958, and continued to work in Stella's studio through 1959. Carl Andre's first solo exhibition was in 1964 at the Hudson River Museum, Yonkers, New York. Andre has also had one-person exhibitions at: Tibor de Nagy, New York City in 1965; Galleria Gian Enzo Sperone, Turin in 1969; Solomon R. Guggenheim Museum, New York City in 1970; Institute of Contemporary Art, Boston in 1973; Albright-Knox Art Gallery, Buffalo, New York in 1978; Paula Cooper Gallery, New York City in 1980; Westfalischer Kunstverein, Münster in 1984; Roaring Forties, *Palacio de Cristal, Madrid in 1988;* Recent Sculpture, *Julian Pretto Gallery, New York City in 1992;* Words, 1960-1980, *Paula Cooper Gallery, New York City in 1993;* Sculptor: Works 1958-1995, *Haus Lange and Haus Esters, Krefeld and Kunstmuseum, Wolfsburg in 1996. Carl Andre's major group exhibitions include:* Eight Young Artists, *at The Hudson River Museum of Westchester, New York in 1964;* Art of the Real: USA 1948-1968, *The Museum of Modern Art, New York City in 1968; the* Annual Exhibition of Contemporary American Sculpture, *Whitney Museum of American Art, New York City in 1970; the* Contemporary American Painting and Sculpture Biennial, *Whitney Museum of American Art, New York City in 1973;* Blam!! The Explosion of Pop, Minimalism, and Performance 1958-1964, *Whitney Museum of American Art, New York City in 1984. Carl Andre lives and works in New York City.*

Aycock, Alice
(Harrisburg, Pennsylvania, 1946)
Nel 1968 consegue il Bachelor of Arts al Douglas College di New Brunswick, New Jersey, ottenendo poi il Master of Arts all'Hunter College di New York nel 1971. Tra le mostre personali ricordiamo: *Sun/Glass*, Fry Farm, Silver Springs, Pennsylvania, 1971; *Stairs (These Stairs Can Be Climbed)*, 112 Greene Street Gallery, New York, 1974; *On the Eve of the Industrial Revolution, a City Engaged in the Production of False Memories*, Cranbrook Academy of Art, Bloomfield Hills, Michigan, 1978; *Universe Wheel*, State University of New York, Buffalo, New York, 1988; *Complex Visions: Sculpture and Drawings*, Storm King Art Center, Mountainville, New York, 1990 e infine, nel 1996, *Some Stories are Worth Repeating: Projection 1973-1995*, John Weber Gallery, New York. Tra le principali mostre di gruppo ricordiamo: *26 Contemporary Women Artists*, Aldrich Museum of Contemporary Art, Ridgefield, Connecticut, 1971; la *Biennale de Paris*, Musée d'Art Moderne de la Ville de Paris, Parigi, 1975; *Biennale di Venezia*, Venezia, 1978; *Biennial Exhibitions*, Whitney Museum of American Art, New York nel 1979 e 1981; *Biennale di São Paulo*, San Paolo, 1985 e *Enclosures and Encounters: Architectural Aspects of Recent Sculpture*, Storm King Art Center, Mountainville, New York, 1991. Alice Aycock vive e lavora a New York.

She received her Bachelor of Arts from Douglas College, New Brunswick, New Jersey, in 1968, and went on to receive a Master of Arts from Hunter College in New York City in 1971. Aycock's solo shows include: Sun/Glass, *Fry Farm, Silver Springs, Pennsylvania in 1971;* Stairs (These Stairs Can Be Climbed), *at 112 Greene Street Gallery, New York City in 1974;* On the Eve of the Industrial Revolution, a City Engaged in the Production of False Memories, *Cranbrook Academy of Art, Bloomfield Hills, Michigan in 1978;* Universe Wheel, *State University of New York at Buffalo, New York in 1988;* Complex Visions: Sculpture and Drawings, *Storm King Art Center, Mountainville, New*

York in 1990; and in 1996, Some Stories Are Worth Repeating: Projection 1973-1995, *John Weber Gallery, New York City. Major group exhibitions in which Alice Aycock has exhibited include:* 26 Contemporary Women Artists, *Aldrich Museum of Contemporary Art, Ridgefield, Connecticut in 1971; the* Biennale de Paris, *Musée d'Art Moderne de la Ville de Paris, Paris in 1975; the* Venice Biennale, *Venice in 1978; the* Biennial Exhibitions *at the Whitney Museum of American Art, New York City in 1979 and 1981; the* São Paulo Biennale, *São Paulo in 1985; and* Enclosures and Encounters: Architectural Aspects of Recent Sculpture, *Storm King Art Center, Mountainville, New York in 1991. Alice Aycock lives and works in New York City.*

Bartlett, Jennifer
(Long Beach, California, 1941)
Studia al Mills College di Oakland, California, e nel 1964 ottiene il Bachelor of Fine Arts alla Yale School of Art and Architecture. L'anno seguente, sempre a Yale, consegue il Master of Fine Arts. Tiene la prima mostra personale nel 1963 al Mills College e in seguito presso: Paula Cooper Gallery, New York, 1974; Museum of Modern Art, San Francisco, 1978; Mukai Gallery, Tokyo, 1980; Walker Art Center, Minneapolis, Minnesota, 1985; *A Print Retrospective*, Museum of Art, Orlando, 1993 e *Important Works 1974-1995*, Locks Gallery, Filadelfia, 1996. Partecipa a numerose mostre collettive, tra cui: *Seven Walls*, The Museum of Modern Art, New York; *1972 Annual Exhibition: Contemporary American Painting*, Whitney Museum of American Art, New York; *documenta 6*, Kassel, 1977; *Biennial Exhibitions*, Whitney Museum of American Art, New York, 1977, 1981 e 1991; *New Image Painting*, Whitney Museum of American Art, New York, 1978; *The Innovative Landscape: Artists with a New Approach to an Old Tradition*, Holly Solomon Gallery, New York, 1984; *The Grid: Organization and Idea*, Ben Shahn Galleries, William Paterson College, Wayne, New Jersey, in 1990. Jennifer Bartlett vive e lavora a New York.

She received her Bachelor of Arts from Mills College, Oakland, California in 1963. In 1964, Bartlett graduated from the Yale School of Art and Architecture with a Bachelor of Fine Arts. She received her Master of Fine Arts from Yale the following year. Bartlett's first solo exhibition was in 1963 at Mills College. She has also had one-person shows at: Paula Cooper Gallery, New York City in 1974; San Francisco Museum of Modern Art, San Francisco in 1978; Gallery Mukai, Tokyo in 1980; the Walker Art Center, Minneapolis, Minnesota in 1985; A Print Retrospective, *Orlando Museum of Art, Orlando, Florida in 1993; and* Important Works 1974-1995, *Locks Gallery, Philadelphia in 1996. Bartlett has also been exhibited in numerous group shows, among them:* Seven Walls, *The Museum of Modern Art, New York City; the* 1972 Annual Exhibition: Contemporary American Painting, *Whitney Museum of American Art, New York City;* documenta 6, *Kassel in 1977; the* Biennial Exhibitions *of 1977, 1981, and 1991 at the Whitney Museum of American Art, New York City;* New Image Painting, *Whitney Museum of American Art, New York City in 1978;* The Innovative Landscape: Artists with a New Approach to an Old Tradition, *Holly Solomon Gallery, New York City in 1984;* The Grid: Organization and Idea, *Ben Shahn Galleries, William Paterson College, Wayne, New Jersey, in 1990. Jennifer Bartlett currently lives and works in New York City.*

Basquiat, Jean-Michel
(Brooklyn, New York, 1960 - New York, 1988)
Artista autodidatta, si forma frequentando musei e leggendo libri d'arte. Tiene la sua prima mostra personale, *Samo*, alla Galleria d'Arte Emilio Mazzoli di Modena. Tra le sue successive mostre personali o in collaborazione, le principali sono: *Jean-Michel Basquiat*, Galerie Delta, Rotterdam, 1982; *Jean-Michel Basquiat*, Annina Nosei Gallery, New York, 1983; *Jean-Michel Basquiat: Paintings*, The Fruitmarket Gallery, Edimburgo, 1984; *Collaborations: Jean-Michel Basquiat & Andy Warhol*, Akira Ikeda Gallery, Tokyo, 1986; presenta la sua ultima mostra *Jean-Michel Basquiat: Paintings and Drawings* presso la Galerie Thaddaeus Ropac, Salisburgo, nel 1988. Nel 1992 si tiene al Whitney Museum of American Art di New York una retrospettiva della sua carriera artistica. Tra le numerose mostre collettive citiamo: *Times Square Show*, Colab (Collaborative Projects Incorporated) and Fashion Moda, New York, 1980; *documenta 7*, Kassel, 1982; *Biennial Exhibition*, Whitney Museum of American Art, New York, 1983; *An International Survey of Recent Painting and Sculpture*, The Museum of Modern Art, New York, 1984; *The Blues Aesthetic: Black Culture and Modernism*, The Washington Project for the Arts, Washington, D.C., 1989; *The Decade Show: Frameworks of Identity in the 1980's*, Museum of Contemporary Hispanic Art, The New Museum of Contemporary Art e Studio Museum in Harlem, New York, 1989; *1982-83: Ten Years After*, Tony Shafrazi Gallery, New York, 1993; *Black Male: Representations of Masculinity in Contemporary American Art*, Whitney Museum of American Art, New York, 1994.

He was a self-taught artist, educating himself through museums and art books. His first solo exhibition was Samo, *at the Galleria d'Arte Emilio Mazzoli, Modena. Other major one- and two-person exhibitions included:* Jean-Michel Basquiat, *Galerie Delta, Rotterdam in 1982;* Jean-Michel Basquiat, *Annina Nosei Gallery, New York City in 1983;* Jean- Michel Basquiat: Paintings, *The Fruitmarket Gallery, Edinburgh in 1984;* Collaborations: Jean-Michel Basquiat & Andy Warhol, *Akira Ikeda Gallery, Tokyo in 1986; and his last exhibition while he was alive,* Jean-Michel Basquiat: Paintings and Drawings, *Galerie Thaddaeus Ropac, Salzburg. A retrospective survey of his artistic career was held at the Whitney Museum of American Art, New York City, in 1992. His numerous group exhibitions include: the* Times Square Show, Colab (Colaborative Projects Incorporated) and Fashion Moda, *New York City in 1980;* documenta 7, *Kassel in 1982; the* 1983 Biennial Exhibition, *Whitney Museum of American Art, New York City;* An International Survey of Recent Painting and Sculpture, *The Museum of Modern Art, New York City in 1984;* The Blues Aesthetic: Black Culture and Modernism, *The Washington Project for the Arts, Washington, D.C. in 1989;* The Decade Show: Frameworks of Identity in the 1980's, *Museum of Contemporary Hispanic Art, The New Museum of Contemporary Art, and the Studio Museum in Harlem, New York City in 1989;* 1982-83: Ten Years After, *Tony Shafrazi Gallery, New York City in 1993; and in 1994,* Black Male: Representations of Masculinity in Contemporary American Art, *Whitney Museum of American Art, New York City.*

Benglis, Lynda
(Lake Charles, Louisiana, 1941)
Consegue il Bachelor of Fine Arts al Newcomb College nel 1964. Espone le sue opere in numerose mostre personali: alla University of Rhode Island, Kingston, 1969; Hayden Gallery, Massachusetts Institute of Technology, Cambridge, 1971; The Texas Gallery, Houston, 1974; Paula Cooper Gallery, New York, 1976; Galerie Albert Baronian, Bruxelles, 1981; Dart Gallery, Chicago, 1983; Margo Leavin Gallery, Los Angeles, 1989. Tra le mostre di gruppo citiamo: *Other Ideas*, Institute of Arts, Detroit, Michigan, 1969; *Lynda Benglis, George Kuhn, Richard Van Buren*, Paula Cooper Gallery, New York, 1970; *Contemporary American Painting and Sculpture Biennial*, Whitney Museum of American Art, New York, 1973, *Biennial Exhibition*, Whitney Museum of American Art, New York, 1981; *Twentieth Anniversary of the National Endowment for the Arts*, The Museum of Modern Art, New York, 1985 e *Making Their Mark: Women Artists Move into the Mainstream, 1970-1985*, Art Museum, Cincinnati, Ohio, 1989. Lynda Benglis vive e lavora a Ahmedabad in India, a Santa Fe nel Nuovo Messico e a New York.

She graduated from Newcomb College, in 1964, with a Bachelor of Fine Arts. Benglis has had one-person shows at, among other places, the University of Rhode Island, Kingston in 1969; Hayden Gallery, Massachusetts Institute of Technology, Cambridge in 1971; The Texas Gallery, Houston in 1974; Paula Cooper Gallery, New York City in 1976; Galerie Albert Baronian, Brussels in 1981; Dart Gallery, Chicago in 1983; Margo Leavin Gallery, Los Angeles in 1989. Selected group exhibitions include Other Ideas, *Detroit Institute of Arts, Detroit in 1969;* Lynda Benglis, George Kuhn, Richard Van Buren, *Paula Cooper Gallery, New York City in 1970; the* Contemporary American Painting and Sculpture Biennial, *Whitney Museum of American Art, New York City in 1973;* the 1981 Biennial Exhibition, *Whitney Museum of American Art, New York City; the* Twentieth Anniversary of the National Endowment for the Arts, *The Museum of Modern Art, New York City in 1985; and* Making Their Mark:

Women Artists Move into the Mainstream, 1970-1985, *Cincinnati Art Museum, Cincinnati, Ohio in 1989. Lynda Benglis lives and works in Ahmedabad, India; Santa Fe, New Mexico; and New York City.*

Bickerton, Ashley
(Barbados, Indie Occidentali, 1959)
Consegue il Bachelor of Fine Arts al California Institute of the Arts di Valencia nel 1982, e nel 1985 prende parte al Programma indipendente di studi del Whitney Museum of American Art di New York. Tiene mostre personali presso: Artists Space, New York, 1984; International With Monument, New York, 1987; Sonnabend Gallery, New York, 1989; Donald Young Gallery, Chicago, 1990; Galerie Yvon Lambert, Parigi, 1992 e *Back to the Wall*, Sonnabend Gallery, New York, 1996. Tra le mostre collettive ricordiamo: *Films*, Artists Space, New York, 1982; *Innovations in Sculpture 1985-1988*, Aldrich Museum of Contemporary Art, Ridgefield, Connecticut, 1988; *Biennial Exhibition*, Whitney Museum of American Art, New York, 1989; *Mind Over Matter: Concept and Object*, Whitney Museum of American Art, New York, 1990; *Allegories of Modernism: Contemporary Drawing*, The Museum of Modern Art, New York, 1992; *The Figure as Fiction: The Figure in Visual Art and Literature*, The Contemporary Arts Center, Cincinnati, Ohio, 1994; *Natural Spectacles*, David Winton Bell Gallery, Brown University, Providence, Rhode Island, 1996. Ashley Bickerton vive e lavora a Bali.

She received her Bachelor of Fine Arts from the California Institute of the Arts, Valencia, California in 1982, and participated in the Independent Studies Program at the Whitney Museum of American Art, New York City in 1985. Bickerton's solo exhibitions include: Artists Space, New York City in 1984; International With Monument, New York City in 1987; Sonnabend Gallery, New York City in 1989; Donald Young Gallery, Chicago in 1990; Galerie Yvon Lambert, Paris in 1992; and Back to the Wall, *Sonnabend Gallery, New York City in 1996. Ashley Bickerton's group exhibitions include:* Films, *Artists Space, New York City in 1982;* Innovations in Sculpture 1985-1988, *Aldrich Museum of Contemporary Art, Ridgefield, Connecticut in 1988; the* 1989 Biennial Exhibition, *Whitney Museum of American Art, New York City;* Mind Over Matter: Concept and Object, *Whitney Museum of American Art, New York City in 1990;* Allegories of Modernism: Contemporary Drawing, *The Museum of Modern Art, New York City in 1992;* The Figure as Fiction: The Figure in Visual Art and Literature, *The Contemporary Arts Center, Cincinnati, Ohio in 1994;* Natural Spectacles, *David Winton Bell Gallery, Brown University, Providence, Rhode Island in 1996. Bickerton currently lives and works in Bali.*

Blake, Nayland
(New York, 1960)
Consegue il Bachelor of Fine Arts al Bard College nel 1982 e il Master of Fine Arts presso il California Institute of the Arts nel 1984. Tra le mostre personali ricordiamo: *The New Testament, Book One: Der Spinnen*, New Langton Arts, San Francisco, 1985; *Inscription*, Media Gallery, San Francisco, 1987; *From Paths of Pain to Jewels of Glory*, Media Gallery, San Francisco, 1988; Richard Kuhlenschmidt Gallery, Santa Monica, California, 1989; Milch Foundation, Londra, 1992; *The Philosoper's Suite*, Thread Waxing Space, New York, 1994, e *Hare Attitudes*, Contemporary Arts Museum, Houston, 1996. Tra le mostre collettive ricordiamo: *Chain Reaction 3*, Arts Commission Gallery, San Francisco, 1987; *Group Exhibition*, 303 Gallery, New York, 1988; *Mind Over Matter: Concept and Object*, Whitney Museum of American Art, New York, 1990; *Biennial Exhibition*, Whitney Museum of American Art, New York, 1991; *Facing the Finish*, Museum of Modern Art, San Francisco, 1991; *Body and Soul*, The Baltimore Museum of Art, Baltimora, Maryland, 1994, e *New York: Drawings Today*, Museum of Modern Art, San Francisco, 1997. Nayland Blake vive e lavora a New York.

He received his Bachelor of Fine Arts from Bard College in 1982; and his Master of Fine Arts from the California Institute of the Arts in 1984. Blake's one-person exhibitions include: The New Testament, Book One: Der Spinnen, *New Langton Arts, San Francisco in 1985;* Inscription, *Media Gallery, San Francisco in 1987;* From Paths of Pain to Jewels of Glory, *Media Gallery, San Francisco in 1988; Richard Kuhlenschmidt Gallery, Santa Monica, California in 1989; Milch Foundation, London in 1992;* The Philosopher's Suite, *Thread Waxing Space, New York City in 1994; and* Hare Attitudes, *Contemporary Arts Museum, Houston, Texas, 1996. Nayland Blake's group exhibitions include* Chain Reaction 3, *San Francisco Arts Commission Gallery, San Francisco in 1987;* Group Exhibition, *303 Gallery, New York City in 1988;* Mind Over Matter: Concept and Object, *Whitney Museum of American Art, New York City in 1990; the* 1991 Biennial Exhibition, *Whitney Museum of American Art, New York City;* Facing the Finish, *San Francisco Museum of Modern Art, San Francisco in 1991;* Body and Soul, *The Baltimore Museum of Art, Baltimore, Maryland in 1994; and* New Work: Drawings Today, *San Francisco Museum of Modern Art, San Francisco in 1997. Blake currently lives and works in New York City.*

Borofsky, Jonathan
(Boston, Massachusetts, 1941)
Frequenta la Carnegie Mellon University di Pittsburgh, dove nel 1984 ottiene il Bachelor of Fine Arts. Partecipa al Programma estivo dell'École de Fontainebleu, in Francia, nel 1964. Nel 1966 si laurea presso la Yale School of Art and Architecture di New Haven, in Connecticut, conseguendo il Master of Fine Arts. Tiene la sua prima mostra personale all'Artists Space di New York nel 1974 e nel 1984 il Philadelphia Museum of Art organizza la sua prima importante retro-

spettiva itinerante. Tra le mostre personali ricordiamo inoltre quelle tenute presso: Paula Cooper Gallery, New York, 1976; Projects Gallery, The Museum of Modern Art, New York, 1978; *Zeichnungen 1960-1983*, Kunstmuseum, Basilea, 1983; Arthur M. Sackler Museum, Harvard University Art Museum, Cambridge, 1986; *Fish With Ruby Eye*, Cattedrale di St. John the Divine, New York, 1987; *Subject(s): Prints and Multiples by Jonathan Borofsky, 1982-1991*, The Hood Museum of Art, Dartmouth College, Hanover, New Hampshire, 1991 e *Works 1969-1994*, Paula Cooper Gallery, New York, 1995. Partecipa a numerose mostre collettive, tra cui: *The 53rd Annual Exhibition of Associated Artists of Pittsburgh*, Museum of Art, Carnegie Institute, Pittsburgh, Pennsylvania, 1963; XXXVII *Biennale di Venezia*, Venezia, 1976; *Biennial Exhibitions*, Whitney Museum of American Art, New York, 1970 e 1981; *Minimalism to Expressionism: Painting and Sculpture Since 1965*, Whitney Museum of American Art, New York, 1983; *Committed to Print*, The Museum of Modern Art, New York, 1988; *Contemporary American Artists*, presso la residenza dell'Ambasciatore John D. Negroponte, Città del Messico, 1990; *Immaterial Objects*, Whitney Museum of American Art, New York, 1991; *Allegories of Modernism: Contemporary Drawing*, The Museum of Modern Art, New York, 1992; *Views from Abroad: European Perspectives on American Art* e *Altered and Irrational: Selections from the Permanent Collection*, entrambe al Whitney Museum of American Art, New York, 1996. Jonathan Borofsky vive e lavora a Ogunquit nel Maine.

He was educated at Carnegie Mellon University, Pittsburgh, and received his Bachelor of Fine Arts there in 1964. He also attended the Summer Program at École de Fontainebleu, France in 1964. Borofsky graduated from the Yale School of Art and Architecture, New Haven, Connecticut in 1966 with a Master of Fine Arts. Jonathan Borofsky's first solo exhibition was at Artists Space, New York City in 1974, and his first major traveling retrospective exhibition was organized by the Philadelphia Museum of Art in 1984. He has also had one-person exhibitions at, among other places: Paula Cooper Gallery, New York City in 1976; the Projects Gallery of The Museum of Modern Art, New York City in 1978; Zeichnungen 1960-1983, *Kunstmuseum, Basel in 1983; The Arthur M. Sackler Museum, Harvard University Art Museum, Cambridge in 1986;* Fish With Ruby Eye, *The Cathedral of St. John the Divine, New York City in 1987;* Subject(s): Prints and Multiples by Jonathan Borofsky, 1982-1991, *The Hood Museum of Art, Dartmouth College, Hanover, New Hampshire in 1991; and* Works 1969-1994, *Paula Cooper Gallery, New York City in 1995. Borofsky has also had numerous group exhibitions, among them: the* 53rd Annual Exhibition of Associated Artists of Pittsburgh, *Museum of Art, Carnegie Institute, Pittsburgh, Pennsylvania in 1963; the* XXXVII Venice Biennale, *Venice in 1976; the 1970 and 1981* Biennial Exhibitions *at the Whitney Museum of American Art, New York City;* Minimalism to Expressionism: Painting and Sculpture Since 1965, *Whitney Museum of American Art, New York City in 1983;* Committed to Print, *The Museum of Modern Art, New York City in 1988;* Contemporary American Artists, *at the Residence of Ambassador and Mrs. John D. Negroponte, Mexico City in 1990;* Immaterial Objects, *Whitney Museum of American Art, New York City in 1991;* Allegories of Modernism: Contemporary Drawing, *The Museum of Modern Art, New York City in 1992; and* Views from Abroad: European Perspectives on American Art *and* Altered and Irrational: Selections from the Permanent Collection, *both at the Whitney Museum of American Art, New York City in 1996. Borofsky currently lives and works in Ogunquit, Maine.*

Burden, Chris
(Boston, Massachusetts, 1946)
Consegue il Bachelor of Fine Arts al Pomona College di Claremont, in California, nel 1969 e il Master of Fine Arts all'Università di California a Irvine nel 1971. Tra le mostre personali ricordiamo: Riko Mizuno Gallery, Los Angeles, 1974; *Relics*, Ronald Feldman Fine Arts, New York, 1976; *C.B.T.V.*, Ronald Feldman Fine Arts, New York, 1977; *C.B.T.V. and B-Car*, Whitney Museum of American Art, New York, 1980; *The Artist and his Models*, Lowe Art Museum, Miami, 1985; Institute of Contemporary Art, Boston, 1989; The Brooklyn Museum, New York, 1991; *Five Moonettes and Mini Video Circus*, FRAC Languedoc-Roussilon, Montpellier, 1995; *Out of the Museum*, Galerie Krinzinger, Vienna, 1996. Partecipa a numerose mostre collettive, tra cui: *Body Movements*, Museum of Contemporary Art, La Jolla, California, 1971; *Projects Video*, The Museum of Modern Art, New York, 1975; *Biennial Exhibition*, Whitney Museum of American Art, New York, 1977; *The Museum as Site: Sixteen Projects*, Los Angeles County Museum of Art, Los Angeles, 1981; *An International Survey of Recent Painting and Sculpture*, The Museum of Modern Art, New York, 1984; *L.A. Hot and Cool*, M.I.T. List Visual Arts Center, Cambridge, Massachusetts, 1988; *Biennial Exhibition*, Whitney Museum of American Art, New York, 1989; *Image World: Art and Media Culture*, Whitney Museum of American Art, New York, 1990; *The Human Body in Contemporary American Sculpture*, Gagosian Gallery, New York, 1996; *Biennial Exhibition*, Whitney Museum of American Art, New York, 1997; *La Biennale de Lyon d'Art Contemporain*, Lione, 1997. Chris Burden vive e lavora a Topanga in California.

He received his Bachelor of Fine Arts from Pomona College, Claremont, California in 1969, and his Master of Fine Arts from the University of California, Irvine, California in 1971. Burden's solo exhibitions include: Riko Mizuno Gallery, Los Angeles in 1974; Relics, *Ronald Feldman Fine Arts, New York City in 1976;* C.B.T.V., *Ronald Feldman Fine Arts, New York City in 1977;* C.B.T.V. and B-Car, *Whitney Museum of American Art, New York City in 1980;* The Artist and his Models, *Lowe Art Museum, Miami in 1985; Institute of Contemporary Art, Boston in 1989; The Brooklyn Museum, New York in 1991;* Five Moonettes and Mini Video Circus' *FRAC Languedoc-Roussilon, Montpellier in 1995;* Out of the Museum, *Galerie Krinzinger, Vienna in 1996. Selected group exhibitions include:* Body Movements, *La Jolla Museum of Contemporary Art, La Jolla, California in 1971;* Projects Video, *The Museum of Modern Art, New York City in 1975; the* 1977 Biennial Exhibition, *Whitney Museum of American Art, New York City;* The Museum as Site: Sixteen Projects, *Los Angeles County Museum of Art, Los Angeles in 1981;* An International Survey of Recent Painting and Sculpture, *The Museum of Modern Art, New York City in 1984;* L.A. Hot and Cool, *M.I.T. List Visual Arts Center, Cambridge, Massachusetts in 1988; the* 1989 Biennial Exhibition, *Whitney Museum of American Art, New York City;* Image World: Art and Media Culture; *Whitney Museum of American Art, New York City in 1990;* The Human Body in Contemporary American Sculpture, *Gagosian Gallery, New York City in 1996; the* 1997 Biennial Exhibition, *Whitney Museum of American Art, New York City;* La Biennale de Lyon d'art Contemporain, *Lyon in 1997. Chris Burden currently lives and works in Topanga, California.*

Cain, Peter
(Orange, New Jersey, 1959 - New York, 1997)
Frequenta la Parsons School of Design di New York dal 1977 al 1980 e la School of Visual Arts di New York dal 1980 al 1982. Tiene mostre personali presso: Daniel Weinberg Gallery, Los Angeles, 1990; Simon Watson Gallery, New York, 1991; Matthews Marks Gallery, New York, 1992 e 1995; Daniel Weinberg Gallery, Los Angeles, 1995. Tra le mostre collettive ricordiamo: Pat Hearn Gallery, New York, 1989; *Vertigo*, Galerie Thaddaeus Ropac, Parigi, 1990; *Just What Is It That Makes Today's Homes So Different, So Appealing?*, The Hyde Collection, Glens Falls, New York, 1991; *Nayland Blake, Richmond Burton, Peter Cain, Gary Hume*, Matthews Marks Gallery, New York, 1992; *Biennial Exhibitions*, Whitney Museum of American Art, New York, 1993 e 1995; *Desire*, Charles Cowles Gallery, New York, 1994.

He attended the Parsons School of Design in New York City from 1977 to 1980, and the School of Visual Arts, New York City from 1980 to 1982. Cain has had solo exhibitions at: the Daniel Weinberg Gallery, Los Angeles in 1990; Simon Watson Gallery, New York City in 1991; Matthew Marks Gallery, New York City in 1992 and 1995; and the Daniel Weinberg Gallery, Los Angeles in 1995. Selected group exhibitions include: the Pat Hearn Gallery, New York City in 1989; Vertigo, *Galerie Thaddaeus Ropac, Paris in 1990;* Just What Is It That Makes Today's Homes So Different, So Appealing?, *The Hyde Collection, Glens Falls, New York in 1991;* Nayland Blake, Richmond Burton, Peter Cain, Gary Hume, *Matthew Marks Gallery, New York City in 1992; the 1993 and 1995* Biennial Exhibitions, *Whitney*

Museum of American Art, New York City; Desire, *Charles Cowles Gallery, New York City in 1994.*

Chin, Mel
(Houston, Texas, 1951)
Si laurea al George Peabody College for Teachers di Nashville nel 1975. Tra le mostre personali ricordiamo: Robinson Galleries, Houston, 1976; *Modus Operandi: 1974-1985*, Diverse Works, Houston, 1985; *The Operation of the Sun Through the Cult of the Hand*, Loughelton Gallery, New York, 1987; *Selected Weapons*, Frumkin/Adams Gallery, New York, 1988; *Directions: Mel Chin*, Hirshhorn Museum and Sculpture Garden, Washington, D.C., 1989; *Viewpoints: Mel Chin*, Walker Art Center, Minneapolis, Minnesota, 1990; Menil Collection, Houston, 1991; *Soil and Sky*, The Fabric Workshop and Swarthmore College, Filadelfia, 1992; *Anxious Objects*, Colorado State University, Fort Collins, Colorado, 1995. Partecipa a varie mostre collettive, tra cui: *Houston Area*, Blaffer Gallery, University of Houston, 1976; *Fire! An Exhibition of 100 Texas Contemporary Artists*, Contemporary Arts Museum, Houston, 1979; *Showdown: Perspective on the Southwest*, Alternative Museum, New York, 1983; *Public Art in Chinatown*, Asian American Arts Center, New York, 1988; *The Conceptual Impulse*, Security Pacific Gallery, Costa Mesa, California, 1990; *Fragile Ecologies*, Queens Museum of Art, Flushing, New York, 1992; *Black Male: Representations of Masculinity in Contemporary American Art*, Whitney Museum of American Art, New York, 1994; *Texas Myths and Realities*, Museum of Fine Arts, Houston, 1995.
Mel Chin vive e lavora a New York e ad Athens in Georgia.

He received his Bachelor of Arts from George Peabody College for Teachers, Nashville in 1975. Chin's one-person exhibitions include: Robinson Galleries, Houston in 1976; Modus Operandi: 1974-1985, *Diverse Works, Houston, 1985;* The Operation of the Sun through the Cult of the Hand, *Loughelton Gallery, New York City in 1987;* Selected Weapons, *Frumkin/Adams Gallery, New York City in 1988;* Directions: Mel Chin, *Hirshhorn Museum and Sculpture Garden, Washington, D.C. in 1989;* Viewpoints: Mel Chin, *Walker Art Center, Minneapolis, Minnesota in 1990; Menil Collection, Houston in 1991;* Soil and Sky, *The Fabric Workshop and Swarthmore College, Philadelphia in 1992;* Anxious Objects, *Colorado State University, Fort Collins, Colorado in 1995. Mel Chin's group exhibitions include:* Houston Area, *Blaffer Gallery, University of Houston, Texas in 1976;* Fire! An Exhibition of 100 Texas Contemporary Artists, *Contemporary Arts Museum, Houston in 1979;* Showdown: Perspective on the Southwest, *Alternative Museum, New York City in 1983;* Public Art in Chinatown, *Asian American Arts Center, New York City in 1988;* The Conceptual Impulse, *Security Pacific Gallery, Costa Mesa, California in 1990;* Fragile Ecologies, *Queens Museum of Art, Flushing, New York in 1992;* Black Male: Representations of Masculinity in Contemporary American Art, *Whitney Museum of American Art, New York City in 1994;* Texas Myths and Realities, *Museum of Fine Arts, Houston in 1995. Mel Chin currently lives and works in New York City and Athens, Georgia.*

Colescott, Robert
(Oakland, California, 1925)
Frequenta l'Università di California a Berkeley, conseguendo il Bachelor of Arts nel 1949 e il Master of Arts nel 1952. Dal 1949 al 1950 è allievo di Fernand Léger a Parigi. Tra le mostre personali di Colescott ricordiamo: Miller Pollard Gallery, Seattle, Washington, 1953; Fountain Gallery, Portland, Oregon, 1960; Art Museum, Portland, Oregon, 1966; Spectrum Gallery, New York, 1973; *The Artist and The Model*, Institute of Contemporary Art, University of Pennsylvania, Filadelfia, 1985; *A Retrospective, 1975-1986*, San José Museum of Art, San José, California, 1987; *A Retrospective*, The Seattle Art Museum, Seattle, 1989; Phyllis Kind Gallery, New York, 1991; *Works on Paper*, Van Every Gallery, Davidson College, Davidson, New Jersey, 1997. Partecipa alle seguenti mostre collettive: *Salon de Mai*, Parigi, 1950; *Centennial Exhibit*, Art Museum, Portland, Oregon, 1959; *American Painting Today*, Art Museum, Grand Rapids, Michigan, 1961; *West Coast 1974: The Black Image*, Crocker Gallery, Sacramento, California, 1974; *Painting and Sculpture in California*, Museum of Modern Art, San Francisco, 1976; *Art about Art*, Whitney Museum of American Art, New York, 1978; *Biennial Exhibition*, Whitney Museum of American Art, New York, 1983; *The Blues Aesthetic: Black Culture and Modernism*, The Washington Project for the Arts, Washington, D.C., 1989; *The Decade Show: Frameworks of Identity in the 1980's*, Museum of Contemporary Hispanic Art, The New Museum of Contemporary Art e lo Studio Museum in Harlem, New York, 1990; *Black Male: Representations of Masculinity in Contemporary American Art*, Whitney Museum of American Art, New York, 1994; Padiglione americano, *XLVII Biennale di Venezia*, Venezia, 1997. Robert Colescott vive e lavora a Tucson in Arizona.

He attended the University of California at Berkeley, receiving his Bachelor of Arts there in 1949 and his Master of Arts in 1952. From 1949 to 1950, he was a student of Fernand Léger in Paris. Colescott's solo exhibitions include: Miller Pollard Gallery in Seattle, Washington in 1953; Fountain Gallery, Portland, Oregon in 1960; Portland Art Museum, Portland, Oregon in 1966; Spectrum Gallery, New York City in 1973; The Artist and The Model, *Institute of Contemporary Art, University of Pennsylvania, Philadelphia in 1985;* A Retrospective, 1975-1986, *San José Museum of Art, San José, California in 1987;* A Retrospective, *The Seattle Art Museum, Seattle, Washington in 1989; Phyllis Kind Gallery, New York City in 1991;* Works on Paper, *Van Every Gallery, Davidson College, Davidson, New Jersey in 1997. Selected group exhibitions include: the* Salon de Mai, *Paris in 1950;* Centennial Exhibit, *Portland Art Museum, Portland, Oregon in 1959;* American Painting Today, *Grand Rapids Art Museum, Grand Rapids, Michigan in 1961;* West Coast 1974: The Black Image, *Crocker Gallery, Sacramento, California;* Painting and Sculpture in California, *San Francisco Museum of Modern Art, San Francisco in 1976;* Art about Art, *Whitney Museum of American Art, New York City in 1978; the* 1983 Biennial Exhibition, *Whitney Museum of American Art, New York City;* The Blues Aesthetic: Black Culture and Modernism, *The Washington Project for the Arts, Washington, D.C. in 1989;* The Decade Show: Frameworks of Identity in the 1980's, *Museum of Contemporary Hispanic Art, The New Museum of Contemporary Art, and the Studio Museum in Harlem, New York City in 1990;* Black Male: Representations of Masculinity in Contemporary American Art, *Whitney Museum of American Art, New York City in 1994; the* Venice Biennale, *Venice in 1997. Robert Colescott currently lives and works in Tucson, Arizona.*

Dunham, Carroll
(New Haven, Connecticut, 1949)
Si laurea al Trinity College di Hartford, Connecticut, nel 1973. Tiene mostre personali presso: Artists Space, New York, 1981; Barbara Krakow Gallery, Boston, 1986; *Drawings 1982-1983*, Galerie Fred Jahn, Monaco, 1988; *Drawings*, Mukai Gallery, Tokyo, 1991; Sonnabend Gallery, New York, 1993; *Selected Paintings 1990-95*, School of the Museum of Fine Arts, Boston, 1995; *Recent Drawings*, Nolan/Eckman Gallery, New York, 1996. Tra le mostre collettive ricordiamo: *Lineup*, The Drawing Center, New York, 1978; *Carroll Dunham & Terry Winters*, Jean Bernier Gallery, Atene, 1983; *Biennial Exhibition*, Whitney Museum of American Art, New York, 1985; *Vital Signs: Organic Abstraction from the Permanent Collection*, Whitney Museum of American Art, New York, 1988; *First Impressions: Early Prints by Forty-Six Contemporary Artists*, Walker Art Center, Minneapolis, Minnesota, 1989; *Biennial Exhibitions*, Whitney Museum of American Art, New York, 1991 e 1995; *American Art of the 80's*, Museo d'Arte Moderna e Contemporanea di Trento e Rovereto, Trento, 1992. Carroll Dunham vive e lavora a New York.

He graduated from Trinity College in Hartford, Connecticut in 1973. Dunham has had one-person exhibitions at Artists Space, New York City in 1981; Barbara Krakow Gallery, Boston in 1986; Drawings 1982-1983, *Galerie Fred Jahn, Munich in 1988;* Drawings, *Gallery Mukai, Tokyo in 1991; Sonnabend Gallery, New York City in 1993;* Selected Paintings 1990-95, *School of the Museum of Fine Arts, Boston in 1995;* Recent Drawings, *Nolan/Eckman Gallery, New York City in 1996. His group exhibitions include:* Lineup, *The Drawing Center, New York City 1978;* Carroll Dunham & Terry Winters, *Jan Bernier Gallery, Athens in 1983; the* 1985 Biennial Exhibition, *Whitney Museum of American Art, New York City;* Vital Signs: Organic Abstraction from the Permanent Collection, *Whitney Museum of American Art, New York City in 1988;* First Impressions: Early Prints by Forty-Six Contemporary Artists, *Walker Art Center, Minneapolis, Minnesota in 1989; the* Biennial Exhibitions, *Whitney Museum of American Art, New York City in 1991 and 1995;* American Art of the 80's, *Museo d'Arte Moderna e Contemporanea di Trento e Rovereto, Trento in 1992. Dunham is currently living and working in New York City.*

Durham, Jimmie
(Washington, Arkansas, 1940)
Nel 1963 è co-fondatore a Houston in Texas, dell'Adept Art Center e dell' "Adept Magazine" per artisti appartenenti alle minoranze etniche. Nel 1972 si laurea all'École de Beaux-Arts dell'Università di Ginevra. Tiene mostre personali all'Adept Gallery di Houston e all'Università del Texas a Austin nel 1967, poi alla Circa Gallery, Ginevra, 1972; Alternative Museum, New York, 1985; Exit Art/The First World, New York, 1989; Palais de Beaux-Arts, Bruxelles, 1993; Micheline Szwajcer Gallery, Anversa, 1994 e al Museo di Arte Contemporanea di Pori, 1997. Espone in numerose mostre collettive, tra cui: *Ni'Go Tlunh a Doh ka*, State University at Old Westbury, New York, 1986; *We, The People*, Artists Space, New York, 1987; *Holy Wars*, Exit Art/The First World, New York, 1990; *The Interrupted Life*, The New Museum of Contemporary Art, New York, 1991; *documenta 9*, Kassel, 1992; *Biennial Exhibition*, Whitney Museum of American Art, New York, 1993; *Itinerant Texts*, Camden Art Gallery, Londra, 1996. Jimmie Durham vive e lavora a Marsiglia.

In 1963, he co-founded the Adept Art Center and Adept Magazine for minority artists in Houston, Texas. He received a Bachelor of Arts from the École de Beaux-Arts, University of Geneva in 1972. Durham has had solo exhibitions at the Adept Gallery, Houston and the University of Texas, Austin in 1967; Circa Gallery, Geneva in 1972; the Alternative Museum, New York City in 1985; Exit Art/The First World, New York City in 1989; Palais de Beaux-Arts, Brussels in 1993; Micheline Szwajcer Gallery, Antwerp in 1994; and the Museum of Contemporary Art, Pori in 1997. Selected group exhibitions include: Ni'Go Tlunh a Doh ka, *State University at Old Westbury, New York in 1986;* We, The People, *Artists Space, New York City in 1987;* Holy Wars, *Exit Art/The First World, New York City in 1990;* The Interrupted Life, *The New Museum of Contemporary Art, New York City in 1991;* documenta 9, *Kassel in 1992; the* 1993 Biennial Exhibition, *Whitney Museum of American Art, New York City;* Itinerant Texts, *Camden Art Gallery, London in 1996. Jimmie Durham currently lives and works in Marseille.*

Eisenman, Nicole
(Verdun, Francia, 1965)
Consegue il Master of Fine Arts in pittura alla Rhode Island School of Design di Providence, Rhode Island, nel 1987. Tiene mostre personali alla Shoshana Wayne Gallery, Santa Monica, California, 1992; Trial Balloon, New York, 1993; Jack Tilton Gallery, New York, 1994 e 1996; Centraal Museum, Utrecht, 1995. Tra le mostre collettive a cui prende parte ricordiamo: *Figuring Eros*, Newhouse Center for Contemporary Art, Snug Harbor Cultural Center, Staten Island, New York, 1990; *The Lesbian Museum: 10,000 Years of Penis Envy*, Franklin Furnace, New York, 1991; *1920: The Subtlety of Subversion, The Continuity of Intervention*, Exit Art/The First World, New York, 1993; *Biennial Exhibition*, Whitney Museum of American Art, New York, 1995; *Defining the Nineties: Consensus Making in New York, Miami and Los Angeles*, Museum of Contemporary Art, Miami, 1996. Nicole Eisenman vive e lavora a New York.

She received her Master of Fine Arts in painting at the Rhode Island School of Design, Providence, Rhode Island in 1987. Eisenman has had solo exhibitions at the Shoshana Wayne Gallery, Santa Monica, California in 1992; Trial Balloon, New York City in 1993; Jack Tilton Gallery, New York City in 1994 and 1996; Centraal Museum Utrecht, in 1995. Selected group exhibitions include: Figuring Eros, *Newhouse Center for Contemporary Art, Snug Harbor Cultural Center, Staten Island, New York in 1990;* The Lesbian Museum: 10,000 Years of Penis Envy, *Franklin Furnace, New York City in 1991;* 1920: The Subtlety of Subversion, The Continuity of Intervention, *Exit Art/The First World, New York City in 1993; the* 1995 Biennial Exhibition, *Whitney Museum of American Art, New York City;* Defining the Nineties: Consensus Making in New York, Miami and Los Angeles, *Museum of Contemporary Art, Miami in 1996. Nicole Eisenman is currently living and working in New York City.*

Gallagher, Ellen
(Providence, Rhode Island, 1965)
Tra il 1982 e il 1984 frequenta l'Oberlin College, in Ohio, nel 1982 anche lo Studio 70 di Fort Thomas, Kentucky e nel 1992 la Scuola del Museum of Fine Arts di Boston. Tiene mostre personali presso: Akin Gallery, Boston, 1992; Mario Diacono Gallery, Boston, 1994; Mary Boone Gallery, New York, 1996 e Anthony d'Offay Gallery, Londra, 1996. Tra le mostre collettive cui partecipa ricordiamo: *Ellen Gallagher/A.D. Reid*, The Dark Room, Cambridge, Massachusetts, 1989; *Safe*, School of the Museum of Fine Arts, Boston, 1991; *Word and Image*, Boston Public Library, Boston, 1992; *Travelling Scholars' Exhibit*, Museum of Fine Arts, Boston, 1993; *Airborne/Earthbound*, Mario Diacono Gallery, Boston, 1994; *1995 Biennial Exhibition*, Whitney Museum of American Art, New York, 1995; *Inside the Visible*, Institute of Contemporary Art, Boston, 1996; *The Body of Painting*, Mario Diacono Gallery, Boston, 1997. Ellen Gallagher vive e lavora a Provincetown in Massachusetts.

She attended Oberlin College, Ohio from 1982 to 1984, as well as Studio 70 in Fort Thomas, Kentucky in 1982. In 1992, she attended the School of the Museum of Fine Arts, Boston. Ellen Gallagher has had solo exhibitions at the Akin Gallery, Boston in 1992; Mario Diacono Gallery, Boston in 1994; Mary Boone Gallery, New York City and the Anthony d'Offay Gallery, London in 1996. Selected group exhibitions include: Ellen Gallagher/A.D. Reid, *The Dark Room, Cambridge, Massachusetts in 1989;* Safe, *School of the Museum of Fine Arts, Boston in 1991;* Word and Image, *Boston Public Library, Boston in 1992;* Traveling Scholars' Exhibit, *Museum of Fine Arts, Boston in 1993;* Airborne/Earthbound, *Mario Diacono Gallery, Boston in 1994; the* 1995 Biennial Exhibition, *Whitney Museum of American Art, New York City;* Inside the Visible, *Institute of Contemporary Art, Boston in 1996;* The Body of Painting, *Mario Diacono Gallery, Boston in 1997. Ellen Gallagher currently lives and works in Provincetown, Massachusetts.*

Golub, Leon
(Chicago, Illinois, 1922)
Nel 1942 si laurea in storia dell'arte all'Università di Chicago e nel 1950 consegue il Master of Fine Arts presso l'Art Institute di Chicago. Tiene mostre personali presso: Contemporary Gallery, Chicago, 1950; The Institute of Contemporary Art, Londra, 1957; Centre Culturel Americain, Parigi, 1960; *1948-1963*, Tyler School of Art, Temple University, Pennsylvania, 1964; Museum of Contemporary Art, Chicago, 1974; The New Museum of Contemporary Art, New York, 1984; *Retrospective*, Galerie Neuendorf, Francoforte, 1988; *Paintings 1987-92*, Institute of Contemporary Art, University of Pennsylvania, Filadelfia, 1992; *Violence Zone: The Weimar Installation*, Kunstfest, Weimar, 1995. Partecipa inoltre a numerose mostre collettive, tra cui: *First Veterans Annual*, School of the Art Institute of Chicago, Chicago, 1947; *Younger American Painters*, The Solomon R. Guggenheim Museum, New York, 1954; *Annual Exhibition*, Whitney Museum of American Art, New York, 1955; *65th American Exhibition*, Art Institute of Chicago, Chicago, 1962; *Peace Exhibition*, Philadelphia Museum of Art, Filadelfia, 1970; *Biennial Exhibition*, Whitney Museum of American Art, New York, 1983; *documenta 8*, Kassel, 1987; *Devil on the Stairs: Looking Back on the Eighties*, The Institute of Contemporary Art, University of Pennsylvania, Filadelfia, 1991; *The 43rd Biennial Exhibition of Contemporary American Painting*, Corcoran Museum of Art, Washington, D.C., 1993; *Thinking Print: Books to Billboards, 1980-95*, The Museum of Modern Art, New York, 1996. Leon Golub vive e lavora a New York.

He graduated from the University of Chicago with a Bachelor of Arts in Art History in 1942. In 1950, he graduated from the Art Institute of Chicago with a Master of Fine Arts. Golub has had one-person exhibitions at: the Contemporary Gallery, Chicago in 1950; The Institute of Contemporary Art, London in 1957; the Centre Culturel Americain, Paris in 1960; 1948-1963, *Tyler School of Art, Temple University, Pennsylvania in 1964; Museum of Contemporary Art, Chicago in 1974; The New Museum of Contemporary Art, New York City in 1984;* Retrospective, *Galerie Neuendorf, Frankfurt in 1988;* Paintings 1987-92, *Institute of Contemporary Art, University of Pennsylvania, Philadelphia in 1992;* Violence Zone: The Weimar Installation, *Kunstfest Weimar in 1995. Golub has also been in numerous group exhibitions, among them:* First Veterans Annual, *School of the Art Institute of Chicago in 1947;* Younger American Painters, *Solomon R. Guggenheim Museum, New York City in 1954;* Annual Exhibition, *Whitney Museum of American Art, New York City in 1955;* 65th American Exhibition, *Art Institute of Chicago, Chicago in 1962;* Peace Exhibition, *Philadelphia Museum of Art, Philadelphia in 1970; the* 1983 Biennial Exhibition, *Whitney Museum of American Art, New York City;* documenta 8, *Kassel in 1987;* Devil on the Stairs: Looking Back on the Eighties, *The Institute of Contemporary Art, University of Pennsylvania, Philadelphia in 1991;* The 43rd Biennial Exhibition of Contemporary American Painting, *Corcoran Museum of Art, Washington, D.C. in 1993;* Thinking Print: Books to Billboards, 1980-95, *The Museum of Modern Art, New York City in 1996. Leon Golub currently lives and works in New York City.*

Graves, Nancy
(Pittsfield, Massachusetts, 1940- New York, 1995)
Si laurea nel 1963 al Vasser College e nel 1964 consegue il Bachelor of Fine Arts alla Yale University School of Art and Achitecture. Presso la stessa università ottiene anche il Master of Fine Arts. Tra le più importanti mostre personali di Nancy Graves ricordiamo: *Recent Work*, The Berkshire Museum, Pittsfield, Massachusetts, 1964; *Camels*, Whitney Museum of American Art, New York, 1969; *Projects: Nancy Graves*, The Museum of Modern Art, New York, 1971; *New Paintings*, Andre Emmerich Gallery, Inc., New York, 1974; *A Survey*, Albright-Knox Art Gallery, Buffalo, New York, 1980; *A Sculpture Retrospective*, Hirshhorn Museum and Sculpture Garden, Washington, D.C., 1987; *New Works*, Fine Arts Gallery, University of Maryland/Baltimore County, Catonsville, Maryland, 1993; *New Sculpture: Temptations of the Imaginations, The Last Series*, Knoedler and Company, New York, 1996. Partecipa a numerose mostre collettive, tra cui: Philadelphia Arts Council Exhibition, Filadelfia, Pennsylvania, 1966; *Annual Exhibition of Contemporary American Sculpture*, Whitney Museum of American Art, New York, 1972; *200 Years of American Sculpture*, Whitney Museum of American Art, New York, 1976; *documenta 6*, Kassel, 1977; *American Paintings: The Eighties*, Grey Art Gallery and Study Center, New York University, New York, 1979; *1983 Biennial Exhibition*, Whitney Museum of American Art, New York, 1983; *Primitivism in 20th Century Art: Affinity of the Tribal and the Modern*, The Museum of Modern Art, New York, 1984; *Making Their*

Mark: Women Artists Move into the Mainstream, 1970-85, Art Museum, Cincinnati, Ohio, 1989; *Mapping*, The Museum of Modern Art, New York, 1984; *Some Very Important American Artists*, American Arts Festival, Residenza dell'Ambasciatore americano, Giacarta, 1995. Nel 1992 l'Università del Maryland e l'Università di Yale le conferiscono la laurea *ad honorem*.

She received her Bachelor of Arts from Vasser College in 1961. In 1964, Graves graduated from the Yale University School of Art and Architecture with a Bachelor of Fine Arts. She also earned her Master of Fine Arts from Yale University. Some of Graves' notable one-person exhibitions include: Recent Work, *The Berkshire Museum, Pittsfield, Massachusetts in 1964;* Camels, *Whitney Museum of American Art, New York City in 1969;* Projects: Nancy Graves, *The Museum of Modern Art, New York City in 1971;* New Paintings, *Andre Emmerich Gallery, Inc., New York City in 1974;* A Survey, *Albright-Knox Art Gallery, Buffalo, New York in 1980;* A Sculpture Retrospective, *Hirshhorn Museum and Sculpture Garden, Washington, D.C., 1987;* New Works, *Fine Arts Gallery, University of Maryland/Baltimore County, Catonsville, Maryland in 1993;* New Sculpture: Temptations of the Imaginations, The Last Series, *Knoedler and Company, New York City in 1996. Selected group exhibitions include: the Philadelphia Arts Council Exhibition, Philadelphia in 1966;* Annual Exhibition of Contemporary American Sculpture, *Whitney Museum of American Art, New York City in 1970;* Annual Exhibition: Contemporary American Painting, *Whitney Museum of American Art, New York City in 1972;* 200 Years of American Sculpture, *Whitney Museum of American Art, New York City in 1976;* documenta 6, *Kassel in 1977;* American Paintings: The Eighties, *Grey Art Gallery and Study Center, New York University, New York City in 1979; the* 1983 Biennial Exhibition, *Whitney Museum of American Art, New York City;* Primitivism in 20th Century Art: Affinity of the Tribal and the Modern, *The Museum of Modern Art, New York City in 1984;* Making Their Mark: Women Artists Move into the Mainstream, 1970-85, *Cincinnati Art Museum, Cincinnati, Ohio in 1989;* Mapping, *The Museum of Modern Art, New York City in 1994;* Some Very Important American Artists, *American Arts Festival, American Ambassador's Residence, Jakarta in 1995. Nancy Graves received an Honorary Doctor of Fine Arts degree from the University of Maryland, and an Honorary Doctor of Fine Arts degree from Yale University, in 1992.*

Halley, Peter

(New York, 1953)

Si laurea alla Yale University nel 1975 e nel 1978 consegue il Master of Fine Arts all'Università di New Orleans, Louisiana. Tiene mostre personali al Contemporary Art Center, New Orleans, 1978; P.S. 122, New York, 1980; Galerie Daniel Templon, Parigi, 1986; Sonnabend Gallery, New York, 1989; Musée d'Art Contemporain, Bordeaux, 1991; *Peter Halley: Paintings 1989-1992*, Art Center, Des Moines, Iowa, 1992; *Peter Halley: New Project*, Edition Schellman, New York, 1993; Galleria Gian Enzo Sperone, Roma, 1997. Tra le mostre collettive cui partecipa ricordiamo: Newspace Gallery, New Orleans, 1978; Contemporary Arts Center, New Orleans, 1980; *End Game: Reference and Simulation in Recent Painting and Sculpture*, Institute of Contemporary Art, Boston, 1986; *1987 Biennial Exhibition*, Whitney Museum of American Art, New York, 1987; *BiNational: American Art of the Late 80's, German Art of the Late 80's*, Institute of Contemporary Art e Museum of Fine Arts, Boston, 1988; *1991 Biennial Exhibition*, Whitney Museum of American Art, New York, 1991; *The Ends of Abstraction: Selections from the Douglas S. Cramer Collection*, Santa Barbara Contemporary Arts Forum, Santa Barbara, California, 1992; *Geometric Tradition in American Art, 1930-1990*, Whitney Museum of American Art, New York, 1993; *Thinking Print: Books to Billboards, 1980-95*, The Museum of Modern Art, New York, 1996. Peter Halley vive e lavora a New York.

He received a Bachelor of Arts from Yale University in 1975, and in 1978, graduated from the University of New Orleans, Louisiana with a Master of Fine Arts. Halley has had one-person exhibitions at Contemporary Art Center, New Orleans in 1978; P.S. 122, New York City in 1980; Daniel Templon Gallery, Paris in 1986; Sonnabend Gallery, New York City in 1989; Musée d'Art Contemporain, Bordeaux in 1991; Peter Halley: Paintings 1989-1992, *Des Moines Art Center, Des Moines, Iowa in 1992;* Peter Halley: New Project, *Edition Schellman, New York City in 1993; Galleria Gian Enzo Sperone, Rome in 1997. Selected group exhibitions include: Newspace Gallery, New Orleans in 1978; Contemporary Arts Center, New Orleans in 1980;* End Game: Reference and Simulation in Recent Painting and Sculpture, *Institute of Contemporary Art, Boston in 1986; the* 1987 Biennial Exhibition, *Whitney Museum of American Art, New York City;* BiNational: American Art of the Late 80's, German Art of the Late 80's, *Institute of Contemporary Art, and Museum of Fine Arts, Boston in 1988; the* 1991 Biennial Exhibition, *Whitney Museum of American Art, New York City;* The Ends of Abstraction: Selections from the Douglas S. Cramer Collection, *Santa Barbara Contemporary Arts Forum, Santa Barbara, California in 1992;* Geometric Tradition in American Art, 1930-1990, *Whitney Museum of American Art, New York City in 1993;* Thinking Print: Books to Billboards, 1980-95, *The Museum of Modern Art, New York City in 1996. Peter Halley currently lives and works in New York City.*

Hammons, David

(Springfield, Illinois, 1943)

Dal 1964 al 1965 frequenta il Los Angeles Trade Technical City College, dal 1966 al 1968 il Chouinard Art Institute di Los Angeles e dal 1968 al 1972 l'Otis Art Institute della Parson's School of Design, sempre a Los Angeles. Tra le mostre personali ricordiamo: Brockman Gallery, Los Angeles, 1971; *Greasy Bags and Barbecue Bones*, Just Above Midtown Gallery, Inc., New York, 1975; *Dreadlock Series*, Just Above Midtown Gallery, Inc., New York, 1976; Exit Art/The First World, New York, 1989; *Rousing the Rubble*, P.S. 1 Museum, Long Island City, New York, 1990; *Hometown*, Illinois State Museum, Springfield, Illinois, 1993; Kunstverein, Salzburg, 1995. Partecipa a numerose mostre collettive, tra cui: Museum of Art, La Jolla, California, 1970; *Print Making/New Forms*, Whitney Museum of American Art Downtown, New York, 1976; *Higher Goals*, Public Art Fund, Cadman Park, New York, 1986; *The Decade Show: Frameworks of Identity in the 1980's*, Museum of Contemporary Hispanic Art, The New Museum of Contemporary Art e lo Studio Museum in Harlem, New York, 1990; *documenta 9*, Kassel, 1992; *Abject Art: Repulsion and Desire in American Art*, Whitney Museum of American Art, New York, 1993; *Black Male: Representations of Masculinity in Contemporary American Art*, Whitney Museum of American Art, New York, 1994; *Ripple Across the Water*, The Watari Museum of Contemporary Art, Tokyo, 1995; *1997 Biennial Exhibition*, Whitney Museum of American Art, New York. David Hammons vive e lavora a New York e a Roma.

He attended Los Angels Trade Technical City College from 1964 to 1965, Chouinard Art Institute, Los Angeles from 1966 to 1968, and the Otis Art Institute of Parson's School of Design, Los Angeles from 1968 to 1972. Hammon's one-person exhibitions include: Brockman Gallery, Los Angeles in 1971; Greasy Bags and Barbecue Bones, *Just Above Midtown Gallery, Inc., New York City in 1975;* Dreadlock Series, *Just Above Midtown Gallery, Inc., New York City in 1976; Exit Art/The First World, New York City in 1989;* Rousing the Rubble, *P.S. 1 Museum, Long Island City, New York in 1990;* Hometown, *Illinois State Museum, Springfield, Illinois in 1993; Salzburger Kunstverein, Salzburg in 1995. Selected group exhibitions include: La Jolla Museum of Art, La Jolla, California in 1970;* Print Making/New Forms, *Whitney Museum of American Art Downtown, New York City in 1976;* Higher Goals, *Public Art Fund, Cadman Park, New York in 1986;* The Decade Show: Frameworks of Identity in the 1980's, *Museum of Contemporary Hispanic Art, The New Museum of Contemporary Art, and the Studio Museum in Harlem, New York City in 1990;* documenta 9, *Kassel in 1992;* Abject Art: Repulsion and Desire in American Art, *Whitney Museum of American Art, New York City in 1993;* Black Male: Representations of Masculinity in Contemporary American Art, *Whitney Museum of American Art, New York City in 1994;* Ripple Across the Water, *The Watari Museum of Contemporary Art, Tokyo in 1995;* 1997 Biennial Exhibition, *Whitney Museum of American Art, New York City. David Hammons currently lives and works in New York City and Rome.*

Haring, Keith
(Reading, Pennsylvania, 1958 - New York, 1990)
Dal 1978 al 1979 frequenta la School of Visual Arts di New York. Tra le più importanti mostre personali ricordiamo: Pittsburgh Center for the Arts, Pittsburgh, Pennsylvania, 1978; Club 57, New York, 1981; Tony Shafrazi Gallery, New York, 1983; Leo Castelli Gallery, New York, 1985; *Future Primeval*, Queens Museum of Art, New York, 1990; *A Retrospective*, Mitsukoshi Museum of Art, Tokyo, 1993; *Keith Haring*, Castello di Rivoli Museo d'Arte Contemporanea, Rivoli-Torino; *Retrospective*, Whitney Museum of American Art, New York, 1997. Realizza inoltre numerosi murali, tra i quali *Crack is Wack*, 1986, F.D.R. Drive, New York; *Boys Club of New York*, 1987, 135 Pitt Street, New York; *Don't Believe the Hype*, 1988, Houston Street and F.D.R. Drive, New York. Tra le principali mostre collettive citiamo: *Invitational*, Club 57, New York, 1980; *Young Americans*, Tony Shafrazi Gallery, New York, 1982; *1983 Biennial Exhibition*, Whitney Museum of American Art, New York, 1983; *Sacred Images in Secular Art*, Whitney Museum of American Art, New York, 1986; *Committed to Print*, The Museum of Modern Art, New York, 1988; *1991 Biennial Exhibition*, Whitney Museum of American Art, New York, 1991; *The Power of the City/The City of Power*, Whitney Museum of American Art, New York, 1992; *2X Immortal: Elvis & Marilyn*, Institute of Contemporary Art, Boston, 1994; *Thinking Print: Books to Billboards, 1980-95*, The Museum of Modern Art, New York, 1996.

Haring attended the School of Visual Arts in New York City from 1978 to 1979. Some of Haring's most notable solo exhibitions include: Pittsburgh Center for the Arts, Pittsburgh, Pennsylvania in 1978; Club 57, New York City in 1981; Tony Shafrazi Gallery, New York City in 1983; Leo Castelli Gallery, New York City in 1985; Future Primeval, *Queens Museum of Art, Queens, New York in 1990;* A Retrospective, *Mitsukoshi Museum of Art, Tokyo in 1993;* Keith Haring, *Castello di Rivoli - Museo d'Arte Contemporanea, Rivoli-Turin, Italy, in 1994;* Retrospective, *Whitney Museum of American Art, New York City in 1997. Haring also created numerous wall murals, among them:* Crack is Wack, *1986, F.D.R. Drive, New York City;* Boys Club of New York, *1987, 135 Pitt Street, New York City;* Don't Believe the Hype, *1988, Houston Street and F.D.R. Drive, New York City. Selected group exhibitions include:* Invitational, *Club 57, New York City in 1980;* Young Americans, *Tony Shafrazi Gallery, New York City in 1982; the* 1983 Biennial Exhibition, *Whitney Museum of American Art, New York City;* Sacred Images in Secular Art, *Whitney Museum of American Art, New York City in 1986;* Committed to Print, *The Museum of Modern Art, New York City in 1988; the* 1991 Biennial Exhibition, *Whitney Museum of American Art, New York City;* The Power of the City/The City of Power, *Whitney Museum of American Art , New York City in 1992;* 2X Immortal: Elvis & Marilyn, *Institute of Contemporary Art, Boston in 1994;* Thinking Print: Books to Billboards, 1980-95, *The Museum of Modern Art, New York City in 1996.*

Ireland, David
(Bellingham, Washington, 1930)
Dal 1948 al 1950 frequenta la Western Washington State University e dal 1950 al 1953 il California College of Arts and Crafts di Oakland. Dal 1972 al 1974 frequenta sia il Laney College di Oakland sia il San Francisco Art Institute, conseguendo il Master of Fine Arts presso quest'ultimo nel 1974. Tra le mostre personali ricordiamo: *Calcutta Culture Spa*, Art Institute Annual, San Francisco, 1976; *Mr. Gordon's Birthday Party*, 500 Capp Street, San Francisco, 1979; White Columns Gallery, New York, 1980; The New Museum of Contemporary Art, New York, 1984; The Museum of Modern Art, New York, 1988; *David Ireland/Ann Hamilton*, Walker Art Center, Minneapolis, Minnesota, 1992; Arts Club of Chicago, Chicago, 1996. Partecipa a varie mostre collettive, tra cui: DeAnza College, Cupertino, California, 1972; *Works on Paper by Fifteen Bay Area Artists*, Art Institute, San Francisco, 1974; *Elegant Miniatures from San Francisco and Kyoto, Japan*, Kyoto, 1983; *Bay Area Conceptual Art*, Hallwalls Contemporary Art Center, Buffalo, New York, 1989; *Signs of Life, Process and Materials, 1960-1990*, Institute of Contemporary Art, University of Pennsylvania, Filadelfia, 1990; *Mapping*, The Museum of Modern Art, New York, 1994; *Thinking Print: Books to Billboards, 1980-95*, The Museum of Modern Art, New York, 1996. David Ireland vive e lavora a San Francisco.

Ireland attended Western Washington State University from 1948 to 1950, and then from 1950 to 1953 attended the California College of Arts and Crafts, Oakland, California. From 1972 to 1974, he attended both Laney College, Oakland, California and the San Francisco Art Institute, and he earned his Master of Fine Arts from the latter in 1974. Ireland's solo exhibitions include: Calcutta Culture Spa, *San Francisco Art Institute Annual in 1976;* Mr. Gordon's Birthday Party, *500 Capp Street, San Francisco in 1979; White Columns Gallery, New York City in 1980; The New Museum of Contemporary Art, New York City in 1984; The Museum of Modern Art, New York City in 1988;* David Ireland/Ann Hamilton, *Walker Art Center, Minneapolis, Minnesota in 1992; Arts Club of Chicago, Chicago in 1996. Selected group exhibitions include: DeAnza College, Cupertino, California in 1972;* Works on Paper by Fifteen Bay Area Artists, *San Francisco Art Institute, San Francisco in 1974;* Elegant Miniatures from San Francisco and Kyoto, Japan, *Kyoto in 1983;* Bay Area Conceptual Art, *Hallwalls Contemporary Art Center, Buffalo, New York in 1989;* Signs of Life, Process and Materials, 1960-1990, *Institute of Contemporary Art, University of Pennsylvania, Philadelphia in 1990;* Mapping, *The Museum of Modern Art, New York City in 1994;* Thinking Print: Books to Billboards, 1980-95, *The Museum of Modern Art,*

New York City in 1996. David Ireland currently lives and works in San Francisco.

Jenney, Neil
(Torrington, Connecticut, 1945)
Frequenta il Massachusetts College of Art di Boston dal 1964 al 1966. Tra le sue mostre personali ricordiamo: Galleria Rudolf Zwirner, Colonia, 1968; Noah Goldowsky, New York, 1970; Wadsworth Atheneum, Hartford, Connecticut, 1976; *Painting and Sculpture 1967-1980*, Contemporary Arts Museum, Houston, 1981; Oil and Steel Gallery, New York, 1985; Barbara Mathes Gallery, New York, 1990; *Collection in Context: Neil Jenney: Natural Rationalism*, Whitney Museum of American Art, New York, 1994. Le principali mostre collettive a cui partecipa sono: *Anti-Illusion: Procedures/Materials*, Whitney Museum of American Art, New York, 1969; *documenta 5*, Kassel, 1975; *Painting*, Hal Bromm Gallery, New York, 1977; *New Image Painting*, Whitney Museum of American Art, New York, 1978; *An International Survey of Recent Painting and Sculpture*, The Museum of Modern Art, New York, 1984; *1985 Biennial Exhibition*, Whitney Museum of American Art, New York, 1985; *Summer Group Show*, Holly Solomon Gallery, New York, 1988; *Chicago 90*, Vivian Horan Fine Art, New York, 1990; *Space Attitudes*, Holly Solomon Gallery, New York, 1991. Neil Jenney vive e lavora a New York.

He attended Massachusetts College of Art, Boston from 1964 to 1966. His one-person exhibitions include, among others: Galerie Rudolf Zwirner, Cologne in 1968; Noah Goldowsky, New York City in 1970; Wadsworth Atheneum, Hartford, Connecticut in 1976; Painting and Sculpture 1967-1980, *Contemporary Arts Museum, Houston in 1981; Oil and Steel Gallery, New York City in 1985; Barbara Mathes Gallery, New York City in 1990;* Collection in Context: Neil Jenney: Natural Rationalism, *Whitney Museum of American Art, New York City in 1994. Jenney's major group exhibitions include:* Anti-Illusion: Procedures/Materials, *Whitney Museum of American Art, New York City in 1969;* documenta 5, *Kassel in 1975;* Painting, *Hal Bromm Gallery, New York City in 1977;* New Image Painting, *Whitney Museum of American Art, New York City in 1978;* An International Survey of Recent Painting and Sculpture, *The Museum of Modern Art, New York City in 1984;* 1985 Biennial Exhibition, *Whitney Museum of American Art, New York City;* Summer Group Show, *Holly Solomon Gallery, New York City in 1988;* Chicago 90, *Vivian Horan Fine Art, New York City in 1990;* Space Attitudes, *Holly Solomon Gallery, New York City in 1991. Neil Jenney currently lives and works in New York City.*

Kelley, Mike
(Detroit, Michigan, 1954)
Consegue il Bachelor of Fine Arts all'Università del Michigan nel 1976 e il Master of Fine Arts al California Institute of the Arts di Valencia, in California, nel 1978. Tra le sue mostre personali ricordiamo: Mizuno Gallery, Los Angeles, 1981; Hallwalls Contemporary Art Center, Buffalo, New York, 1983; *Vintage Works: 1979-1986*, Rosamund Felsen Gallery, Los Angeles, 1987; *Pansy Metal/Clovered Hoof*, Metro Pictures, New York, 1989; *Half a Man*, Hirshhorn Museum and Sculpture Garden, Washington, D.C., 1991; Whitney Museum of American Art, New York, 1993; *Works on Paper*, Kestner-Gesellschaft, Hannover, 1995. Partecipa a numerose mostre collettive, tra cui: *Manifesto Show*, 5 Bleecker Street, New York, 1979; *Contemporary Drawings*, University Art Museum, University of California, Santa Barbara, 1981; *The Fifth Biennale of Sydney: Private Symbol, Social Metaphor*, Sydney, 1984; *1985 Biennial Exhibition*, Whitney Museum of American Art, New York, 1985; *Allegories of Modernism: Contemporary Drawing*, The Museum of Modern Art, New York, 1992; *Posthuman*, Castello di Rivoli-Museo d'Arte Contemporanea, Rivoli, Torino, 1992; *Biennial Exhibitions*, Whitney Museum of American Art, New York, 1993 e 1995; *It's Only Rock and Roll*, Contemporary Arts Center, Cincinnati, Ohio, 1996. Mike Kelley vive e lavora a Los Angeles.

He received his Bachelor of Fine Arts from the University of Michigan in 1976, and his Master of Fine Arts from the California Institute of the Arts, Valencia, California in 1978. Kelley's one-person exhibitions include: Mizuno Gallery, Los Angeles in 1981; Hallwalls Contemporary Art Center, Buffalo, New York in 1983; Vintage Works: 1979-1986, *Rosamund Felsen Gallery, Los Angeles in 1987;* Pansy Metal/Clovered Hoof, *Metro Pictures, New York City in 1989;* Half a Man, *Hirshhorn Museum and Sculpture Garden, Washington, D.C. in 1991; Whitney Museum of American Art, New York City in 1993;* Works on Paper, *Kestner-Gesellschaft, Hannover in 1995. Selected group exhibitions include:* Manifesto Show, *5 Bleecker Street, New York City in 1979;* Contemporary Drawings, *University Art Museum, University of California, Santa Barbara in 1981;* The Fifth Biennale of Sydney: Private Symbol, Social Metaphor, *Sydney in 1984; the* 1985 Biennial Exhibition, *Whitney Museum of American Art, New York City;* Allegories of Modernism: Contemporary Drawing, *The Museum of Modern Art, New York City in 1992;* Posthuman, *Castello di Rivoli - Museo d'Arte Contemporanea, Rivoli-Turin, Italy, in 1992; the* Biennial Exhibitions *of 1993 and 1995, Whitney Museum of American Art, New York City;* It's Only Rock and Roll, *Contemporary Arts Center, Cincinnati, Ohio, 1996. Mike Kelley is currently living and working in Los Angeles.*

Komar e Melamid
(Komar, Vitaly: Moskva, 1943)
(Melamid, Alexander: Moskva, 1945)
Ambedue si laureano all'Istituto d'Arte e Design Stroganov nel 1967. La loro prima collaborazione è una conferenza/performance all'Accademia d'Arte di Vilnius, Stroganov, nel 1965. Tra le loro successive mostre a quattro mani ricordiamo: Circolo degli scienziati, Accademia Gorodok, Pushino, 1969; *TRANSSTATE*, Ronald Feldman Fine Arts, New York, 1977; *We Buy and Sell Souls*, un'asta/performance alla Ronald Feldman Gallery, New York, 1979; *Business as Usual*, Ronald Feldman Gallery, New York, 1984; Artspace, Sydney, 1987; *Russians in America*, University of North Texas, Denton, Texas, 1989; *People's Choice*, Alternative Museum, New York, 1994; *Made to Order: America's Most Wanted Paintings*, Alternative Museum, New York, 1996. Le principali mostre collettive a cui partecipano sono: *Ottava mostra di giovani artisti*, Unione degli Artisti di Mosca, Mosca, 1968; *New Art from the Soviet Union*, Arts Club, Washington, D.C. e Herbert F. Johnson Museum, Cornell University, Ithaca, New York, 1977; *Nonconformists: Contemporary Works on Paper from the Soviet Union*, University of Maryland Art Gallery, College Park, Maryland, 1980; *Face to Face*, Alternative Museum, New York, 1982; *Artistic Collaboration in the 20th Century*, Hirshhorn Museum and Sculpture Garden, Washington, D.C., 1984; *Committed to Print*, The Museum of Modern Art, New York, 1988; *The Decade Show: Frameworks of Identity in the 1980's*, Museum of Contemporary Hispanic Art, The New Museum of Contemporary Art e Studio Museum in Harlem, New York, 1990; *Devil on the Stairs: Looking Back on the Eighties*, Institute of Contemporary Art, University of Pennsylvania, Filadelfia, 1991; *Temporarily Possessed: The Semi-Permanent Collection*, The New Museum of Contemporary Art, New York, 1995. Komar e Melamid vivono e lavorano a New York.

They both graduated from the Stroganov Institute of Art and Design in 1967. Their first collaboration was in 1965, a lecture/performance at the Academy of Art, Vilnius, Stroganov. Some other joint exhibitions include: Scientists Club, Gorodok Academy, Pushino in 1969; TRANSSTATE, *Ronald Feldman Fine Arts, New York City in 1977;* We Buy and Sell Souls, *an auction/performance at Ronald Feldman Gallery, in 1979;* Business as Usual, *Ronald Feldman Gallery, New York City in 1984; Artspace, Sydney in 1987;* Russians in America, *University of North Texas, Denton, Texas in 1989;* People's Choice, *Alternative Museum, New York City in 1994;* Made to Order: America's Most Wanted Paintings, *Alternative Museum, New York City in 1996. Several group exhibitions of note include:* Eighth Show of Young Artists, *Moscow Artists Union, Moscow in 1968;* New Art from the Soviet Union, *Arts Club of Washington, Washington, D.C. and the Herbert F. Johnson Museum, Cornell University, Ithaca, New York in 1977;* Nonconformists: Contemporary Works on Paper from the Soviet Union, *University of Maryland Art Gallery, College Park, Maryland in 1980;* Face to Face, *Alternative Museum, New York City in 1982;* Artistic Collaboration in the 20th Century, *Hirshhorn Museum and Sculpture Garden, Washington, D.C. in 1984;* Committed to Print, *The Museum of Modern Art, New York City in 1988;* The Decade Show: Frameworks of Identity in the 1980's, *Museum of Con-*

temporary Hispanic Art, The New Museum of Contemporary Art, and the Studio Museum of Harlem, New York City in 1990; Devil on the Stairs: Looking Back on the Eighties, *Institute of Contemporary Art, University of Pennsylvania, Philadelphia in 1991;* Temporarily Possessed: The Semi-Permanent Collection, *The New Museum of Contemporary Art, New York City, 1995. Komar and Melamid are both currently living and working in New York City.*

Koons, Jeff
(York, Pennsylvania, 1955)
Dal 1972 al 1975 frequenta il Maryland Institute College of Art di Baltimora, nel Maryland e dal 1975 al 1976 la Scuola dell'Art Institute di Chicago. Nel 1976 consegue il Bachelor of Fine Arts al Maryland Institute College of Art. Le sue principali mostre personali sono: *The New*, un'installazione per The New Museum of Contemporary Art, New York, 1980; International With Monument, New York, 1985 e 1986; Daniel Weinberg Gallery, Los Angeles, 1987; Museum of Contemporary Art, Chicago, 1988; *Retrospective*, Museum of Modern Art, San Francisco, 1992; *Retrospective*, Stedelijk Museum, Amsterdam, 1992; *A Survery 1981-1994*, Anthony D'Offay Gallery, Londra, 1994; *Puppy*, Museum of Contemporary Art, Sydney, 1995. Partecipa a numerose mostre di gruppo, tra cui: *Art for the Eighties*, Galeria Durban, Caracas, 1980; *Objectivity*, Hallwalls Contemporary Arts Center, Buffalo, New York, 1984; *Biennial Exhibitions*, Whitney Museum of American Art, New York, 1987 e 1989; *The BiNational: American Art of the Late 80's, German Art of the Late 80's*, Institute of Contemporary Art e Museum of Fine Arts, Boston, 1988; *High and Low: Modern Art and Popular Culture*, The Museum of Modern Art, New York, 1990; *The Eighth Biennale of Sydney*, Sydney, 1990; *Power: Its Myths, Icons, and Structures in American Culture, 1961-1991*, Museum of Art, Indianapolis, Indiana, 1990; *American Art in the Twentieth Century*, Royal Academy of Arts, Londra, 1993; *Black Male: Representations of Masculinity in Contemporary American Art*, Whitney Museum of American Art, New York, 1995; *Family Values: American Art in the Eighties and Nineties*, The Scharpff Collection at the Hamburger Kunsthalle, Amburgo, 1997. Jeff Koons vive e lavora a New York.

Koons attended the Maryland Institute College of Art, Baltimore, Maryland from 1972 to 1975, the School of the Art Institute of Chicago from 1975 to 1976. He received his Bachelor of Fine Arts from the Maryland Institute College of Art in 1976. Selected one-person exhibitions include: The New, *a window installation for The New Museum of Contemporary Art, New York City, 1980; International With Monument, New York City in 1985 and 1986; Daniel Weinberg Gallery, Los Angeles in 1987; Museum of Contemporary Art, Chicago in 1988;* Retrospective, *San Francisco Museum of Modern Art, San Francisco in 1992;* Retrospective, *Stedelijk Museum, Amsterdam in 1992;* A Survey 1981-1994, *Anthony D'Offay Gallery, London in 1994;* Puppy, *Museum of Contemporary Art, Sydney in 1995. Koons has also been in numerous group exhibitions, among them:* Art for the Eighties, *Galeria Durban, Caracas in 1980;* Objectivity, *Hallwalls Contemporary Arts Center, Buffalo, New York in 1984; the* Biennial Exhibitions *of 1987 and 1989, Whitney Museum of American Art, New York City;* The BiNational: American Art of the Late 80's, German Art of the Late 80's, *Institute of Contemporary Art, and Museum of Fine Arts, Boston in 1988;* High and Low: Modern Art and Popular Culture, *The Museum of Modern Art, New York City in 1990;* The Eighth Biennale of Sydney, *Sydney in 1990;* Power: Its Myths, Icons, and Structures in American Culture, 1961-1991, *Indianapolis Museum of Art, Indianapolis, Indiana in 1990;* American Art in the Twentieth Century, *Royal Academy of Arts, London in 1993;* Black Male: Representations of Masculinity in Contemporary American Art, *Whitney Museum of American Art, New York City in 1995;* Family Values: American Art in the Eighties and Nineties, *The Scharpff Collection at the Hamburger Kunsthalle, Hamburg in 1997. Jeff Koons currently lives and works in New York City.*

Levine, Sherrie
(Hazelton, Pennsylvania, 1947)
Frequenta l'Università del Wisconsin a Madison, conseguendovi il Bachelor of Fine Arts nel 1969 e il Master of Fine Arts nel 1973. Tiene mostre personali a: De Saisset Art Museum, Santa Clara, California, 1974; Hallwalls Contemporary Arts Center, Buffalo, New York, 1978; Metro Pictures, New York, 1981; Mary Boone Gallery, New York, 1987; Hirshhorn Museum and Sculpture Garden, Washington, D.C., 1988; Westfälisches Landesmuseum, Münster, 1992; Museum of Contemporary Art, Los Angeles, 1995; Margo Leavin Gallery, Los Angeles, 1996. Tra le mostre di gruppo ricordiamo: *Pictures*, Artists Space, New York, 1977; *documenta* 7, Kassel, 1982; *1985 Biennial Exhibition*, Whitney Museum of American Art, New York, 1985; *Avant-Garde in the Eighties*, Los Angeles County Museum of Art, Los Angeles, 1987; *1989 Biennial Exhibition*, Whitney Museum of American Art, New York, 1989; *Devil on the Stairs: Looking Back on the Eighties*, Institute of Contemporary Art, University of Pennsylvania, Filadelfia, 1991; *Allegories of Modernism: Contemporary Drawing*, The Museum of Modern Art, New York, 1992; *Temporarily Possessed*, The New Museum of Contemporary Art, New York, 1995; *Altered and Irrational: Selections from the Permanent Collection*, Whitney Museum of American Art, New York, 1995. Sherrie Levine vive e lavora a New York.

She earned a Bachelor of Fine Arts from the University of Wisconsin, Madison, Wisconsin in 1969, and a Master of Fine Arts from the same school in 1973. Levine has had one-person exhibitions at: De Saisset Art Museum, Santa Clara, California in 1974; Hallwalls Contemporary Arts Center, Buffalo, New York in 1978; Metro Pictures, New York City in

1981; Mary Boone Gallery, New York City in 1987; Hirshhorn Museum and Sculpture Garden, Washington, D.C. in 1988; Westfälisches Landesmuseum, Münster in 1992; the Museum of Contemporary Art, Los Angeles in 1995; Margo Leavin Gallery, Los Angeles in 1996. Selected group exhibitions include: Pictures, *Artists Space, New York City in 1977;* documenta 7, *Kassel in 1982; the* 1985 Biennial Exhibition, *Whitney Museum of American Art, New York City;* Avant-Garde in the Eighties, *Los Angeles County Museum of Art, Los Angeles in 1987; the* 1989 Biennial Exhibition, *Whitney Museum of American Art, New York City;* Devil on the Stairs: Looking Back on the Eighties, *Institute of Contemporary Art, University of Pennsylvania, Philadelphia in 1991;* Allegories of Modernism: Contemporary Drawing, *The Museum of Modern Art, New York City in 1992;* Temporarily Possessed, *The New Museum of Contemporary Art, New York City in 1995;* Altered and Irrational: Selections from the Permanent Collection, *Whitney Museum of American Art, New York City in 1995. Sherrie Levine currently lives and works in New York City.*

LeWitt, Sol
(Hartford, Connecticut, 1928)
Consegue il Bachelor of Fine Arts all'Università di Syracuse nel 1949. Tra le sue mostre personali, le più importanti sono: John Daniels Gallery, New York, 1965; *Sculptures and Wall Drawings*, Museum Haus Lange, Krefeld, 1969; Kunsthalle, Berna, 1972; Museum of Modern Art, San Francisco, 1974; *Graphik: 1970-1975*, Kunsthalle, Basilea, 1975; The Art Gallery of New South Wales, Sydney, 1977; The Museum of Modern Art, New York, 1978; *Wall Drawings and Works on Paper*, Stedelijk Museum, Amsterdam, 1984; *Prints: 1970-1986*, The Tate Gallery, Londra, 1986; *Drawings 1958-1992*, Haags Gemeentemuseum, L'Aia, 1992; *Wall Drawings: 25 Years of Wall Drawings, 1969-1991*, RENN Espace d'Art Contemporain, Parigi, 1994; *Prints: 1970-1995*, The Museum of Modern Art, New York, 1996. Tra le mostre di gruppo ricordiamo: St. Mark's Church, New York, 1963; *Primary Structures*, Jewish Museum, New York, 1966; *documenta 4*, Kassel, 1968; *When Attitudes Become Form*, Kunsthalle, Berna, 1969; *Drawing Now*, The Museum of Modern Art, New York, 1976; *200 Years of American Sculpture*, Whitney Museum of American Art, New York, 1976; *Westkunst*, Colonia, 1981; *La Grande Parade: Highlights in Painting since 1940*, Stedelijk Museum, Amsterdam, 1984; *Zeitlos*, Hamburger Bahnhof, Berlino, 1988; *L'Art Conceptuel, Une Perspective*, Musée d'art moderne de la ville de Paris, Parigi, 1989; *Arte & Arte, Castello di Rivoli-Museo d'Arte Contemporanea, Rivoli, Torino, 1991; Drawing Rooms: Jonathan Borofsky, Sol LeWitt, Richard Serra*, Modern Art Museum, Fort Worth, Texas, 1994; *Passions Privées*, Musée d'art moderne de la ville de Paris, Parigi, 1996. Sol LeWitt vive e lavora a Chester in Connecticut.

LeWitt earned a Bachelor of Fine Arts from Syracuse University in 1949. Selected solo exhibitions include: John Daniels Gallery, New York City in 1965; Sculptures and Wall Drawings, *Museum Haus Lange, Krefeld in 1969; Kunsthalle, Bern in 1972; San Francisco Museum of Modern Art, San Francisco in 1974;* Graphik: 1970-1975, *Kunsthalle, Basel in 1975; The Art Gallery of New South Wales, Sydney in 1977; The Museum of Modern Art, New York City in 1978;* Wall Drawings and Works on Paper, *Stedelijk Museum, Amsterdam in 1984;* Prints: 1970-1986, *The Tate Gallery, London in 1986;* Drawings 1958-1992, *Haags Gemeentemuseum, The Hague in 1992;* Wall Drawings: 25 Years of Wall Drawings, 1969-1991, *RENN Espace d'Art Contemporain, Paris in 1994;* Prints: 1970-1995, *The Museum of Modern Art, New York City in 1996. Selected group exhibitions include: St. Mark's Church, New York City in 1963;* Primary Structures, *Jewish Museum, New York City in 1966;* documenta 4, *Kassel in 1968;* When Attitudes Become Form, *Kunsthalle, Bern in 1969;* Drawing Now, *The Museum of Modern Art, New York City in 1976;* 200 Years of American Sculpture, *Whitney Museum of American Art, New York City in 1976;* Westkunst, *Cologne in 1981;* La Grande Parade: Highlights in Painting since 1940, *Stedelijk Museum, Amsterdam in 1984;* Zeitlos, *Hamburger Bahnhof, Berlin in 1988;* L'Art Conceptuel, Une Perspective, *Musée d'Art Moderne de la Ville de Paris, Paris in 1989;* Arte & Arte, *Castello di Rivoli-Museo d'Arte contemporanea, Rivoli-Turin, Italy in 1991;* Drawing Rooms: Jonathan Borofsky, Sol LeWitt, Richard Serra, *Modern Art Museum, Fort Worth, Texas in 1994;* Passions Privées, *Musée d'Art Moderne de la Ville de Paris, Paris in 1996. Sol LeWitt currently lives and works in Chester, Connecticut.*

Ligon, Glenn
(Bronx, New York, 1960)
Nel 1980 studia alla Rhode Island School of Design di Providence. Nel 1982 consegue il Bachelor of Arts alla Wesleyan University di Middletown, in Connecticut e nel 1985 partecipa all'Independent Study Program del Whitney Museum di New York. Tra le mostre personali ricordiamo: Davidson Art Center, Wesleyan University, 1982; P.S. 1 Museum, The Institute for Contemporary Art, Long Island City, New York, 1990; White Columns, New York, 1991; *Good Mirrors Are Not Cheap*, Whitney Museum of American Art at Philip Morris, New York, 1992; *To Disembark*, Hirshhorn Museum and Sculpture Garden, Washington, D.C., 1993; Art Center, Des Moines, Iowa, 1995; *The Evidence of Things Not Seen: Drawings by Glenn Ligon*, Brooklyn Museum, Brooklyn, New York, 1996; *New Work*, Museum of Modern Art, San Francisco, 1996; Institute for Contemporary Art, University of Pennsylvania, Filadelfia, 1997. Tra le mostre di gruppo ricordiamo: *Artists in the Marketplace*, Bronx Museum of the Arts, New York, 1984; *Selections 46*, The Drawing Center, New York, 1989; *Public Mirror: Art Against Racism*, The Clocktower Gallery, The Institute for Contemporary Art, New York, 1990; *Biennial Exhibitions*, Whitney Museum of American Art, New York, 1991 e 1993; *Black Male: Representations of Masculinity in Contemporary American Art*, Whitney Museum of American Art, New York, 1994; *Glenn Ligon, Gary Simmons*, Fabric Workshop, Filadelfia, Pennsylvania, 1995; *Thinking Print: Books to Billboards, 1980-95*, The Museum of Modern Art, New York, 1996; *Harlem Re/Naissance: A 20th-Century Moment*, Hayward Gallery, Londra, 1997. Glenn Ligon vive e lavora a New York.

Ligon studied at Rhode Island School of Design, Providence in 1980. He graduated from Wesleyan University, Middletown, Connecticut with a Bachelor of Arts in 1982, and participated in the Whitney Museum Independent Study Program, New York City in 1985. Ligon's one-person exhibitions include: Davidson Art Center, Wesleyan University in 1982; P.S. 1 Museum, The Institute for Contemporary Art, Long Island City, New York in 1990; White Columns, New York City in 1991; Good Mirrors Are Not Cheap, *Whitney Museum of American Art at Philip Morris, New York City in 1992;* To Disembark, *Hirshhorn Museum and Sculpture Garden, Washington, D.C. in 1993; Des Moines Art Center, Des Moines, Iowa in 1995;* The Evidence of Things Not Seen: Drawings by Glenn Ligon, *Brooklyn Museum, Brooklyn, New York in 1996;* New Work, *San Francisco Museum of Modern Art, San Francisco in 1996; Institute for Contemporary Art, University of Pennsylvania, Philadelphia in 1997. Selected group shows include:* Artists in the Marketplace, *Bronx Museum of the Arts, New York in 1984;* Selections 46, *The Drawing Center, New York City in 1989;* Public Mirror: Art Against Racism, *The Clocktower Gallery, The Institute for Contemporary Art, New York in 1990; the 1991 and 1993* Biennial Exhibitions, *Whitney Museum of American Art, New York City;* Black Male: Representations of Masculinity in Contemporary American Art, *Whitney Museum of American Art, New York City in 1994;* Glenn Ligon, Gary Simmons, *Fabric Workshop, Philadelphia, Pennsylvania, in 1995;* Thinking Print: Books to Billboards, 1980-95, *The Museum of Modern Art, New York City in 1996;* Harlem Re/Naissance: A 20th-Century Moment, *Hayward Gallery, London in 1997. Glenn Ligon currently lives and works in New York City.*

Lobe, Robert
(Detroit, Michigan, 1945)
Frequenta l'Oberlin College in Ohio dal 1963 al 1967 e l'Hunter College di New York dal 1967 al 1968. Tiene numerose mostre personali, tra cui: Zabriskie Gallery, New York, 1974; Hammarskjold Plaza Sculpture Garden, New York, 1977; Willard Gallery, New York, 1984; Blum Helman Gallery, New York, 1989; The Museum of Art, Cleveland, Ohio, 1990; Department of Environmental Protection, Trenton, New Jersey, 1991; Blum Helman Warehouse, New York, 1992; *Natural Resources*, Greater Reston Arts Council, Reston, Virginia, 1996. Tra le mostre di gruppo a cui partecipa ricordiamo: *Other Ideas*,

Detroit Institute of Arts, Detroit, Michigan, 1969; *Anti-Illusion: Procedure/Material*, Whitney Museum of American Art, New York, 1969; *Annual Exhibition of Contemporary Sculpture*, Whitney Museum of American Art, New York, 1970; *Contemporary American Painting and Sculpture Biennial*, Whitney Museum of American Art, New York, 1973; *76 Jefferson Street*, The Museum of Modern Art, New York, 1975; *Young American Artists*, The Solomon R. Guggenheim Museum, New York, 1978; *American Sculpture*, Margo Leavin Gallery, Los Angeles, 1984; *1987 Biennial Exhibition*, Whitney Museum of American Art, New York, 1987; *4 Americans: Aspects of Current Sculpture*, The Brooklyn Museum, New York, 1989; *Revisiting Landscape*, California Center for the Arts, Escondido, California, 1995. Robert Lobe vive e lavora a New York.

He attended Oberlin College, Ohio from 1963 to 1967, and Hunter College, New York City from 1967 to 1968. He has had solo exhibitions at, among other places: Zabriskie Gallery, New York City in 1974; Hammarskjold Plaza Sculpture Garden, New York City in 1977; Willard Gallery, New York City in 1984; Blum Helman Gallery, New York City in 1989; The Cleveland Museum of Art, Cleveland, Ohio in 1990; Department of Environmental Protection, Trenton, New Jersey in 1991; Blum Helman Warehouse, New York City in 1992; Natural Resources, *Greater Reston Arts Council, Reston, Virginia in 1996. Selected group exhibitions include:* Other Ideas, *Detroit Institute of Arts, Detroit in 1969;* Anti-Illusion: Procedure/Material, *Whitney Museum of American Art, New York City in 1969;* Annual Exhibition of Contemporary Sculpture, *Whitney Museum of American Art, New York City in 1970;* Contemporary American Painting and Sculpture Biennial, *Whitney Museum of American Art, New York City in 1973;* 76 Jefferson Street, *The Museum of Modern Art, New York City in 1975;* Young American Artists, *Solomon R. Guggenheim Museum, New York City in 1978;* American Sculpture, *Margo Leavin Gallery, Los Angeles in 1984; the* 1987 Biennial Exhibition, *Whitney Museum of American Art, New York City;* 4 Americans: Aspects of Current Sculpture, *The Brooklyn Museum, Brooklyn, New York in 1989;* Revisiting Landscape, *California Center for the Arts, Escondido, California in 1995. Robert Lobe currently lives and works in New York City.*

Martin, Agnes
(Maklin, Saskatchewan, 1912)
Nel 1935 si trasferise negli Stati Uniti e dal 1935 al 1938 frequenta il Western Washington State College di Bellingham, nello stato di Washington. Nel 1942 si laurea al Teacher's College della Columbia University a New York. Dal 1946 al 1948 frequenta l'Università del Nuovo Messico, presso la quale insegna tra il 1947 e il 1948. Nel 1952 riceve il Master of Fine Arts dalla Columbia University. Tiene numerose mostre personali, tra cui: Betty Parsons Gallery, New York, 1958; *Paintings*, Betty Parsons Gallery, New York, 1961; *Paintings*, Robert Elkon Gallery, New York, 1966; Institute of Contemporary Art, University of Pennsylvania, Filadelfia, 1973; *Agnes Martin: New Paintings*, The Pace Gallery, New York, 1975; Glenbow-Alberta Institute, Calgary, Alberta, 1982; *Recent Paintings*, Waddington Galleries, Londra, 1986; *New Paintings*, The Pace Gallery, New York, 1990; *Paintings and Drawings 1974-1990*, Stedelijk Museum, Amsterdam, 1991; Whitney Museum of American Art, New York, 1992; *New Painting*, PaceWildenstein, New York, 1996; *Recent Paintings*, PaceWildenstein, New York, 1997. Tra le mostre di gruppo a cui partecipa ricordiamo: *1961 Pittsburgh International Exhibition of Contemporary Painting and Sculpture*, Carnegie Institute, Pittsburgh, Pennsylvania, 1961; *Geometric Abstraction in America*, Whitney Museum of American Art, New York, 1962; *1967 Annual Exhibition of Contemporary American Sculpture and Prints*, Whitney Museum of American Art, New York, 1967; *The Responsive Eye*, The Museum of Modern Art, New York, 1967; *documenta 5*, Kassel, 1972; *The Reductive Object: A Survey of the Minimalist Aesthetic in the 1960's*, Institute of Contemporary Art, Boston, 1979; *The 37th Biennial Exhibition of Contemporary Painting*, Corcoran Gallery of Art, Washington, D.C., 1981; *Abstraction-Geometry-Painting: Selected Geometric Abstract Painting in America Since 1945*, Albright-Knox Art Gallery, Buffalo, New York, 1989; *Geometric Tradition in American Art, 1930-1990*, Whitney Museum of American Art, New York, 1992; *American Art in the Twentieth Century: Painting and Sculpture 1913-1993*, Martin-Gropius-Bau, Berlino, 1993; *Retrospektiv I: Agnes Martin, Robert Mangold Werke 1962-1994*, Galerie Annemarie Verna, Zurigo, 1994; *1995 Biennial Exhibition*, Whitney Museum of American Art, New York, 1995; *Abstraction in the 20th Century: Total Risk, Freedom, Discipline*, The Solomon R. Guggenheim Museum,New York, 1996; *XLVII Biennale di Venezia*, Venezia 1997. Agnes Martin vive e lavora a Taos in Nuovo Messico.

She moved to the United States in 1932 and, from 1935 to 1938, studied at Western Washington State College, Bellingham, Washington. In 1942, she graduated from the Teacher's College, Columbia University, New York City with a Bachelor of Science. From 1946 to 1948 she attended the University of New Mexico, where she also taught from 1947 to 1948. Martin received her Master of Fine Arts from Columbia University, New York City in 1952. She has had numerous solo exhibitions, among them: Betty Parsons, New York City in 1958; Paintings, *Betty Parsons Gallery in 1961;* Paintings, *Robert Elkon Gallery, New York City in 1966; Institute of Contemporary Art, University of Pennsylvania, Philadelphia in 1973;* Agnes Martin: New Paintings, *The Pace Gallery, New York City in 1975; Glenbow-Alberta Institute, Calgary, Alberta, Canada in 1982;* Recent Paintings, *Waddington Galleries, London in 1986;* New Paintings, *The Pace Gallery, New York City in 1990;* Paintings and Drawings 1974-

1990, *Stedelijk Museum, Amsterdam, Netherlands in 1991; Whitney Museum of American Art, New York City in 1992;* New Painting, *PaceWildenstein, New York City in 1996;* Recent Paintings, *PaceWildenstein in 1997. Selected group exhibitions include: the* 1961 Pittsburgh International Exhibition of Contemporary Painting and Sculpture, *Carnegie Institute, Pittsburgh, Pennsylvania;* Geometric Abstraction in America, *Whitney Museum of American Art, New York City in 1962; the* 1967 Annual Exhibition of Contemporary American Sculpture and Prints, *Whitney Museum of American Art, New York City;* The Responsive Eye, *The Museum of Modern Art, New York City in 1967;* documenta 5, *Kassel, Germany in 1972;* The Reductive Object: A Survey of the Minimalist Aesthetic in the 1960's, *Institute of Contemporary Art, Boston in 1979;* The 37th Biennial Exhibition of Contemporary Painting, *Corcoran Gallery of Art, Washington, D.C. in 1981;* Abstraction-Geometry-Painting: Selected Geometric Abstract Painting in America Since 1945, *Albright-Knox Art Gallery, Buffalo, New York in 1989;* Geometric Tradition in American Art, 1930-1990, *Whitney Museum of American Art, New York City in 1992;* American Art in the Twentieth Century: Painting and Sculpture 1913-1993, *Martin-Gropius-Bau, Berlin in 1993;* Retrospektiv I: Agnes Martin, Robert Mangold Werke 1962-1994, *Annemarie Verna Galerie, Zurich, Switzerland in 1994; the* 1995 Biennial Exhibition, *Whitney Museum of American Art, New York City;* Abstraction in the 20th Century: Total Risk, Freedom, Discipline, *Solomon R. Guggenheim Museum, New York City in 1996; the* XLVII Venice Biennale, *Venice in 1997. Agnes Martin currently lives and works in Taos, New Mexico.*

Mendieta, Ana

(Avana, Cuba, 1948 - New York, 1985)

Consegue il Master of Arts e il Master of Fine Arts all'Università dell'Iowa. Le sue principali mostre personali sono: Iowa Memorial Union, University of Iowa, Iowa City, 1971; A.I.R. Gallery, New York, 1979; Museo de Arte Contemporaneo, San Paolo, 1980; The New Museum of Contemporary Art, New York, 1987; *The Silueta Series*, Wexner Center for the Arts, Columbus, Ohio, 1993; *Ana Mendieta: The Late Works*, Center for Contemporary Art, Cleveland, Ohio, 1994; Centro Galego de Arte Contemporanea, Santiago, 1996. Tra le più importanti mostre di gruppo a cui partecipa ricordiamo: 112 Greene Street, New York, 1975; *Variations of Latin Themes in New York*, The Center for Inter-American Relations, New York, 1978; *Dialects of Isolation: An Exhibition of Third World Women Artists in the United States*, A.I.R. Gallery, New York, 1980; *Art Across the Park*, El Museo del Barrio, New York, 1982; *Annual Exhibition*, American Academy, Roma, 1984; *In Homage to Ana Mendieta*, Zeus-Trabia Gallery, New York, 1986; *The Decade Show: Frameworks of Identity in the 1980's*, Museum of Contemporary Hispanic Art, The New Museum of Contemporary Art e lo Studio Museum in Harlem, New York, 1990; *El Corazón Sangrante: The Bleeding Heart*, Institute of Contemporary Art, Boston, 1991; *Photography: Expanding the Collection*, Whitney Museum of American Art, New York, 1993; *The Subject of Rape*, Whitney Museum of American Art, New York, 1993; *25th Anniversary Exhibitions: Artists Talk Back: Visual Conversations with El Museo; Part III Reaffirming Spirituality*, El Museo del Barrio, New York, 1995; *Mirror Images: Women, Surrealism and Self Representation*, M.I.T. List Visual Arts Center, Cambridge, Massachusetts, 1997.

Mendieta received her Master of Arts and her Master of Fine Arts from the University of Iowa. Selected one-person exhibitions include: Iowa Memorial Union, University of Iowa, Iowa City in 1971; A.I.R. Gallery, New York City in 1979; Museo de Arte Contemporaneo, São Paulo, Brazil in 1980; The New Museum of Contemporary Art, New York City in 1987; The Silueta Series, *Wexner Center for the Arts, Columbus, Ohio in 1993;* Ana Mendieta: The Late Works, *Cleveland Center for Contemporary Art, Ohio in 1994; Centro Galego de Arte Contemporanea, Santiago, Spain in 1996. Selected group exhibitions include: 112 Greene Street, New York City in 1975;* Variations of Latin Themes in New York, *The Center for Inter-American Relations, New York City in 1978;* Dialects of Isolation: An Exhibition of Third World Women Artists in the United States, *A.I.R. Gallery, New York City in 1980;* Art Across the Park, *El Museo del Barrio, New York City in 1982;* Annual Exhibition, *American Academy, Rome, Italy in 1984;* In Homage to Ana Mendieta, *Zeus-Trabia Gallery, New York City in 1986;* The Decade Show: Frameworks of Identity in the 1980's, *Museum of Contemporary Hispanic Art, The New Museum of Contemporary Art, and the Studio Museum in Harlem, New York City in 1990;* El Corazón Sangrante: The Bleeding Heart, *Institute of Contemporary Art, Boston in 1991;* Photography: Expanding the Collection, *Whitney Museum of American Art, New York City in 1993;* The Subject of Rape, *Whitney Museum of American Art, New York City in 1993; the* 25th Anniversary Exhibitions: Artists Talk Back: Visual Conversations with El Museo; Part III Reaffirming Spirituality, *El Museo del Barrio, New York City in 1995;* Mirror Images: Women, Surrealism and Self Representation, *M.I.T. List Visual Arts Center, Cambridge, Massachusetts in 1997.*

Miller, John

(Cleveland, Ohio, 1954)

Nel 1977 consegue il Bachelor of Fine Arts alla Rhode Island School of Design di Providence, Rhode Island. Nel 1978 prende parte all'Independent Study Program del Whitney Museum of American Art a New York. Nel 1979 consegue il Master of Fine Arts al California Institute of the Arts di Valencia. Tiene mostre personali a: White Columns, New York, 1982; Rosamund Felsen Gallery, Los Angeles, 1985; *...But the Flesh is Weak*, Metro Pictures, New York, 1990; *Rock Sucks/Disco Sucks*, Daadgalerie, Berlino, 1992; *The Long March, the Narrow Road*, Metro Pictures, New York, 1993; Oberrheinesches Dichtermuseum, Karlsruhe, 1996. Partecipa a numerose mostre di gruppo, tra cui: Fylkingen Video Arts Festival, Stoccolma, 1977; *Manifesto Show*, 5 Bleecker Street, New York, 1979; *Artist's Books/Booked Art*, Konstmuseum, Ystad, 1983; *1985 Biennial Exhibition*, Whitney Museum of American Art, New York, 1985; *The Gallery Show*, Exit Art/The First World, New York, 1986; *1991 Biennial Exhibition*, Whitney Museum of American Art, New York, 1991; *The Young Americans*, Galerie Sophia Ungers, Colonia, 1993; *Mapping*, The Museum of Modern Art, New York, 1994; *The Comic Depiction of Sex in American Art*, Galerie Andreas Binder, Monaco, 1996. John Miller vive e lavora a New York.

He graduated from the Rhode Island School of Design, Providence, Rhode Island with a Bachelor of Fine Arts in 1977. Miller participated in the Whitney Museum of American Art's Independent Study Program in New York City in 1978. In 1979, he graduated from the California Institute of the Arts, Valencia with a Master of Fine Arts. John Miller has had solo exhibitions at: White Columns, New York City in 1982; the Rosamund Felsen Gallery, Los Angeles in 1985; ...But the Flesh is Weak, *Metro Pictures, New York City in 1990;* Rock Sucks/ Disco Sucks, *Daadgalerie, Berlin, Germany in 1992;* The Long March, the Narrow Road, *Metro Pictures, New York City in 1993; Oberrheinesches Dichtermuseum, Karlsruhe, Germany in 1996. Selected group exhibitions include: Fylkingen Video Arts Festival, Stockholm in 1977;* Manifesto Show, *5 Bleecker Street, New York City in 1979;* Artist's Books/Booked Art, *Ystad Konstmuseum, Sweden in 1983; the* 1985 Biennial Exhibition, *Whitney Museum of American Art, New York City;* The Gallery Show, *Exit Art/The First World, New York City in 1986; the* 1991 Biennial Exhibition, *Whitney Museum of American Art, New York City in 1991;* The Young Americans, *Galerie Sophia Ungers, Cologne in 1993;* Mapping, *Museum of Modern Art, New York City in 1994;* The Comic Depiction of Sex in American Art, *Galerie Andreas Binder, Munich in 1996. John Miller currently lives and works in New York City.*

Morrisroe, Mark

(Malden, Massachusetts, 1959 - New York, 1989)

Frequenta la Scuola del Museum of Fine Arts di Boston dal 1981 al 1982. Tra le mostre personali ricordiamo: Fogg Art Museum, Cambridge, Massachusetts, 1982; *Inside the Boy Next Door*, Vision Gallery, Boston, 1984; Pat Hearn Gallery, New York, 1988; *A Survey from the Estate*, Pat Hearn Gallery, New York, 1994; *Boston School*, Institute of Contemporary Art, Boston, 1995; *Polaroids*, Ezra e Cecile Zilka Gallery, Wesleyan University, Middletown, Connecticut, 1997. Le principali mostre di gruppo a cui partecipa sono: Museum of Fine Arts, Boston, 1982; *Boston Now: Photography*, Institute of Contemporary Art, Boston, 1985; *Storia del nudo femminile nella fotografia*, Pinacoteca, Ravenna, 1987; *Abstraction in*

Contemporary Photography, Emerson Gallery, Hamilton College, Clinton, New York, 1989; *Auction of Fine Art Photographs*, Photographic Resource Center, Boston, 1992; *Borealis 7 - Desire*, Nordic Arts Center e Helsinki City Art Museum, Helsinki e Louisiana Museum, Humlebaek, 1993; *Passage à l'acte*, Galerie Jennifer Flay, Parigi, 1996.

He attended the School of the Museum of Fine Arts, Boston from 1981 to 1982. Some of Morrisroe's solo exhibitions include: Fogg Art Museum, Cambridge, Massachusetts in 1982; Inside the Boy Next Door, *Vision Gallery, Boston in 1984; Pat Hearn Gallery, New York City in 1988;* A Survey from the Estate, *Pat Hearn Gallery in 1994;* Boston School, *Institute of Contemporary Art, Boston in 1995;* Polaroids, *Ezra and Cecile Zilka Gallery, Wesleyan University, Middletown, Connecticut in 1997. Selected group exhibitions include: Museum of Fine Arts, Boston in 1982;* Boston Now: Photography, *Institute of Contemporary Art, Boston in 1985;* History of the Male Nude in Photography, *Pinacoteca di Ravenna, Italy in 1987;* Abstraction in Contemporary Photography, *Emerson Gallery, Hamilton College, Clinton, New York in 1989;* Auction of Fine Art Photographs, *Photographic Resource Center, Boston in 1992;* Borealis 7 - Desire, *Nordic Arts Center and Helsinki City Art Museum, Helsinki, Finland, and Louisiana Museum, Humlebaek, Denmark in 1993;* Passage à l'acte, *Galerie Jennifer Flay, Paris in 1996.*

Murray, Elizabeth
(Chicago, 1940)
Consegue il Bachelor of Fine Arts nel 1962 all'Art Institute di Chicago e il Master of Fine Arts nel 1964 al Mills College di Oakland, in California. Tiene numerose mostre personali, tra cui: Jared Sable Gallery, Toronto, 1975; *Recent Paintings*, Paula Cooper Gallery, New York, 1976; *New Paintings*, Paula Cooper Gallery, New York, 1981; *Recent Paintings and Drawings*, Center for the Visual Arts, Portland, Oregon, 1983; *Currents: Elizabeth Murray*, The Institute of Contemporary Art, Boston, 1984; *Paintings and Drawings*, Museum of Art, Dallas, 1987; *New Work*, Museum of Modern Art, San Francisco, 1988; *Prints 1979-1990*, Gallery Mukai, Tokyo, 1990; *Recent Paintings and Drawings*, John Berggruen Gallery, San Francisco, 1994; *Works on Paper*, PaceWildenstein, New York, 1996. Tra le mostre di gruppo a cui partecipa ricordiamo: *1972 Annual Exhibition: Contemporary American Painting*, Whitney Museum of American Art, New York, 1972; *Contemporary American Painting and Sculpture Biennial*, Whitney Museum of American Art, New York, 1973; *Marilyn Lenkowsky, Elizabeth Murray, John Torreano*, Paula Cooper Gallery, New York, 1974; *1977 Biennial Exhibition*, Whitney Museum of American Art, New York, 1977; *74th American Exhibition*, Art Institute, Chicago, 1982; *Minimalism to Expressionism: Painting and Sculpture since 1965*, Whitney Museum of American Art, New York, 1983; *An International Survey of Recent Painting and Sculpture*, The Museum of Modern Art, New York, 1984; *1985 Biennial Exhibition*, Whitney Museum of American Art, New York, 1985; *40th Biennial of American Contemporary Painting*, Corcoran Gallery of Art, Washington, D.C., 1987; *American Contemporary Art Exhibition*, Ho-Am Gallery, Museum of Samsung, Corp., Seoul, 1989; *1991 Biennial Exhibition*, Whitney Museum of American Art, New York, 1991; *Marking the Decades: Prints 1960-1990*, Museum of Art, Baltimora, Maryland, 1992; *Evolutions in Expression: Minimalism and Post-Minimalism in the Permanent Collection*, Whitney Museum of American Art at Champion, Stamford, Connecticut, 1994; PaceWildenstein, New York, 1996. Elizabeth Murray vive e lavora a New York.

She graduated from the Art Institute of Chicago with a Bachelor of Fine Arts in 1962, and from Mills College in Oakland, California with a Master of Fine Arts in 1964. Murray has had numerous solo exhibitions, among them: Jared Sable Gallery, Toronto, Canada in 1975; Recent Paintings, *Paula Cooper Gallery, New York City in 1976;* New Paintings, *Paula Cooper Gallery, New York City in 1981;* Recent Paintings and Drawings, *Portland Center for the Visual Arts, Oregon in 1983;* Currents: Elizabeth Murray, *The Institute of Contemporary Art, Boston in 1984;* Paintings and Drawings, *Dallas Museum of Art, Dallas, Texas in 1987;* New Work, *San Francisco Museum of Modern Art in 1988;* Prints 1979-1990, *Gallery Mukai, Tokyo in 1990;* Recent Paintings and Drawings, *John Berggruen Gallery, San Francisco in 1994;* Works on Paper, *PaceWildenstein, New York City in 1996. Selected group exhibitions include:* 1972 Annual Exhibition: Contemporary American Painting, *Whitney Museum of American Art, New York City;* Contemporary American Painting and Sculpture Biennial, *Whitney Museum of American Art, New York City in 1973;* Marilyn Lenkowsky, Elizabeth Murray, John Torreano, *Paula Cooper Gallery in 1974; the* 1977 Biennial Exhibition, *Whitney Museum of American Art, New York City; the* 74th American Exhibition, *Art Institute of Chicago in 1982;* Minimalism to Expressionism: Painting and Sculpture since 1965, *Whitney Museum of American Art, New York City in 1983;* An International Survey of Recent Painting and Sculpture, *The Museum of Modern Art, New York City in 1984; the* 1985 Biennial Exhibition, *Whitney Museum of American Art, New York City; the* 40th Biennial of American Contemporary Painting, *Corcoran Gallery of Art, Washington, D.C. in 1987;* American Contemporary Art Exhibition, *Ho-Am Gallery, Museum of Samsung, Corp., Seoul in 1989; the* 1991 Biennial Exhibition, *Whitney Museum of American Art, New York City;* Marking the Decades: Prints 1960-1990, *Baltimore Museum of Art, Maryland in 1992;* Evolutions in Expression: Minimalism and Post-Minimalism in the Permanent Collection, *Whitney Museum of American Art at Champion, Stamford, Connecticut in 1994; PaceWildenstein, New York City in 1996. Murray currently lives and works in New York City.*

Opie, Catherine

(Sandusky, Ohio, 1961)

Nel 1985 consegue il Bachelor of Fine Arts al San Francisco Art Institute e nel 1988 il Master of Fine Arts al California Institute of the Arts di Valencia. Tra le sue mostre personali ricordiamo: *Master Plan*, United States Post Office, Valencia, California, 1989; *Being and Having*, 494 Gallery, New York, 1991; *L.A. Freeways*, Jack Hanley Gallery, San Francisco, 1994; Richard Fonke Galerie, Ghent, 1995; *Houses and L.A. Freeways*, Jay Gorney Modern Art, New York, 1996; *Portraits and Houses*, Suzanne Hilberry Gallery, Birmingham, Michigan, 1997. Partecipa a numerose mostre di gruppo, tra cui: Camerawork Gallery, San Francisco, 1985; Convention Center, Los Angeles, 1988; *Situation*, New Langton Arts, San Francisco, 1991; *Queerly Defined*, Eye Gallery, San Francisco, 1993; *1995 Biennial Exhibition*, Whitney Museum of American Art, New York, 1995; *Just Past: The Contemporary in M.O.C.A.'s Permanent Collection*, Museum of Contemporary Art, Los Angeles, 1996. Catherine Opie vive e lavora a Los Angeles.

She graduated from the San Francisco Art Institute with a Bachelor of Fine Arts in 1985, and from California Institute of the Arts, Valencia with a Master of Fine Arts in 1988. Selected solo exhibitions include: Master Plan, *United States Post Office, Valencia, California in 1989;* Being and Having, *494 Gallery, New York City in 1991;* L.A. Freeways, *Jack Hanley Gallery, San Francisco in 1994; Richard Fonke Galerie, Ghent, Belgium in 1995;* Houses and L.A. Freeways, *Jay Gorney Modern Art, New York City in 1996;* Portraits and Houses, *Suzanne Hilberry Gallery, Birmingham, Michigan in 1997. Selected group exhibitions include: Camerawork Gallery, San Francisco in 1985; Los Angeles Convention Center in 1988;* Situation, *New Langton Arts, San Francisco in 1991;* Queerly Defined, *Eye Gallery, San Francisco in 1993; the* 1995 Biennial Exhibition, *Whitney Museum of American Art, New York City;* Just Past: The Contemporary in M.O.C.A.'s Permanent Collection, *Museum of Contemporary Art, Los Angeles in 1996. Opie is currently living and working in Los Angeles.*

Oppenheim, Dennis

(Electric City, Washington, 1938)

Consegue il Bachelor of Fine Arts alla School of Arts and Crafts di Oakland in California, nel 1965 e il Master of Fine Arts alla Stanford University, California. Tiene mostre personali a: John Gibson Gallery, New York, 1968; Stedelijk Museum, Amsterdam, 1974; Oppenheim Studio, Colonia, 1975; *Retrospective*, Musée d'Art Contemporain, Montreal, 1978; Kunsthalle, Basilea, 1979; *Lecture #1*, Whitney Museum of American Art, New York, 1983; Museum of Modern Art, San Francisco, 1984; Holly Solomon Gallery, New York, 1984; *Retrospective 1970-1990*, Pierides Museum of Contemporary Art, Atene, 1990; P.S. 1 Museum, Long Island City, New York, 1991; *Selected Works, 1967-1991*, Musée d'Art Moderne de la Communauté Urbaine, Lille, 1994; Galleria Ierimonti, Milano, 1995. Le principali mostre di gruppo a cui prende parte sono: *1968 Annual Exhibition of Contemporary American Sculpture*, Whitney Museum of American Art, New York, 1968; *New Media-New Methods*, The Museum of Modern Art, New York, 1969; *Information*, The Museum of Modern Art, New York, 1970; *Annual Exhibition of Contemporary Sculpture*, Whitney Museum of American Art, New York, 1971; *American Drawings 1963-73*, Whitney Museum of American Art, New York, 1973; *Project '74*, Kunsthalle, Colonia, 1974; *Biennial Exhibitions*, Whitney Museum of American Art, New York, 1977 e 1981; *Content: A Contemporay Focus, 1974-1984*, Hirshhorn Museum and Sculpture Garden, Washington, D.C., 1984; *Modern Machines: Recent Kinetic Sculpture*, Whitney Museum of American Art at Philip Morris, New York, 1985; *Identity: Representations of the Self*, Whitney Museum of American Art Downtown, New York, 1988; *Trains: Burden, Kessler, Oppenheim*, Michael Klein, Inc., New York, 1991; *Recent Acquisitions: Prints*, The Museum of Modern Art, New York, 1993; *Altered and Irrational: Selections from the Permanent Collection*, Whitney Museum of American Art, New York, 1995; *Selections from the Collection*, Museum of Contemporary Art, La Jolla, California, 1996. Dennis Oppenheim vive e lavora a New York.

He earned a Bachelor of Fine Arts from the School of Arts and Crafts, Oakland, California in 1965. Oppenheim earned his Master of Fine Arts from Stanford University, Stanford, California. Oppenheim has had solo exhibitions at: John Gibson Gallery, New York City in 1968; Stedelijk Museum, Amsterdam, The Netherlands in 1974; Oppenheim Studio, Köln, Germany in 1975; Retrospective, *Musée d'Art Contemporain, Montreal, Québec in 1978; Kunsthalle Basel, Switzerland in 1979;* Lecture #1, *Whitney Museum of American Art, New York City in 1983; San Francisco Museum of Modern Art in 1984; Holly Solomon Gallery, New York City in 1984;* Retrospective 1970-1990, *Pierides Museum of Contemporary Art, Athens in 1990; P.S. 1 Museum, Long Island City, New York in 1991;* Selected Works, 1967-1991, *Musée d'Art Moderne de la Communauté Urbaine de Lille, France in 1994; Ierimonti Gallery, Milan in 1995. Selected group exhibitions include: the* 1968 Annual Exhibition of Contemporary American Sculpture, *Whitney Museum of American Art, New York City;* New Media - New Methods, *The Museum of Modern Art, New York City in 1969;* Information, *The Museum of Modern Art in 1970;* Annual Exhibition of Contemporary Sculpture, *Whitney Museum of American Art, New York City in 1971;* American Drawings 1963-73, *Whitney Museum of American Art, New York City in 1973;* Project '74, *Kunsthalle Köln, Germany in 1974; the 1977 and 1981* Biennial Exhibitions, *Whitney Museum of American Art, New York City;* Content: A Contemporary Focus, 1974-1984, *Hirshhorn Museum and Sculpture Garden, Washington, D.C. in 1984;* Modern Machines: Recent Kinetic Sculpture, *Whitney Museum of American Art at Philip Morris, New York City in 1985;* Identity: Representations of the Self, *Whitney Museum of American Art Downtown, New York City in 1988;* Trains: Burden, Kessler, Oppenheim, *Michael Klein, Inc., New York City in 1991;* Recent Acquisitions: Prints, *Museum of Modern Art, New York in 1993;* Altered and Irrational: Selections from the Permanent Collection, *Whitney Museum of American Art, New York City in 1995;* Selections from the Collection, *Museum of Contemporary Art, La Jolla, California in 1996. Dennis Oppenheim currently lives and works in New York City.*

Oursler, Tony

(New York, 1957)

Si laurea al California Institute for the Arts nel 1979, conseguendo un Bachelor of Fine Arts. Tra le mostre personali ricordiamo: *Video Viewpoints*, The Museum of Modern Art, New York, 1981; *L-7, L-5*, The Kitchen, New York, 1984; *Tony Oursler's Works*, Le Lieu, Québec, 1988; *Relatives* (video performance in collaborazione con Constance De Jong), The Kitchen, New York, 1989; Hallwalls Contemporary Arts Center, Buffalo, New York, 1990; The Knitting Factory, New York, 1992; *Recent Video Works*, The Contemporary Museum, Honolulu, Hawaii, 1994; *Video Installations, Objects, Watercolors*, Musée des Arts Modernes et Contemporains, Strasburgo, 1995; Kunstverein, Kassel, 1996. Partecipa a varie mostre di gruppo, tra cui: *The Luminous Image*, Stedelijk Museum, Amsterdam, 1984; *documenta 8*, Kassel, 1987; *Film Video Arts, 17 years*, The Museum of Modern Art, New York, 1988; *The BiNational: American Art of the Late 80's. German Art of the Late 80's*, Institute of Contemporary Art e Museum of Fine Arts, Boston, 1988; *1989 Biennial Exhibition*, Whitney Museum of American Art, New York, 1989; *documenta 9*, Kassel, 1992; *Video Spaces: Eight Installations*, The Museum of Modern Art, New York, 1995; *Altered and Irrational: Selections from the Permanent Collection*, Whitney Museum of American Art, New York, 1996; *1997 Biennial Exhibition*, Whitney Museum of American Art, New York, 1997. Tony Oursler vive e lavora a New York.

He graduated from the California Institute for the Arts in 1979 with a Bachelor of Fine Arts. Some of Oursler's solo exhibitions include: Video Viewpoints, *The Museum of Modern Art, New York City in 1981;* L-7, L-5, *The Kitchen, New York City in 1984;* Tony Oursler's Works, *Le Lieu, Québec City, Canada in 1988;* Relatives *(video performance in collaboration with Constance De Jong), The Kitchen, New York City in 1989; Hallwalls Contemporary Arts Center, Buffalo, New York in 1990; The Knitting Factory, New York City in 1992;* Recent Video Works, *The Contemporary Museum, Honolulu, Hawaii in 1994;* Video Installations, Objects, Watercolors, *Musée des Arts Modernes et Contemporains, Strasbourg, France in 1995; Kasseler Kunstverein, Kassel, Germany in 1996. Selected group exhibitions include:* The Luminous Image, *Stedelijk Museum, Amsterdam, Netherlands in 1984;* documenta 8, *Kassel, Germany in 1987;* Film Video Arts, 17 years, *The Museum of Modern Art in 1988;* The BiNational: American Art of the Late 80's,

German Art of the Late 80's, *Institute of Contemporary Art, and Museum of Fine Arts, Boston in 1988; the* 1989 Biennial Exhibition, *Whitney Museum of American Art, New York City;* documenta 9, *Kassel, Germany in 1992;* Video Spaces: Eight Installations, *The Museum of Modern Art in 1995;* Altered and Irrational: Selections from the Permanent Collection, *Whitney Museum of American Art, New York City in 1996; the* 1997 Biennial Exhibition, *Whitney Museum of American Art, New York City. Oursler currently lives and works in New York City.*

Pierson, Jack
(Plymouth, Massachusetts, 1960)
Consegue il Bachelor of Fine Arts al Massachusetts College of Art di Boston. Le sue mostre personali più importanti sono: Simon Watson, New York, 1990; White Columns, New York, 1992; Jack Hanley Gallery, San Francisco, 1993; Museum of Contemporary Art, Chicago, 1995; Luhring Augustine Gallery, New York, 1996; Kunstverein, Francoforte, 1997. Partecipa a varie mostre di gruppo, tra cui: *eros/thanatos*, Tom Cugliani Gallery, New York, 1990; *White Columns Update 1992*, White Columns, New York, 1992; *1993 Biennial Exhibition*, Whitney Museum of American Art, New York, 1993; *Edward Hopper & Jack Pierson: American Dreaming*, Whitney Museum of American Art, New York, 1994; *1995 Biennial Exhibition*, Whitney Museum of American Art, New York, 1995; *Defining the Nineties: Consensus-Making in New York, Miami and Los Angeles*, Museum of Contemporary Art, Miami, 1996. Pierson vive e lavora a New York e a Provincetown in Massachusetts.

He graduated from the Massachusetts College of Art, Boston with a Bachelor of Fine Arts in 1984. Pierson has had one-person exhibitions at, among other places: Simon Watson, New York City in 1990; White Columns, New York City in 1992; Jack Hanley Gallery, San Francisco in 1993; the Museum of Contemporary Art, Chicago in 1995; Luhring Augustine Gallery, New York City in 1996; Kunstverein Frankfurt, Germany in 1997. Selected group exhibitions include: eros/thanatos, *Tom Cugliani Gallery, New York City in 1990;* White Columns Update 1992, *White Columns, New York City; the* 1993 Biennial Exhibition, *Whitney Museum of American Art, New York City;* Edward Hopper & Jack Pierson: American Dreaming, *Whitney Museum of American Art, New York City in 1994; the* 1995 Biennial Exhibition, *Whitney Museum of American Art, New York City;* Defining the Nineties: Consensus-Making in New York, Miami and Los Angeles, *Museum of Contemporary Art, Miami, Florida in 1996. Pierson currently lives and works in New York City and Provincetown, Massachusetts.*

Pittman, Lari
(Los Angeles, 1952)
Frequenta l'Università di California dal 1970 al 1973. Nel 1974 consegue il Bachelor of Fine Arts al California Institute of the Arts di Valencia e nel 1976 il Master of Fine Arts. Tra le sue mostre personali ricordiamo: *Sunday Painting*, Los Angeles Contemporary Exhibitions, Los Angeles, 1982; Rosamund Felsen Gallery, Los Angeles, 1984; *Paintings*, College of Creative Studies at University of California, Santa Barbara, 1987; Rosamund Felsen Gallery, Los Angeles, 1988; Jay Gorney Modern Art, New York, 1992; Rosamund Felsen Gallery, Los Angeles, 1993; County Museum of Art, Los Angeles, 1996; Corcoran Gallery of Art, Washington, D.C., 1997. Partecipa a varie mostre di gruppo, tra cui: *Recent Works: Dowell, Lumbert, Pittman, Sherman*; City Art Gallery, Long Beach, California, 1976; *Los Angeles/New York Exchange*, Artists Space, New York, 1983; *1987 Biennial Exhibition*, Whitney Museum of American Art, New York, 1987; *L.A. Hot and Cool*, M.I.T. List Visual Arts Center, Cambridge, Massachusetts, 1987; *The 42nd Biennial of Contemporary American Painting*, Corcoran Gallery of Art, Washington, D.C., 1991; *Helter Skelter: L.A. Art in the 1990's*, Museum of Contemporary Art, Los Angeles, 1992; *1993 Biennial Exhibition*, Whitney Museum of American Art, New York, 1993; *In Retrospect: Paintings of the 80's*, Rosamund Felsen Gallery, Los Angeles, 1994; *Biennial Exhibitions*, Whitney Museum of American Art, New York, 1995 e 1997. Lari Pittman vive e lavora a Los Angeles.

He attended the University of California from 1970 to 1973. He graduated from the California Institute of the Arts, Valencia with a Bachelor of Fine Arts in 1974, and a Master of Fine Arts in 1976. Selected solo exhibitions include: Sunday Painting, *Los Angeles Contemporary Exhibitions in 1982; Rosamund Felsen Gallery, Los Angeles in 1984;* Paintings, *College of Creative Studies at University of California, Santa Barbara in 1987; Rosamund Felsen Gallery, Los Angeles in 1988; Jay Gorney Modern Art, New York City in 1992; Rosamund Felsen Gallery, Los Angeles in 1993; Los Angeles County Museum of Art in 1996; Corcoran Gallery of Art, Washington, D.C. in 1997. Selected group exhibitions include:* Recent Works: Dowell, Lumbert, Pittman, Sherman, *Long Beach City Art Gallery, California in 1976;* Los Angeles/New York Exchange, *Artists Space, New York City in 1983; the* 1987 Biennial Exhibition, *Whitney Museum of American Art, New York City;* L.A. Hot and Cool, *M.I.T. List Visual Arts Center, Cambridge, Massachusetts in 1987; the* 42nd Biennial of Contemporary American Painting, *Corcoran Gallery of Art, Washington, D.C. in 1991;* Helter Skelter: L.A. Art in the 1990's, *Museum of Contemporary Art, Los Angeles in 1992; the* 1993 Biennial Exhibition, *Whitney Museum of American Art, New York City;* In Retrospect: Paintings of the 80's, *Rosamund Felsen Gallery in 1994; the 1995 and 1997* Biennial Exhibitions, *Whitney Museum of American Art, New York City. Lari Pittman currently lives and works in Los Angeles.*

Ray, Charles
(Chicago, 1953)

Nel 1975 si laurea all'Università dell'Iowa ottenendo il Bachelor of Fine Arts. Nel 1979 consegue il Master of Fine Arts alla Mason Gross School of Art, Rutgers University, New Jersey. Tiene mostre personali presso: 64 Market Street, Venice, California, 1983; New Langton Arts, San Francisco, 1985; The Mattress Factory, Pittsburgh, 1989; Newport Harbor Art Museum, Newport Beach, California, 1990; Galerie Claire Burrus, Parigi, 1991; Feature, New York, 1993; Rooseum Center for Contemporary Art, Malmö, 1994. Tra le mostre di gruppo a cui partecipa ricordiamo: *Four Installations*, Institute of Contemporary Art, Los Angeles, 1984; *Industrial Icons*, University Art Gallery, San Diego State University, San Diego, California, 1987; *1989 Biennial Exhibition*, Whitney Museum of American Art, New York, 1989; *El jardín salvaje*, Fundación Caja de Pensiones, Madrid, 1991; *documenta 9*, Kassel, 1992; *Posthuman*, Castello di Rivoli-Museo d'Arte Contemporanea, Rivoli, Torino; *Biennial Exhibitions* al Whitney Museum of American Art, New York, 1993 e 1995; *Distemper: Dissonant Themes in the Art of the 1990s*, Hirshhorn Museum and Sculpture Garden, Washington, D.C., 1996; *1997 Biennial Exhibition*, Whitney Museum of American Art, New York, 1997; *La Biennale de Lyon d'Art Contemporain*, Lione, 1997. Charles Ray vive e lavora a Los Angeles.

Ray graduated in 1975 from the University of Iowa with a Bachelor of Fine Arts. In 1979, he earned a Master of Fine Arts from the Mason Gross School of Art, Rutgers University, New Jersey. Charles Ray has had one-person exhibitions at: 64 Market Street, Venice, California in 1983; New Langton Arts, San Francisco in 1985; The Mattress Factory, Pittsburgh in 1989; Newport Harbor Art Museum, Newport Beach, California in 1990; Galerie Claire Burrus, Paris in 1991; Feature, New York City in 1993; Rooseum Center for Contemporary Art, Malmö, Sweden in 1994. Selected group exhibitions include: Four Installations, *Los Angeles Institute of Contemporary Art in 1984;* Industrial Icons, *University Art Gallery, San Diego State University, California in 1987; the* 1989 Biennial Exhibition, *Whitney Museum of American Art, New York City, New York City;* El jardín salvaje, *Fundación Caja de Pensiones, Madrid in 1991;* documenta 9, *Kassel, Germany in 1992;* Posthuman, *Castello di Rivoli - Museo d'Arte Contemporanea, Rivoli-Turin, Italy, in 1992; the 1993 and 1995* Biennial Exhibitions, *Whitney Museum of American Art, New York City;* Distemper: Dissonant Themes in the Art of the 1990s, *Hirshhorn Museum and Sculpture Garden, Washington, D.C in 1996; the* 1997 Biennial Exhibition, *Whitney Museum of American Art, New York City;* La Biennale de Lyon d'art Contemporain, *Lyon, France in 1997. Charles Ray is currently living and working in Los Angeles.*

Rhoades, Jason
(Newcastle, California, 1965)
Frequenta il California College of Arts and Crafts di Oakland dal 1985 al 1986. Nel 1988 consegue il Bachelor of Fine Arts al San Francisco Art Institute, frequentando poi la Skowhegan School of Painting and Sculpture. Dal 1991 al 1993 frequenta l'Università di California a Los Angeles, ottenendo il Master of Fine Arts. Tra le mostre personali ricordiamo: *Cherry Makita: Honest Engine Work*, David Zwirner, New York, 1993; *Swedish Erotica and Fiero Parts*, Rosamund Felsen Gallery, Los Angeles, 1994; Kunsthalle, Basilea, 1996; *La Modernité et la Côte d'Azur*, Villa Arson, Nizza, 1997. Partecipa a varie mostre di gruppo, tra cui: *Rosamund Felsen Clinic & Recovery Center*, Rosamund Felsen Gallery, Los Angeles, 1992; *Going Down Stairs Diagonally*, Rosamund Felsen Gallery, Los Angeles, 1993; *Don't Look Now*, Thread Waxing Space, New York, 1994; *1995 Biennial Exhibition*, Whitney Museum of American Art, New York, 1995; *Defining the Nineties: Consensus-Making in New York, Miami and Los Angeles*, Museum of Contemporary Art, Miami, 1996; *1997 Biennial Exhibition*, Whitney Museum of American Art, New York, 1997; *La Biennale de Lyon d'Art Contemporain*, Lione, 1997. Jason Rhoades vive e lavora a Los Angeles.

He attended the California College of Arts and Crafts, Oakland, California from 1985 to 1986. In 1988, Rhoades graduated from San Francisco Art Institute with a Bachelor of Fine Arts, and then went to the Skowhegan School of Painting and Sculpture. From 1991 to 1993, he attended the University of California, Los Angeles, earning a Master of Fine Arts. Selected solo exhibitions include: Cherry Makita: Honest Engine Work, *David Zwirner, New York City in 1993;* Swedish Erotica and Fiero Parts, *Rosamund Felsen Gallery, Los Angeles in 1994; Kunsthalle Basel, Switzerland in 1996;* La Modernité et la Côte d'Azur, *Villa Arson, Nice, France in 1997. Selected group exhibitions include:* Rosamund Felsen Clinic & Recovery Center, *Rosamund Felsen Gallery in 1992;* Going Down Stairs Diagonally, *Rosamund Felsen Gallery in 1993;* Don't Look Now, *Thread Waxing Space, New York City in 1994; the* 1995 Biennial Exhibition, *Whitney Museum of American Art, New York City in 1995;* Defining the Nineties: Consensus-Making in New York, Miami and Los Angeles, *Museum of Contemporary Art, Miami, Florida in 1996; the* 1997 Biennial Exhibition, *Whitney Museum of American Art;* La Biennale de Lyon d'art Contemporain, *Lyon, France in 1997. Jason Rhoades currently lives and works in Los Angeles.*

Rosler, Martha
(New York, 1943)
Nel 1965 si laurea al Brooklyn College della City University di New York. Nel 1974 consegue il Master of Fine Arts all'Università di California a San Diego. Tra le mostre personali ricordiamo: *Monumental Garage Sale (performance)*, University of California, San Diego, 1973; Parachute Center for Cultural Affairs, Calgary, Alberta, 1974; *documenta* 7, Kassel, 1981; Institute of Contemporary Art, Boston, 1987; *Housing is a Human Right*, Museum of Modern Art, Oxford, 1990; *In the Place of the Public*, Jay Gorney Modern Art, New York, 1993; *Public Information: Desire, Disaster, Document*, Museum of Modern Art, San Francisco, 1995; *Everyday Objects: Videotapes by Martha Rosler*, Art Gallery of Ontario, Toronto, 1996. Partecipa a numerose mostre di gruppo, tra cui: *Impact Art: Video Art '74*, Musée des Arts Décoratifs, Losanna, 1974; *1979 Biennial Exhibition*, Whitney Museum of American Art, New York, 1979; *All Hear: An Audio Selection*, Artists Space, New York, 1980; *1983 Biennial Exhibition*, Whitney Museum of American Art, New York, 1983; *New American Video Art: A Historical Survey, 1967-1980*, Whitney Museum of American Art, New York, 1984; *Women's Video*, Whitney Museum of American Art, New York, 1987; *1989 Biennial Exhibition*, Whitney Museum of American Art, New York, 1989; *Video: Two Decades*, The Museum of Modern Art, New York, 1992; *Videotext Series: TV/Media/Science Gobble-degook*, Walker Art Center, Minneapolis, Minnesota, 1994; *Reel Works: Artists Films and Videos of the 70's*, Museum of Contemporary Art, Miami, 1996. Martha Rosler vive e lavora a New York.

She graduated from Brooklyn College, City University of New York with a Bachelor of Arts in 1965. In 1974 she graduated from the University of California, San Diego with a Master of Fine Arts. Rosler's solo exhibitions include: Monumental Garage Sale *(performance), University of California, San Diego in 1973; Parachute Center for Cultural Affairs, Calgary, Alberta in 1974;* documenta 7, *Kassel, Germany in 1981; Institute of Contemporary Art, Boston in 1987;* Housing is a Human Right, *Museum of Modern Art, Oxford, England in 1990;* In the Place of the Public, *Jay Gorney Modern Art, New York City in 1993;* Public Information: Desire, Disaster, Document, *San Francisco Museum of Modern Art in 1995;* Everyday Objects: Videotapes by Martha Rosler, *Art Gallery of Ontario, Toronto, Canada in 1996. Selected group exhibitions include:* Impact Art: Video Art '74, *Musée des Arts Décoratifs, Lausanne, France; the* 1979 Biennial Exhibition, *Whitney Museum of American Art, New York City;* All Hear: An Audio Selection, *Artists Space, New York City in 1980;* 1983 Biennial Exhibition, *Whitney Museum of American Art, New York City;* New American Video Art: A Historical Survey, 1967-1980, *Whitney Museum of American Art, New York City in 1984;* Women's Video, *Whitney Museum of American Art, New York City in 1987; the* 1989 Biennial Exhibition, *Whitney Museum of American Art, New York City;* Video: Two Decades, *The Museum of Modern Art, New York City in 1992;* Videotext Series: TV/Media/Science Gobble-degook, *Walker Art Center, Minneapolis, Minnesota in 1994;* Reel Works: Artists Films and Videos of the 70's, *Museum of Contemporary Art, Miami, Florida in 1996. Martha Rosler lives and works in New York City.*

Rothenberg, Susan
(Buffalo, New York, 1945)
Consegue il Bachelor of Fine Arts alla Cornell

University nel 1966 e l'anno successivo frequenta la George Washington University. Tra le mostre personali ricordiamo: *Three Large Paintings*, 112 Greene Street Gallery, New York, 1975; *Susan Rothenberg: Recent Work*, Walker Art Center, Minneapolis, Minnesota, 1978; County Museum of Art, Los Angeles, 1983; *Susan Rothenberg: Print Selections, 1977-1985*, Greg Kucera Gallery, Seattle, Washington, 1985; *Drawing Now: Susan Rothenberg*, Museum of Art, Baltimora, Maryland, 1988; *Paintings and Drawings, 1974-1992*, Albright-Knox Art Gallery, Buffalo, New York, 1992; *Susan Rothenberg: New Paintings and Drawings*, Laura Carpenter Fine Art, Santa Fe, Nuovo Messico, 1995; Museo de Arte Contemporaneo de Monterrey, 1996. Partecipa a numerose mostre di gruppo, tra cui: *New Talent*, A.M. Sachs Gallery, New York, 1974; *Extraordinary Women*, The Museum of Modern Art, New York, 1977; *New Image Painting*, Whitney Museum of American Art, New York, 1978; *The Decade in Review: Selections from the 1970's*, Whitney Museum of American Art, New York, 1979; *1979 Biennial Exhibition*, Whitney Museum of American Art, New York, 1979; XXXIX *Biennale di Venezia*, Venezia, 1980; *Focus on the Figure: Twenty Years*, Whitney Museum of American Art, New York, 1982; *Biennial Exhibitions*, Whitney Museum of American Art, New York, 1983 e 1985; *Three Printmakers: Jennifer Bartlett, Susan Rothenberg, Terry Winters*, Whitney Museum of American Art, New York, 1986; *Boston Collects: Contemporary Paintings and Sculpture*, Museum of Fine Arts, Boston, 1986; *Works on Paper*, John Berggruen Gallery, San Francisco, 1988; *Devil on the Stairs: Looking Back on the Eighties*, Institute of Contemporary Art, University of Pennsylvania, Filadelfia, 1991; *documenta 9*, Kassel, 1992; *Evolutions in Expression: Minimalism and Post-Minimalism in the Permanent Collection*, Whitney Museum of American Art, New York, 1994; *Thinking Print: Books to Billboards, 1980-95*, The Museum of Modern Art, New York, 1996. Susan Rothenberg vive e lavora a Galisteo nel Nuovo Messico.

She graduated with a Bachelor of Fine Arts from Cornell University in 1966, and she went on to attend George Washington University in 1967. Selected one-person exhibitions include: Three Large Paintings, *112 Greene Street Gallery, New York City in 1975;* Susan Rothenberg: Recent Work, *Walker Art Center, Minneapolis, Minnesota in 1978; Los Angeles County Museum of Art in 1983;* Susan Rothenberg: Print Selections, 1977-1985, *Greg Kucera Gallery, Seattle, Washington in 1985;* Drawing Now: Susan Rothenberg, *Baltimore Museum of Art, Maryland in 1988;* Paintings and Drawings, 1974-1992, *Albright-Knox Art Gallery, Buffalo, New York in 1992;* Susan Rothenberg: New Paintings and Drawings, *Laura Carpenter Fine Art, Santa Fe, New Mexico in 1995; Museo de Arte Contemporaneo de Monterrey, Mexico in 1996. Rothenberg's selected group exhibitions include:* New Talent, *A.M. Sachs Gallery, New York City in 1974;* Extraordinary Women, *The Museum of Modern Art, New York City in 1977;* New Image Painting, *Whitney Museum of American Art, New York City in 1978;* The Decade in Review: Selections from the 1970's, *Whitney Museum of American Art, New York City in 1979; the* 1979 Biennial Exhibition, *Whitney Museum of American Art, New York City; the* XXXIX Venice Biennale, *Venice in 1980;* Focus on the Figure: Twenty Years, *Whitney Museum of American Art, New York City in 1982; the 1983 and 1985* Biennial Exhibitions, *Whitney Museum of American Art, New York City;* Three Printmakers: Jennifer Bartlett, Susan Rothenberg, Terry Winters, *Whitney Museum of American Art, New York City in 1986;* Boston Collects: Contemporary Paintings and Sculpture, *Museum of Fine Arts, Boston in 1986;* Works on Paper, *John Berggruen Gallery, San Francisco in 1988;* Devil on the Stairs: Looking Back on the Eighties," *Institute of Contemporary Art, University of Pennsylvania, Philadelphia in 1991;* documenta 9, *Kassel, Germany in 1992;* Evolutions in Expression: Minimalism and Post-Minimalism in the Permanent Collection, *Whitney Museum of American Art, New York City in 1994;* Thinking Print: Books to Billboards, 1980-95, *The Museum of Modern Art in 1996. Susan Rothenberg currently lives and works in Galisteo, New Mexico.*

Ruppersberg, Allen
(Cleveland, Ohio, 1944)
Si laurea al Chouinard Art Institute di Los Angeles nel 1967 conseguendo il Bachelor of Fine Arts. Tra le mostre personali ricordiamo: *Location Piece*, Eugenia Butler Gallery, Los Angeles, 1969; Art & Project, Amsterdam, 1971; Stedelijk Museum, Amsterdam, 1973; Projects Gallery, The Museum of Modern Art, New York, 1977; Institute of Contemporary Art, Los Angeles, 1982; *The Secret of Life and Death*, The Museum of Contemporary Art, Los Angeles, 1985; *How to Remember a Better Tomorrow*, John Weber Gallery, New York, 1990; *The Difference between Analytic and Poetic Language*, Galerie Paul Andriesse, Amsterdam, 1992; Raum für Aktueller Kunst, Vienna, 1994; *Proofs*, Frac Nord Pas de Calais, Dunkerque, Francia, 1996. Partecipa a numerose mostre di gruppo, tra cui: *Two Man Show*, Gallery 66, Los Angeles, 1966; *When Attitudes Become Form*, Kunsthalle, Berna, 1969; *Annual Exhibition of Contemporary American Sculpture*, Whitney Museum of American Art, New York, 1970; *24 Young Los Angeles Artists*, County Museum of Art, Los Angeles, 1971; *1975 Biennial Exhibition*, Whitney Museum of American Art, New York, 1975; *73rd American Exhibition*, Art Institute, Chicago, 1979; *Stay Tuned*, The New Museum of Contemporary Art, New York, 1981; *L.A. Hot and Cool*, M.I.T. List Visual Arts Center, Cambridge, Massachusetts, 1987; *Amerikarma*, Hallwalls Contemporary Arts Center, Buffalo New York, 1989; *1991 Biennial Exhibition*, Whitney Museum of American Art, New York, 1991; *Ideas and Objects: Selected Drawings and Sculptures from the Permanent Collection*, Whitney Museum of American Art, New York, 1994; *1965-1975: Reconsidering the*

Object as Art, The Museum of Contemporary Art, Los Angeles, 1995; *Thinking Print: Books to Billboards, 1980-95*, The Museum of Modern Art, New York, 1996; *A Singular Vision: Prints from Landfall Press*, The Museum of Modern Art, New York, 1997. Allen Ruppersberg vive e lavora a New York.

He graduated from the Chouinard Art Institute, Los Angeles in 1967 with a Bachelor of Fine Arts. Ruppersberg's one-person exhibitions include: Location Piece, *Eugenia Butler Gallery, Los Angeles in 1969; Art & Project, Amsterdam, Netherlands in 1971; Stedelijk Museum, Amsterdam in 1973; Projects Gallery at The Museum of Modern Art, New York City in 1977; the Institute of Contemporary Art, Los Angeles in 1982;* The Secret of Life and Death, *The Museum of Contemporary Art, Los Angeles in 1985;* How to Remember a Better Tomorrow, *John Weber Gallery, New York City in 1990;* The Difference between Analytic and Poetic Language, *Galerie Paul Andriesse, Amsterdam in 1992; Raum für Aktueller Kunst, Vienna, Austria in 1994;* Proofs, *Frac Nord Pas de Calais, Dunkerque, France in 1996. Selected group exhibitions include:* Two Man Show, *Gallery 66, Los Angeles in 1966;* Live in Your Head/When Attitudes Become Form, *Kunsthalle Bern, Switzerland in 1969;* Annual Exhibition of Contemporary American Sculpture, *Whitney Museum of American Art, New York City in 1970;* 24 Young Los Angeles Artists, *Los Angeles County Museum of Art in 1971; the* 1975 Biennial Exhibition, *Whitney Museum of American Art, New York City;* 73rd American Exhibition, *Art Institute of Chicago in 1979;* Stay Tuned, *The New Museum of Contemporary Art, New York City in 1981;* L.A. Hot and Cool, *M.I.T. List Visual Arts Center, Cambridge, Massachusetts in 1987;* Amerikarma, *Hallwalls Contemporary Arts Center, Buffalo, New York in 1989; the* 1991 Biennial Exhibition, *Whitney Museum of American Art, New York City;* Ideas and Objects: Selected Drawings and Sculptures from the Permanent Collection, *Whitney Museum of American Art, New York City in 1994;* 1965-1975: Reconsidering the Object as Art, *The Museum of Contemporary Art, Los Angeles in 1995;* Thinking Print: Books to Billboards, 1980-95, *The Museum of Modern Art in 1996;* A Singular Vision: Prints from Landfall Press, *The Museum of Modern Art in 1997. Allen Ruppersberg currently lives and works in New York City.*

Saar, Alison
(Los Angeles, 1956)
Si laurea nel 1978 allo Scripps College di Claremont, in California, e consegue il Master of Fine Arts all'Otis Art Institute di Los Angeles nel 1981. Tra le sue mostre personali ricordiamo: *Alison Saar: Sculpture*, Jan Baum Gallery, Los Angeles, 1982; *Alison Saar: Relief Paintings and Sculpture*, Monique Knowlton Gallery, New York, 1984; *Shamen, Saints and Sinners*, Jan Baum Gallery, Los Angeles, 1985; *Figures: Zombies, Totems, Rootmen and Others*, Jan Baum Gallery, Los Angeles, 1988; *Alison Saar: Slow Boat*, Whitney Museum of American Art at Philip Morris, New York, 1992; *Myth, Magic and Ritual: Figurative Work by Alison Saar*, Freedman Gallery, Albright College, Reading, Pennsylvania, 1993; *The Woods Within*, The Brooklyn Museum, New York, 1995. Partecipa a varie mostre di gruppo, tra cui: *4*, Los Angeles City College Art Gallery, Los Angeles, 1981; *Arts in Residence*, Studio Museum in Harlem, New York, 1984; *The 1980's: A New Generation*, The Metropolitan Museum of Art, New York, 1988; *The Decade Show: Frameworks of Identity in the 1980's*, Museum of Contemporary Hispanic Art, The New Museum of Contemporary Art e Studio Museum in Harlem, New York, 1990; *1993 Biennial Exhibition*, Whitney Museum of American Art, New York, 1993; *Black Male: Representation of Masculinity in Contemporary American Art*, Whitney Museum of American Art, New York, 1994; *Twentieth-Century American Sculpture at The White House*, Washington, D.C., 1995; *Bearing Witness: Contemporary Works by African American Women Artists*, Spelman College Museum of Fine Art, Atlanta, Georgia, 1996. Alison Saar vive e lavora a Los Angeles.

She graduated from Scripps College in Claremont, California in 1978 with a Bachelor of Arts, and went on to receive a Master of Fine Arts from the Otis Art Institute, Los Angeles in 1981. Selected one-person exhibitions include: Alison Saar: Sculpture, *Jan Baum Gallery, Los Angeles in 1982;* Alison Saar: Relief Paintings and Sculpture, *Monique Knowlton Gallery, New York City in 1984;* Shamen, Saints and Sinners, *Jan Baum Gallery in 1985;* Figures: Zombies, Totems, Rootmen and Others, *Jan Baum Gallery in 1988;* Alison Saar: Slow Boat, *Whitney Museum of American Art at Philip Morris, New York City in 1992;* Myth, Magic and Ritual: Figurative Work by Alison Saar, *Freedman Gallery, Albright College, Reading, Pennsylvania in 1993;* The Woods Within, *The Brooklyn Museum, New York in 1995. Alison Saar's selected group exhibitions include:* 4, *Los Angeles City College Art Gallery in 1981;* Arts in Residence, *Studio Museum in Harlem, New York City in 1984;* The 1980's: A New Generation, *The Metropolitan Museum of Art, New York City in 1988;* The Decade Show: Frameworks of Identity in the 1980's, *Museum of Contemporary Hispanic Art, The New Museum of Contemporary Art, and the Studio Museum in Harlem, New York City in 1990; the* 1993 Biennial Exhibition, *Whitney Museum of American Art, New York City;* Black Male: Representation of Masculinity in Contemporary American Art, *Whitney Museum of American Art, New York City in 1994;* Twentieth-Century American Sculpture at The White House, *Washington, D.C. in 1995;* Bearing Witness: Contemporary Works by African American Women Artists, *Spelman College Museum of Fine Art, Atlanta, Georgia in 1996. Alison Saar currently lives and works in Los Angeles.*

Salle, David
(Norman, Oklahoma, 1952)
Frequenta il California Institute of the Arts di Valencia, conseguendo il Bachelor of Fine Arts nel 1973 e il Master of Fine Arts nel 1975. Tra le mostre personali ricordiamo: Claire S. Copley Gallery, Los Angeles, 1975; *The Structure is in Itself Not Reassuring*, un'installazione realizzata a The Kitchen, New York, 1979; *Man with a Camera*, Mario Diacono, Roma, 1982; *Painting*, Museum Boymans-van Beunigen, Rotterdam, 1983; Institute of Contemporary Art, University of Pennsylvania, Filadelfia, 1986; *Il Teatro di David Salle: The Birth of a Poet*, Galleria Franca Mancini, Pesaro, 1987; *Pinturas y Acuarelas 1980-88*, Fundacion Caja de Pensiones, Madrid, 1988; *Photographs, 1980-90*, Robert Miller Gallery, New York, 1991; *Tragedy, Comedy and Other New Paintings*, Gagosian Gallery, New York, 1995; *New Works*, Galerie Thaddaeus Ropac, Parigi, 1996. Partecipa a numerose mostre di gruppo, tra cui: *Recognizable Images*, Studio Cannaviello, Milano, 1978; *Focus on the Figure: Twenty Years*, Whitney Museum of American Art, New York, 1982; *documenta 7*, Kassel, 1982; *1983 Biennial Exhibition*, Whitney Museum of American Art, New York, 1983; *The Human Condition: SFMoma Biennial III*, Museum of Modern Art, San Francisco, 1984; *1985 Biennial Exhibition*, Whitney Museum of American Art, New York, 1985; *Jasper Johns, Bruce Nauman, David Salle*, Leo Castelli Gallery, New York, 1988; *Devil on the Stairs: Looking Back on the Eighties*, Institute of Contemporary Art, University of Pennsylvania, Filadelfia, 1991; *1991 Biennial Exhibition*, Whitney Museum of American Art, New York, 1991; *Allegories of Modernism: Contemporary Drawing*, The Museum of Modern Art, New York, 1992; XLV *Biennale di Venezia*, Venezia, 1993; *Thinking Print: Books to Billboards, 1980-95*, The Museum of Modern Art, New York, 1996. David Salle vive e lavora a New York e Bridgehampton nello stato di New York.

He attended the California Institute of the Arts, Valencia, earning a Bachelor of Fine Arts in 1973, and a Master of Fine Arts in 1975. Salle's one-person exhibitions include: Claire S. Copley Gallery, Los Angeles in 1975; The Structure is in Itself Not Reassuring, *an installation at The Kitchen, New York City in 1979;* Man with a Camera, *Mario Diacono, Rome in 1982;* Painting, *Museum Boymans-van Beunigen, Rotterdam in 1983; Institute of Contemporary Art, University of Pennsylvania, Philadelphia in 1986;* Il Teatro di David Salle: The Birth of a Poet, *Galleria Franca Mancini, Pesaro, Italy in 1987;* Pinturas y Acuarelas 1980-88, *Fundacion Caja de Pensiones, Madrid in 1988;* Photographs, 1980-90, *Robert Miller Gallery, New York City in 1991;* Tragedy, Comedy and Other New Paintings, *Gagosian Gallery, New York City in 1995;* New Works, *Galerie Thaddeus Ropac, Paris in 1996. Selected group exhibitions include:* Recognizable Images, *Studio Cannaviello, Milan in 1978;* Focus on the Figure: Twenty Years, *Whitney Museum of American Art, New York City in 1982;* documenta 7, *Kassel, Germany in 1982; the* 1983 Biennial Exhibition, *Whitney Museum of American Art, New York City;* The Human Condition: SFMoma Biennial III, *San Francisco*

Museum of Modern Art in 1984; the 1985 Biennial Exhibition, *Whitney Museum of American Art, New York City;* Jasper Johns, Bruce Nauman, David Salle, *Leo Castelli Gallery, New York City in 1988;* Devil on the Stairs: Looking Back on the Eighties, *Institute of Contemporary Art, University of Pennsylvania, Philadelphia in 1991; the* 1991 Biennial Exhibition, *Whitney Museum of American Art, New York City;* Allegories of Modernism: Contemporary Drawing, *The Museum of Modern Art, New York City in 1992; the* Venice Biennale *in 1993;* Thinking Print: Books to Billboards, 1980-95, *The Museum of Modern Art in 1996. David Salle currently lives and works in New York City and Bridgehampton, New York.*

Schumann, Christian
(Rhode Island, 1970)
Nel 1991 prende parte al Aica New York Studio Program. Nel 1992 consegue il Bachelor of Fine Arts al San Francisco Art Institute. La prima mostra personale è *Arid Flowers of Gongorism* al DOG di San Francisco nel 1991. Tiene personali anche a: Postmasters Gallery, New York, 1992 e 1993; Daniel Weinberg Gallery, San Francisco, 1994; Postmasters Gallery, New York, 1995; Il Capricorno, Venezia, 1996. Tra le mostre di gruppo a cui partecipa citiamo: *Decorous Beliefs*, Natalie Rivera Gallery, New York, 1991; *Morality Café*, Postmasters Gallery, New York, 1992; *Exquisite Corpse*, The Drawing Center, New York, 1993; *Unholy Wars*, Postmasters Gallery, 1994; *1995 Biennial Exhibition*, Whitney Museum of American Art, New York, 1995; *What I Did On My Summer Vacation*, White Columns, New York, 1996; *Nu-Glu*, Joseph Helman Gallery, New York, 1997. Christian Schumann vive e lavora a New York.

In 1991, he participated in the Aica New York Studio Program. He graduated from the San Francisco Art Institute in 1992 with a Bachelor of Fine Arts. Schumann's first solo exhibition was Arid Flowers of Gongorism, *at DOG, San Francisco in 1991. He has also had one-person exhibitions at: Postmasters Gallery, New York City in 1992 and 1993; Daniel Weinberg Gallery, San Francisco in 1994; Postmasters Gallery in 1995; Il Capricorno, Venice in 1996. Schumann's group exhibitions include:* Decorous Beliefs, *Natalie Rivera Gallery, New York City in 1991;* Morality Café, *Postmasters Gallery in 1992;* Exquisite Corpse, *The Drawing Center, New York City in 1993;* Unholy Wars, *Postmasters Gallery in 1994; the* 1995 Biennial Exhibition, *Whitney Museum of American Art, New York City;* What I Did On My Summer Vacation, *White Columns, New York City in 1996;* Nu-Glu, *Joseph Helman Gallery, New York City in 1997. Christian Schumann currently lives and works in New York City.*

Shapiro, Joel
(New York, 1941)
Frequenta la New York University, conseguendo il Bachelor of Arts nel 1964 e il Master of Arts nel 1969. Tiene mostre personali a: Paula Cooper Gallery, New York, 1970; Galleria Salvatore Ala, Milano, 1974; Museum of Contemporary Art, Chicago, 1976; Albright-Knox Art Gallery, Buffalo, New York, 1977; Whitney Museum of American Art, New York, 1982; Stedelijk Museum, Amsterdam, 1985; *Joel Shapiro: Painted Wood*, Hirshhorn Museum and Sculpture Garden, Washington, D.C., 1987; *Joel Shapiro: Recent Sculptures and Drawings*, Museum of Art, Cleveland, Ohio, 1988; *Joel Shapiro: Skulptur & Grafik 1985-1990*, Musee i Varbert, Varberg, 1990; *Joel Shapiro: Selected Drawings 1968-1990*, Center for the Fine Arts, Miami, 1991; *Joel Shapiro: Sculptures*, Galerie Karsten Greve, Parigi, 1995; *Joel Shapiro: Recent Sculpture*, PaceWildenstein, New York, 1996. Tra le mostre di gruppo ricordiamo: *Anti-Illusion: Procedure/Material*, Whitney Museum of American Art, New York, 1969; *Drawings and Watercolors by Young Americans*, The Akron Art Institute, Akron, Ohio, 1970; *Annual Exhibition of Contemporary American Sculpture*, Whitney Museum of American Art, New York, 1970; *Biennale of Sydney: Recent International Forms in Art*, Sydney, 1976; *documenta 6*, Kassel, 1977; *1977 Biennial Exhibition*, Whitney Museum of American Art, New York, 1977; *Contemporary Works from the Collection*, The Museum of Modern Art, New York, 1985; *1989 Biennial Exhibition*, Whitney Museum of American Art, New York, 1989; *The New Sculpture 1965-75: Between Geometry and Gesture*, Whitney Museum of American Art, New York, 1990; *Allegories of Modernism: Contemporary Drawing*, The Museum of Modern Art, New York, 1992; *Ideas and Objects: Selected Sculptures and Drawings from the Permanent Collection*, Whitney Museum of American Art, New York, 1994; *Sculptors' Drawings: 1945-90*, The Metropolitan Museum of Art, New York, 1995; *Thinking Print: Books to Billboards, 1980-95*, The Museum of Modern Art, New York 1996; *Twentieth-Century American Sculpture at The White House*, Washington, D.C., 1996. Joel Shapiro vive e lavora a New York.

He received his Bachelor of Arts from New York University in 1964, and his Master of Arts from New York University in 1969. He has had solo exhibitions at: Paula Cooper Gallery, New York City in 1970; Galleria Salvatore Ala, Milan in 1974; Museum of Contemporary Art, Chicago in 1976; Albright-Knox Art Gallery, Buffalo, New York in 1977; Whitney Museum of American Art, New York City in 1982; Stedelijk Museum, Amsterdam, Netherlands in 1985; Joel Shapiro: Painted Wood, *Hirshhorn Museum and Sculpture Garden, Washington, D.C. in 1987;* Joel Shapiro: Recent Sculptures and Drawings, *Cleveland Museum of Art, Ohio in 1988;* Joel Shapiro: Skulptur & Grafik 1985-1990, *Musée i Varbert, Varberg, Sweden in 1990;* Joel Shapiro: Selected Drawings 1968-1990, *Center for the Fine Arts, Miami, Florida in 1991;* Joel Shapiro: Sculptures, *Galerie Karsten Greve, Paris in 1995;* Joel Shapiro: Recent Sculpture, *PaceWildenstein, New York City in 1996; Selected Group exhibitions include:* "Anti-Illusion: Procedure/Material",

Whitney Museum of American Art, New York City in 1969; Drawings and Watercolors by Young Americans, *The Akron Art Institute, Ohio in 1970;* Annual Exhibition of Contemporary American Sculpture, *Whitney Museum of American Art in 1970;* Biennale of Sydney: Recent International Forms in Art, *Sydney in 1976;* documenta 6, *Kassel, Germany in 1977;* 1977 Biennial Exhibition, *Whitney Museum of American Art, New York City;* Contemporary Works from the Collection, *The Museum of Modern Art, New York City in 1985; the* 1989 Biennial Exhibition, *Whitney Museum of American Art, New York City;* The New Sculpture 1965-75: Between Geometry and Gesture, *Whitney Museum of American Art, New York City in 1990;* Allegories of Modernism: Contemporary Drawing, *The Museum of Modern Art, New York City in 1992;* Ideas and Objects: Selected Sculptures and Drawings from the Permanent Collection, *Whitney Museum of American Art in 1994;* Sculptors' Drawings: 1945-90, *The Metropolitan Museum of Art, New York City in 1995;* Thinking Print: Books to Billboards, 1980-95, *The Museum of Modern Art in 1996;* Twentieth-Century American Sculpture at The White House, *Washington, D.C. 1996. Joel Shapiro lives and works in New York City.*

Sherman, Cindy
(Glen Ridge, New Jersey, 1954)
Consegue il Bachelor of Fine Arts alla State University of New York di Buffalo nel 1976. Tiene numerose mostre personali, tra cui: Hallwalls Contemporary Art Center, Buffalo, New York, 1976 e 1979; Art Museum, Akron, Ohio, 1984; National Art Gallery, Wellington, 1989; Kunsthalle, Basilea, 1991; *New York Photographien*, ACC Galerie, Weimar, 1994; *Metamorphosis: Cindy Sherman Photographs*, The Museum of Art, Cleveland, Ohio, 1996. Tra le mostre di gruppo a cui prende parte ricordiamo: Albright-Knox Art Gallery, Buffalo, New York, 1976; *Four Artists*, Artists Space, New York, 1978; *documenta* 7, Kassel, 1982; *1983 Biennial Exhibition*, Whitney Museum of American Art, New York, 1983; *Big Pictures by Contemporary Photographers*, The Museum of Modern Art, New York, 1983; *1985 Biennial Exhibition*, Whitney Museum of American Art, New York, 1985; *Making Their Mark: Women Artists Move into the Mainstream, 1970-85*, Art Museum, Cincinnati, Ohio, 1989; *Arte & Arte*, Castello di Rivoli-Museo d'Arte Contemporanea, Rivoli, Torino, 1991; *Biennial Exhibitions*, Whitney Museum of American Art, New York, 1993 e 1995; *Imaginary Beings*, Exit Art/The First World, New York, 1995; *Altered and Irrational: Selections from the Permanent Collection*, Whitney Museum of American Art, New York, 1996. Cindy Sherman vive e lavora a New York.

She received her Bachelor of Fine Arts from the State University of New York at Buffalo, New York in 1976. She has had numerous one-person exhibitions, among them: Hallwalls Contemporary Art Center, Buffalo, New York in 1976 and 1979; Akron Art Museum, Ohio in 1984; National Art Gallery, Wellington, New Zealand in 1989; Basel Kunsthalle, Switzerland in 1991; New York Photographien, *ACC Galerie Weimar, Germany in 1994;* Metamorphosis: Cindy Sherman Photographs, *The Cleveland Museum of Art, Ohio in 1996. Selected group exhibitions include: Albright-Knox Art Gallery, Buffalo, New York in 1976;* Four Artists, *Artists Space, New York City in 1978;* documenta 7, *Kassel, Germany in 1982; the* 1983 Biennial Exhibition, *Whitney Museum of American Art, New York City;* Big Pictures by Contemporary Photographers, *The Museum of Modern Art, New York City in 1983; the* 1985 Biennial Exhibition, *Whitney Museum of American Art;* Making their Mark: Women Artists Move into the Mainstream, 1970-85, *Cincinnati Art Museum, Ohio in 1989;* Arte & Arte, *Castello di Rivoli - Museo d'Arte Contemporanea, Rivoli - Turin, Italy in 1991; the 1993 and 1995* Biennial Exhibitions, *Whitney Museum of American Art, New York City;* Imaginary Beings, *Exit Art/The First World, New York City in 1995;* Altered and Irrational: Selections from the Permanent Collection, *Whitney Museum of American Art, New York City in 1996. Cindy Sherman currently lives and works in New York City.*

Simmons, Gary
(New York, 1964)
Nel 1988 consegue il Bachelor of Fine Arts alla School of Visual Arts di New York. Nello stesso anno frequenta la School of Painting and Sculpture di Skowhegan nel Maine e dal 1989 al 1990 il California Institute of the Arts di Valencia. Tra le principali mostre personali ricordiamo: Roy Boyd Gallery, Santa Monica, California, 1989; White Columns, New York, 1990; *The Garden of Hate*, Whitney Museum of American Art at Philip Morris, New York, 1992; *Directions: Gary Simmons*, Hirshhorn Museum of Sculpture Garden, Washington, D.C., 1994; *Erasure Drawings*, Lannan Foundation, Los Angeles, 1995; *Gazebo*, Museum of Contemporary Art, San Diego, 1997. Partecipa a numerose mostre di gruppo, tra cui: American Fine Arts, Co., New York, 1989; *Interrogating Identity: the Question of Black Art*, Grey Art Gallery and Study Center, New York University, New York, 1991; *How it is*, Tony Shafrazi Gallery, New York, 1993; *1993 Biennial Exhibition*, Whitney Museum of American Art, New York, 1993; *Black Male: Representations of Masculinity in Contemporary American Art*, Whitney Museum of American Art, New York, 1994; *Defining the Nineties: Consensus-Making in New York, Los Angeles, and Miami*, Museum of Contemporary Art, Miami, 1996; *New York: Drawings Today*, Museum of Modern Art, San Francisco, 1997. Gary Simmons vive e lavora a New York.

Simmons graduated from the School of Visual Arts, New York City in 1988 with a Bachelor of Fine Arts. He attended the School of Painting and Sculpture, Skowhegan, Maine in 1988, and from 1989 to 1990, attended the California Institute of the Arts, Valencia. Simmon's selected one-person exhibitions include: Roy Boyd Gallery, Santa Monica in 1989; White Columns, New York City in 1990; The Garden of Hate, *Whitney Museum of American Art at Philip Morris, New York City in 1992;* Directions: Gary Simmons, *Hirshhorn Museum and Sculpture Garden, Washington, D.C. in 1994;* Erasure Drawings, *Lannan Foundation, Los Angeles in 1995;* Gazebo, *Museum of Contemporary Art, San Diego in 1997. Selected group exhibitions: American Fine Arts, Co., New York City in 1989;* Interrogating Identity: The Question of Black Art, *Grey Art Gallery and Study Center, New York University, New York City in 1991;* How It Is, *Tony Shafrazi Gallery, New York City in 1993; the* 1993 Biennial Exhibition, *Whitney Museum of American Art, New York City;* Black Male: Representations of Masculinity in Contemporary American Art, *Whitney Museum of American Art, New York City in 1994;* Defining the Nineties: Consensus-Making in New York, Los Angeles, and Miami, *Museum of Contemporary Art, Miami, Florida in 1996;* New York: Drawings Today, *San Francisco Museum of Modern Art in 1997. Gary Simmons currently lives and works in New York City.*

Thater, Diana
(San Francisco, 1962)
Si laurea in storia dell'arte all'Università di New York nel 1984. Nel 1990 consegue il Master of Fine Arts all'Art Center College of Design di Pasadena in California. Le principali mostre personali sono: *Dogs and Other Philosophers*, Dorothy Goldeen Gallery, Santa Monica, California, 1991; *Up the Lintel*, Shoshana Wayne Gallery, Santa Monica, California, 1992; *Late and Soon*, David Zwirner Gallery, New York, 1993; Witte de With Center for Contemporary Art, Rotterdam, 1994; *China*, The Renaissance Society, University of Chicago, 1995; *Diana Thater: Selected Works 1992-96*, Kunsthalle, Basilea, 1996. Tra le mostre di gruppo a cui partecipa ricordiamo: *Heart in Mouth*, Fahey/Klein Gallery, Los Angeles, 1990; *Rhythms of Earth and Water*, Los Angeles Airport Terminal, Los Angeles, 1991; *ART Cologne 1994*, Galerie Schipper & Krome, Colonia, 1994; *Biennial Exhibitions*, Whitney Museum of American Art, New York, 1995 e 1997. Diana Thater vive e lavora a Los Angeles.

She received her Bachelor of Arts in Art History from New York University in 1984. In 1990, she graduated from the Art Center College of Design, Pasedena, California with a Master of Fine Arts. Thater's selected one-person exhibitions include: Dogs and Other Philosophers, *Dorothy Goldeen Gallery, Santa Monica, California in 1991;* Up the Lintel, *Shoshana Wayne Gallery, Santa Monica, California in 1992;* Late and Soon, *David Zwirner Gallery, New York City in 1993; Witte de With, Center for Contemporary Art, Rotterdam, Netherlands in 1994;* China, *The Renaissance Society, University of Chicago in 1995;* Diana Thater: Selected Works 1992-96, *Kunsthalle, Basel, Switzerland in 1996.*

Selected group exhibitions include: Heart in Mouth, *Fahey/Klein Gallery, Los Angeles in 1990;* Rhythms of Earth and Water, *Los Angeles Airport Terminal in 1991;* ART Cologne 1994, *Galerie Schipper & Krome, Cologne, Germany in 1994; the 1995 and 1997* Biennial Exhibitions, *Whitney Museum of American Art, New York City. Diana Thater currently lives and works in Los Angeles.*

Tomaselli, Fred
(Santa Monica, California, 1956)
Si laurea alla California State University di Fullerton nel 1982, conseguendo il Bachelor of Fine Arts. Tiene mostre personali presso: Artists Space, New York, 1990; White Columns, New York, 1991; Jack Tilton Gallery, New York, 1993; Galerie Anne de Villepoix, Parigi, 1994; Jack Tilton Gallery, New York, 1995; Yerba Buena Center for the Arts, San Francisco, 1996; Jack Tilton Gallery, New York, 1997. Tra le mostre di gruppo a cui partecipa ricordiamo: *Fred Tomaselli and Carol Lay*, Zero One Gallery, Los Angeles, 1982; *Four Installations*, Institute of Contemporary Art, Los Angeles, 1984; *Art in the Anchorage*, Creative Time, New York, 1989; *Out of Sight*, P.S. 1 Museum; Long Island City, New York, 1990; *Tomaselli/Coventry/Ostendarp/Dupuis*, Jack Hanley Gallery, San Francisco, 1992; *Fever*, Exit Art/The First World, New York, 1993; *Benefit Exhibition and Sale for Independent Curators*, Sonnabend Gallery, New York, 1994; *Altered and Irrational: Selections from the Permanent Collection*, Whitney Museum of American Art, New York, 1995; *Imaginary Beings*, Exit Art/The First World, New York, 1996; *Out There: Images of the Cosmos*, Beth Urdang Gallery, Boston, 1997. Fred Tomaselli vive e lavora a Brooklyn, New York.

He graduated from the California State University, Fullerton, California in 1982 with a Bachelor of Fine Arts. Tomaselli has had solo exhibitions at: Artists Space, New York City in 1990; White Columns, New York City in 1991; Jack Tilton Gallery, New York City in 1993; Galerie Anne de Villepoix, Paris in 1994; Jack Tilton Gallery, New York City in 1995; Yerba Buena Center for the Arts, San Francisco in 1996; Jack Tilton Gallery in 1997. Selected group exhibitions: Fred Tomaselli and Carol Lay, *Zero One Gallery, Los Angeles in 1982;* Four Installations, *Institute of Contemporary Art, Los Angeles in 1984;* Art in the Anchorage, *Creative Time, New York City in 1989;* Out of Sight, *P.S. 1 Museum, Long Island City, New York City in 1990;* Tomaselli/Coventry/Ostendarp/Dupuis, *Jack Hanley Gallery, San Francisco in 1992;* Fever, *Exit Art/The First World, New York City in 1993;* Benefit Exhibition and Sale for Independent Curators, *Sonnabend Gallery, New York City in 1994;* Altered and Irrational: Selections from the Permanent Collection, *Whitney Museum of American Art, New York City in 1995;* Imaginary Beings, *Exit Art/The First World in 1996;* Out There: Images of the Cosmos, *Beth Urdang Gallery, Boston in 1997. Fred Tomaselli currently lives and works in Brooklyn, New York.*

Weiner, Lawrence
(Bronx, New York, 1942)
Tiene numerose mostre personali, tra cui: Konrad Fisher Gallery, Düsseldorf, 1969; Leo Castelli Gallery, New York, 1971; Max Protech Gallery, Washington, D.C., 1974; The Kitchen, New York, 1977; P.S. 1 Museum, Long Island City, New York, 1981; Marian Goodman Gallery, New York, 1986; Stedelijk Museum, Amsterdam, 1988; Hirshhorn Museum and Sculpture Garden, Washington, D.C., 1990; *Displacement*, Dia Center for the Arts, New York, 1991; Museum of Modern Art, San Francisco, 1992; *The Films & Videos of Lawrence Weiner*, Schule und Museum für Gestaltung, Zurigo, 1994; *To Build a Square in the Rhineland*, Museum Ludwig, Colonia, 1995. Tra le mostre di gruppo a cui partecipa ricordiamo: Stedelijk Museum, Amsterdam, 1969; The Solomon R. Guggenheim Museum,New York, 1971; *documenta 5*, Kassel, 1972; The Museum of Modern Art, New York, 1975; Whitney Museum of American Art, New York, 1977; *documenta 7*, Kassel, 1982; Hirshhorn Museum and Sculpture Garden, Washington, D.C., 1984; P.S. 1 Museum, Long Island City, New York, 1986; Marian Goodman Gallery, New York, 1988; *Wanderdieder*, Stedelijk Museum, Amsterdam, 1991; *Installations: Selections from the Permanent Collection*, Museum of Contemporary Art, Los Angeles, 1994; *1995 Biennial Exhibition*, Whitney Museum of American Art, New York, 1995. Lawrence Weiner vive e lavora a New York.

Weiner has had solo exhibitions at, among other places: Konrad Fisher Gallery, Dusseldorf in 1969; Leo Castelli Gallery, New York in 1971; Max Protech Gallery, Washington, D.C. in 1974; The Kitchen, New York City in 1977; P.S. 1 Museum, Long Island City, New York in 1981; Marian Goodman Gallery, New York City in 1986; Stedelijk Museum, Amsterdam, Netherlands in 1988; the Hirshhorn Museum and Sculpture Garden, Washington, D.C. in 1990; Displacement, *Dia Center for the Arts, New York City in 1991; the San Francisco Museum of Modern Art in 1992;* The Films & Videos of Lawrence Weiner, *Schule und Museum für Gestaltung, Zurich in 1994;* To Build a Square in the Rhineland, *Museum Ludwig, Cologne in 1995. Selected group exhibitions include: Stedelijk Museum, Amsterdam, Netherlands in 1969; Solomon R. Guggenheim Museum, New York City in 1971;* documenta 5, *Kassel, Germany in 1972; The Museum of Modern Art, New York City in 1975; Whitney Museum of American Art, New York City in 1977;* documenta 7, *Kassel, Germany in 1982; Hirshhorn Museum and Sculpture Garden in 1984; P.S. 1 Museum in 1986; Marian Goodman Gallery in 1988;* Wanderdieder, *Stedelijk Museum in 1991;* Installations: Selections from the Permanent Collection, *Museum of Contemporary Art, Los Angeles in 1994; the* 1995 Biennial Exhibition, *Whitney Museum of American Art, New York City. Lawrence Weiner currently lives and works in New York City.*

Whitten, Jack
(Bessemer, Alabama, 1939)

Frequenta il Tuskegee Institute di Tuskegee, Alabama, dal 1957 al 1959, la Southern University di Baton Rouge, Louisiana, dal 1959 al 1960 e The Cooper Union for the Advancement of Science and Art di New York dal 1960 al 1964. Tra le principali mostre personali ricordiamo: Allan Stone Gallery, New York, 1969; Whitney Museum of American Art, New York, 1974; Robert Miller Gallery, New York, 1978; Studio Museum in Harlem, New York, 1983; G.R. N'Namdi Gallery, Chicago, 1989; Newark Museum, New Jersey, 1990; Horodner Romley Gallery, New York, 1992; Colgate University, Utica, New York, 1994; G.R. N'Namdi Gallery, Chicago, 1996. Partecipa a numerose mostre di gruppo, tra cui: *Four Men, One Theme: Jack Krueger, Richard Lethem, Mel Roman, Jack Whitten*, Allan Stone Gallery, New York, 1965; *1969 Annual Exhibition of Contemporary American Painting*, Whitney Museum of American Art, New York, 1969; *1972 Annual Exhibition: Contemporary American Painting*, Whitney Museum of American Art, New York, 1972; *Reinstallation of the Twentieth-Century Art Galleries*, The Metropolitan Museum of Art, New York, 1977; *Afro-American Abstraction: An Exhibition of Contemporary Painting and Sculpture by Nineteen Black American Artists*, P.S. 1 Museum, Long Island City, New York, 1980; *Sacred Artifacts, Common Objects of Devotion*, The Alternative Museum, New York, 1982; *Choosing: An Exhibit of Changing Perspectives in Modern Art and Art Criticism by Black Americans, 1925-1985*, Department of Art, Hampton University, Hampton, Virginia, 1986; *Reinstallation of Third Floor Galleries*, The Museum of Modern Art, New York, 1990; *Slow Art*, P.S. 1 Museum, Long Island City, New York, 1992; *The Studio Museum in Harlem: 25 Years of African-American Art*, Paine Webber Art Gallery, New York, 1995. Jack Whitten vive e lavora a New York.

He attended the Tuskegee Institute, Tuskegee, Alabama from 1957 to 1959, Southern University, Baton Rouge, Louisiana from 1959 to 1960, and The Cooper Union for the Advancement of Science and Art, New York City from 1960 to 1964. Whitten's selected one-person exhibitions include: Allan Stone Gallery, New York City in 1969; Whitney Museum of American Art, New York City in 1974; Robert Miller Gallery, New York City in 1978; Studio Museum in Harlem, New York City in 1983; G.R. N'Namdi Gallery, Chicago in 1989; Newark Museum, New Jersey in 1990; Horodner Romley Gallery, New York City in 1992; Colgate University, Utica, New York in 1994; G.R. N'Namdi Gallery, Chicago in 1996. Selected group exhibitions include: Four Men, One Theme: Jack Krueger, Richard Lethem, Mel Roman, Jack Whitten, *Allan Stone Gallery, New York City in 1965; the* 1969 Annual Exhibition of Contemporary American Painting, *Whitney Museum of American Art, New York City; the* 1972 Annual Exhibition: Contemporary American Painting, *Whitney Museum of American Art, New York City;* Reinstallation of the Twentieth-Century Art Galleries, *Metropolitan Museum of Art, New York City in 1977;* Afro-American Abstraction: An Exhibition of Contemporary Painting and Sculpture by Nineteen Black American Artists, *P.S. 1 Museum, Long Island City, New York in 1980;* Sacred Artifacts, Common Objects of Devotion, *The Alternative Museum, New York City in 1982;* Choosing: An Exhibit of Changing Perspectives in Modern Art and Art Criticism by Black Americans, 1925-1985, *Department of Art, Hampton University, Hampton, Virginia in 1986;* Reinstallation of Third Floor Galleries, *The Museum of Modern Art, New York City in 1990;* Slow Art, *P.S. 1 Museum in 1992;* The Studio Museum in Harlem: 25 Years of African-American Art, *Paine Webber Art Gallery, New York City in 1993;* It's How You Play the Game, *Exit Art/ The First World, New York City in 1995. Jack Whitten currently lives and works in New York City.*

Williams Sue

(Chicago Heights, Illinois, 1954)

Ottiene il Bachelor of Fine Arts al California Institute of the Arts, che frequenta nel 1972 e dal 1975 al 1976. Tiene mostre personali presso: Loughelton Gallery, New York, 1989; Amy Lipton Gallery, New York, 1991; 303 Gallery, New York, 1992; Art Institute, San Francisco, 1993; Galerie Walcheturm, Zurigo, 1994; Jack Hanley Gallery, San Francisco, 1995; 303 Gallery, New York, 1996; Centre d'Art Contemporain, Ginevra, 1997. Tra le mostre di gruppo a cui partecipa ricordiamo: *Interiors*, Barbara Gladstone Gallery, New York, 1980; *Sex Show*, Cable Gallery, New York, 1985; *Gallery Artists*, Loughelton Gallery, New York, 1988; *What Is It That Makes Today's Home So Different, So Appealing?*, The Hyde Collection, Glens Falls, New York, 1991; *How It Is*, Tony Shafrazi Gallery, New York, 1992; *1993 Biennial Exhibition*, Whitney Museum of American Art, New York, 1993; *The Subject of Rape*, Whitney Museum of American Art, New York, 1993; *Sue Williams/ Wendy Jacob*, Galerie Walcheturm, Zurigo, 1994; *1995 Biennial Exhibition*, Whitney Museum of American Art, New York, 1995; *The Comic Depiction of Sex in American Art*, Galerie Andreas Binder, Monaco, 1996; *1997 Biennial Exhibition*, Whitney Museum of American Art, New York, 1997. Sue Williams vive e lavora a Brooklyn, New York.

She earned her Bachelor of Fine Arts from the California Institute of the Arts, which she attended in 1972 and 1975 to 1976. Williams' has had solo exhibitions at: Loughelton Gallery, New York City in 1989; Amy Lipton Gallery, New York City in 1991; 303 Gallery, New York City in 1992; San Francisco Art Institute in 1993; Galerie Walcheturm, Zurich in 1994; Jack Hanley Gallery, San Francisco in 1995; 303 Gallery in 1996; Centre d'Art Contemporain, Geneva, Switzerland in 1997. Selected group exhibitions include: Interiors, *Barbara Gladstone Gallery, New York City in 1980;* Sex Show, *Cable Gallery, New York City in 1985;* Gallery Artists, *Loughelton Gallery in 1988;* What Is It That Makes Today's Home So Different, So Appealing?, *The Hyde Collection, Glens Falls, New York in 1991;* How It Is, *Tony Shafrazi Gallery, New York City in 1992; the* 1993 Biennial Exhibition, *Whitney Museum of American Art, New York City;* The Subject of Rape, *Whitney Museum of American Art, New York City in 1993;* Sue Williams/Wendy Jacob, *Galerie Walcheturm, Zurich, Switzerland in 1994; the* 1995 Biennial Exhibition, *Whitney Museum of American Art, New York City;* The Comic Depiction of Sex in American Art, *Galerie Andreas Binder, Munich in 1996; the* 1997 Biennial Exhibition, *Whitney Museum of American Art, New York City. Sue Williams currently lives and works in Brooklyn, New York.*

Finito di stampare nel mese di ottobre 1997
da Leva Spa, Sesto San Giovanni
per conto di Edizioni Charta